Aktuelle und klassische Sozial- und Kulturwissenschaftler|innen

Herausgegeben von
S. Moebius, Graz

Die von Stephan Moebius herausgegebene Reihe zu Kultur- und SozialwissenschaftlerInnen der Gegenwart ist für all jene verfasst, die sich über gegenwärtig diskutierte und herausragende Autorinnen und Autoren auf den Gebieten der Kultur- und Sozialwissenschaften kompetent informieren möchten. Die einzelnen Bände dienen der Einführung und besseren Orientierung in das aktuelle, sich rasch wandelnde und immer unübersichtlicher werdende Feld der Kultur- und Sozialwissenschaften. Verständlich geschrieben, übersichtlich gestaltet – für Leserinnen und Leser, die auf dem neusten Stand bleiben möchten.

Herausgegeben von
Stephan Moebius, Graz

Karen Struve

Zur Aktualität von Homi K. Bhabha

Einleitung in sein Werk

Dr. Karen Struve
Universität Bremen
Bremen, Deutschland

ISBN 978-3-531-16432-8　　　　　　ISBN 978-3-531-94251-3 (eBook)
DOI 10.1007/978-3-531-94251-3

Die Deutsche Nationalbibliothek verzeichnet diese Publikation in der Deutschen Nationalbibliografie; detaillierte bibliografische Daten sind im Internet über http://dnb.d-nb.de abrufbar.

Springer VS
© Springer Fachmedien Wiesbaden 2013
Das Werk einschließlich aller seiner Teile ist urheberrechtlich geschützt. Jede Verwertung, die nicht ausdrücklich vom Urheberrechtsgesetz zugelassen ist, bedarf der vorherigen Zustimmung des Verlags. Das gilt insbesondere für Vervielfältigungen, Bearbeitungen, Übersetzungen, Mikroverfilmungen und die Einspeicherung und Verarbeitung in elektronischen Systemen.

Die Wiedergabe von Gebrauchsnamen, Handelsnamen, Warenbezeichnungen usw. in diesem Werk berechtigt auch ohne besondere Kennzeichnung nicht zu der Annahme, dass solche Namen im Sinne der Warenzeichen- und Markenschutz-Gesetzgebung als frei zu betrachten wären und daher von jedermann benutzt werden dürften.

Gedruckt auf säurefreiem und chlorfrei gebleichtem Papier

Springer VS ist eine Marke von Springer DE.
Springer DE ist Teil der Fachverlagsgruppe Springer Science+Business Media.
www.springer-vs.de

Inhalt

Vorbemerkung 7

**1 Homi K. Bhabha: Biographie und theoretische Verortung
seines Denkens** 9
1.1 Biographie 10
1.2 Denktraditionen und Gegenstandsnähe –
Postkoloniale Theorie à la Bhabha 12
1.3 Bhabhas Schreiben und das Engagement des Theoretikers 30

**2 Zentrale Konzeptionen: Von kultureller Differenz
bis Mimikry** 37

Voraussetzungen – Kultur und Differenz 41
2.1 Kultur: „eine ungleichmäßige, unvollendete Produktion
von Bedeutung und Wert" 41
2.2 Differenz: „von der diskursiven und affektiven Ambivalenz" 63

Phänomene – Hybridität und Dritter Raum 97
2.3 Hybridität: „Platz für Differenz
ohne eine übernommene Hierarchie" 97
2.4 Dritter Raum: „Das Hin und Her des Treppenhauses" 121

Strategien – Übersetzung und Mimikry 131
2.5 Übersetzung: ein „Kampfplatz im Zentrum
der kolonialen Repräsentation" 131
2.6 Mimikry: „fast, aber doch nicht ganz dasselbe" 143

**3 Rezeption – Jubel und Kritik.
   „Don't mess with Mister In-Between"** 151
3.1 Bhabhas postkoloniales Theorie- und Schreibprojekt
    in der Rezeption 154
3.2 Bhabhas Konzepte in der Rezeption 166
3.3 Ausblicke 176

Literaturverzeichnis 191
Sachregister 199
Personenregister 203
Zeittafel 205

Vorbemerkung

Stellt eine Buchreihe sich die Aufgabe, Kulturtheorien von großer Aktualität zusammenzustellen, so drängt sich eine Einführung in das Werk von Homi K. Bhabha geradezu auf. Kaum ein postkolonialer Theoretiker ist weltweit bekannter und in Wissenschaft wie Kunstbetrieb präsenter als Bhabha, und seine Konzepte der Hybridität oder des Dritten Raums prägen seit rund 20 Jahren zahlreiche öffentliche Debatten und Ausstellungen zu Thematiken des Kulturkontakts, der Integration, der Multikulturalismuspolitik und der postkolonialen Ästhetik. Gleichwohl sind systematische deutschsprachige Einführungen zu seinem Werk noch immer rar gesät – daher als eine Antwort auf dieses Desiderat die vorliegende Einleitung in sein Werk.

Die Lektüre der Bhabha'schen Texte ist in mehrfacher Hinsicht eine veritable Herausforderung. Seine Arbeiten sind voraussetzungsreich und verlangen von interessierten Laien profunde Kenntnisse in Theorie und Praxis, i. e. in den Bereichen der poststrukturalistischen Literatur- und Kulturtheorie, in den postkolonialen Theorien und der Psychoanalyse, in der Kolonialgeschichte Großbritanniens und Indiens sowie in der Literatur und Kunst des Subkontinents und der westlichen (Post-)Moderne. Gleichzeitig soll die Lektüre möglichst undogmatisch und nahezu voraussetzungslos sein: Bhabha fordert seine (und im Besonderen die wissenschaftlich-intellektuelle) Leserschaft geradezu dazu heraus, sich vom eigenen Vorwissen in gewissem Maße zu distanzieren, um seinen Um- und Neudeutungen der Ideen und Konzepte der Philosophen, Literaturwissenschaftler, der Anthropologen und Schriftsteller zu folgen. Bhabha ist ein Weiter-Denker, dem zu folgen dem Leser und der Leserin ein hohes Schritttempo und Lust auf scheinbare Um- und Abwege abverlangt.

Die Rekonstruktion des theoretischen Gedankengebäudes Bhabhas bringt daher einige Schwierigkeiten mit sich. Sie erfordert ein systematisch-didaktisches Vorgehen, das dem Bhabha'schen Ansatz zu widersprechen scheint. Denn in den folgenden einführenden Überlegungen zu Bhabhas Theorie werden Argumente rekonstruiert, die sich einer determinierenden (Kausal-)Logik gerade entziehen wollen. Es werden Strukturen und Schlüsselkonzepte definiert und herauspräpariert, die im Text ineinandergreifen und sich wechselseitig aufeinander beziehen. Bhabhas Schreiben – und dies wird noch näher erläutert – führt zu Texten, welche sich bewusst jeglichen Strukturierungsbestrebungen widersetzen und gerade durch das argumentative wie konzeptuelle Driften neue Erkenntnisse über Kulturkontakte in der Welt der globalen Migration gewinnen wollen. Es werden in dieser Einführung theoretische Referenzen rekontextualisiert, die von Bhabha dekontextualisiert wurden, um sie für eine neue theoretische Perspektive fruchtbar zu machen. Problematisch scheint es ebenfalls, einen Ausgangspunkt oder ein zentrales Anliegen Bhabhas auszumachen, die seiner Theorie zugrundeliegen. Besteht sein zentrales Anliegen als Literaturwissenschaftler in den Lektüren ästhetischer Formen kultureller Differenz? Strebt er als postkolonialer Kritiker in erster Linie die konsequente Dekonstruktion des Gegensatzes zwischen philosophischer Theorie und politisch-ästhetischer Praxis an? Zielen seine kulturpolitischen Analysen auf eine optimistische Deutung der Handlungsspielräume von Minderheiten in unserer globalisierten Welt? Und noch abstrakter: Stehen im Zentrum seiner Arbeit neue theoretische Konzepte oder die Erkenntnisse, die sich aus seinen Textlektüren ergeben? Wäre dann Bhabhas Theorie nicht eher an seinen Untersuchungsgegenständen statt an den hier herauspräparierten Schlüsselkonzepten entlang zu plausibilisieren?

Auf alle diese Fragen gibt es wohl keine eindeutige Antwort, verbindet Bhabha doch etwa Gedichtinterpretationen mit kulturpolitischen Aussagen, postkoloniale Kritik theoretischer Strömungen mit psychoanalytischen Lektüren von Missionarsberichten und Romanen der Weltliteratur und entwickelt damit ein vielschichtig inspiriertes und engagiertes Denken und Schreiben. Die vorliegende Einführung schlägt eine systematische, stringente Lektüre der Bhabha'schen Theorie in der Zusammenschau vor, die zwar durch das Vorgehen einer Einengung seiner Erkenntnisse gleichkommen muss, sich aber auch der Herausforderung gestellt hat, theoretische Prämissen, Schlüsselkonzepte und zentrale Thesen herauszuarbeiten.

Dieser Band ist nicht nur in der solitären Auseinandersetzung mit Bhabhas Texten, sondern in der gemeinschaftlichen Diskussion mit Menschen entstanden, die sich meiner Bhabha-Lektüren kritisch und konstruktiv angenommen haben. Mein herzlicher Dank gilt Margot Brink, Gisela Febel, Johannes Ismaiel-Wendt, Carsten Junker, Elke Richter, Anna Lisa Ramella sowie dem Bremer Lesekreis „Philosophie und Literatur(theorie)". Ich danke ebenfalls Cori Mackrodt vom VS Verlag für die freundliche und geduldige Manuskriptbetreuung und nicht zuletzt dem Reihenherausgeber Stephan Moebius für das inspirierende und herausfordernde Publikationsangebot an eine Romanistin, sich mit dem Bhabha'schen Œuvre ausführlich zu beschäftigen.

1 Homi K. Bhabha: Biographie und theoretische Verortung seines Denkens

Homi K. Bhabha ist einer der wichtigsten postkolonialen Literatur- und Kulturtheoretiker unserer Zeit. Neben Edward W. Said und Gayatri Chakravorty Spivak gehört Bhabha zur „Holy Trinity of colonial-discourse analysis" (Young 1995, S. 163), die maßgeblich postkoloniales Denken in den Literatur- und Kulturtheorien geprägt hat. Auf innovative, originelle und hochtheoretisierte Weise beschäftigt sich Bhabha mit postkolonialen Fragestellungen, und seine Analysen zeugen von einem neuartigen Denken kolonialer Machtstrukturen und kultureller Repräsentationsformen.

Zugänge zu Bhabhas Schreiben und Denken sind Legion. Da Bhabha bisher keine Monographie vorgelegt hat, die sein Denken kohärent zusammenfasst und in der er systematisch seine theoretischen Konzepte erläutert, ist jeder Leser und jede Leserin aufgefordert, einen Einstieg in sein Werk zu suchen. Zentrale Aufsätze von Bhabha sind dabei in zwei Aufsatzsammlungen zusammengefasst, von denen bisher nur eine ins Deutsche übersetzt ist; an unterschiedlichen Orten sind weiterhin Essays und Interviews publiziert, in denen er seit den frühen 1980er Jahren seine Lektüren (post-)kolonialer Texte diskutiert: Es handelt sich einerseits um den Band *Nation and narration* (1990), für den Bhabha als Herausgeber und Beiträger fungiert, und andererseits um *The location of culture* (1994) (dt. *Die Verortung der Kultur,* 2000). Für die vorliegende Einführung in sein Werk kann nur ein Einblick in ausgewählte Essays gegeben werden kann, die vornehmlich dem Sammelband *Die Verortung der Kultur* in der deutschen Übersetzung entnommen sind und in denen zentrale Konzeptionen entwickelt werden, die für die postkoloniale Theoriebildung prägend waren und sind. Bhabhas Texte arbeiten oftmals mit Sprachspielen und rhetorischen Finessen, deren Übersetzung ins Deutsche äußerst schwierig und teilweise gar unmöglich ist. Wo jene Spracharbeit deutlich gemacht werden soll bzw. bei jenen Passagen, deren deutsche Übersetzung mir problematisch erscheint, wird auf das englische Original zurückgegriffen.

Der Aufbau dieser Einführung gestaltet sich wie folgt: Die Grundlagen des Bhabha'schen Denkens werden im ersten Kapitel vorgestellt und unter den Stichworten Biographie, Theorie und Empirie sowie die Bestimmung des akademischen und intellektuellen Selbstbildes entfaltet. Zunächst werden also erstens

Bhabhas biographischer Hintergrund und sein beruflicher Werdegang als indischer, in den USA akademisch sozialisierter Literaturwissenschaftler skizziert. Zweitens wird der theoretische Hintergrund der postkolonialen Kultur- und poststrukturalistischen Literaturtheorien, vor dem seine Arbeiten entstehen, erläutert und die besondere Verflechtung mit Bhabhas Untersuchungsgegenständen aus Literatur, Kunst und Gegenwartskultur beschrieben. Erweitert wird dieses einführende Kapitel drittens durch einen selbstreflexiven Aspekt, der die theoretische Positionierung und das Schreiben Bhabhas betrifft. Im zweiten Kapitel geht es dann um die Einführung in sein Werk anhand theoretischer Schlüsselbegriffe. Dabei werden zunächst die terminologischen Grundlagen seiner Denkweise von Kulturkontakten vorgestellt, d. h. Bhabhas spezifisches Verständnis von Kultur und Differenz. Anschließend geht es um die Phänomene, die aus Kulturkontakten erwachsen und die Bhabha mit seinen berühmten Metaphern der Hybridität und des Dritten Raums bezeichnet. In einem dritten Abschnitt werden Bhabhas Konzepte der Übersetzung und der Mimikry vorgestellt, die spezifische Strategien des Kulturkontakts darstellen. Allen Kapiteln zu den zentralen Konzeptionen Bhabhas geht dasselbe Zitat aus einem seiner Texte voran, das fast alle Schlüsselbegriffe erhält. Damit wird ein doppeltes Ziel verfolgt: Zum einen soll von Beginn der Einführung an ein Eindruck von der spezifischen Rhetorik Bhabhas vermittelt werden, die zunächst recht hermetisch und unverständlich daherkommt. Im Durchgang der einzelnen Abschnitte zu den Schlüsselkonzepten aber wird die Textpassage nach und nach näher erläutert und verständlicher. Dabei flankieren gleichermaßen die Ausführungen in der Textpassage die darauf folgenden Erläuterungen der Schlüsselkonzepte, wie umgekehrt auch die vorgestellten Konzepte zu einem leichteren Verständnis der Textpassage führen. Im abschließenden dritten Kapitel wird die Rezeption der Bhabha'schen Analysen und seiner neuartigen Terminologie dargestellt – und zwar sowohl die positive Resonanz wie die kritischen Distanzierungen von seinen Arbeiten. Das Kapitel und der Einführungsband werden beschlossen durch einen Ausblick auf seine aktuellen Forschungsarbeiten und -schwerpunkte.

1.1 Biographie

Homi K. Bhabha ist 1949 als Mitglied der religiösen Minderheit der Parsen, „weder Hindu noch Muslim" (Bhabha 2012, S. 53), in Mumbai (Bombay) geboren und aufgewachsen. In einem Interview erläutert Bhabha die Relevanz, die dieser biographische Hintergrund für sein Denken und Schreiben hat (vgl. Bhabha 1995, bes. S. 195): Die Parsen kamen der Legende nach im 7. Jahrhundert aus dem persischen Chorasan nach Indien und folgen dem Propheten Zarathustra – der Grund, aus dem Bhabha die Parsen gerne augenzwinkernd als Nietzsche-Anhänger bezeichnet. Sie gelten bis heute als eine wohlhabende und weltoffene Gemeinschaft, die laut Bhabha in der Kolonialzeit als Vermittler zwischen den britischen Kolonialherren und verschiedenen indischen Communities fungierten. Es ist diese Übersetzer- und Vermittlerrolle, die sie laut Bhabha zu einer „hybridisierten" (der Begriff wird später erläutert) Gemeinschaft macht, da sie zudem Rituale und Gewohnheiten der Hindus offen und nicht doktrinär mit ihrer eigenen religiösen und ethnischen Identität zu verbinden verstehen – sie haben, so Bhabha, „their sense of a negotiated cultural identity" (Bhabha 1995, S. 195). Dieser persönliche Hintergrund jener „*demimonde* der indoenglischen Mittelschicht" (Bhabha 2012, S. 53) motiviert sicherlich auch Bhabhas Interesse an Fragen nach kultureller Identität, Machteinflüssen eines kolonialistischen europäischen Systems und an Möglichkeiten von Widerstand und Handlungsfähigkeit der vermeintlich ohnmächtigen Kolonisierten. Seinen Werdegang beschreibt Bhabha in einem zehn Jahre nach der Ersterscheinung hinzugefügten Vorwort zu seinem Hauptwerk *Die Verortung der Kultur*. Dort schildert er seinen Umgang mit den spannungsreichen Positionierungen zwischen den Kulturen, die ihn von Beginn an prägen: Geboren „on the crossroads that marked the end of Empire" (Bhabha 2004, S. ix f.) wird er politisch-historisch, aber auch ästhetisch beeinflusst durch „the postcolonial drive towards the new horizons of a Third World of free nations, the Bandung spirit, embroiled, at times, with a desire for the wayward modernist art and literature of Europe that was so much part of the world of westernized Indian bourgeoisie." (Bhabha 2004, S. x)

Zunächst absolvierte Bhabha ein Bachelorstudium am Elphinstone College der Universität in Mumbai (Bombay) (vgl. zum akademischen Bildungsweg in Indien Seshadri-Crooks und Bhabha 2000, S. 369 f.) und einem Masterstudium in Englischer und Amerikanischer Literatur am Christ Church College in Oxford, wo er 1990 über das literarische Werk des postkolonialen Autors und Nobelpreisträgers V. S. Naipaul promovierte, das Bhabhas Arbeit nachhaltig inspirierte (vgl. Bhabha 2004, S. xii). Mit gewisser Selbstironie beschreibt Bhabha sich selbst als „postkoloniale[n] Eingeborene[n], der seine Ethik in einem Basar von Bombay erlernte und Literatur an einem Ort studiert hat, den einige [...] als englischen Club ansehen (Oxford)" (Bhabha 1999a, S. 93). 1994 erhielt er die Professur für englische Literatur an der Universität Chicago. Seit 2001 ist Bhabha *Anne F. Rothenberg Professor* für Humanities an der Universität Harvard, wo er seit 2005 das renommierte *Humanities Center* leitet. Zahlreiche Fellowships, Gastdozenturen, Vortragsreisen innerhalb wie außerhalb der *academia* sind zu verzeichnen (vgl. die Einleitung in das Kapitel zur Bhabha-Rezeption in diesem Band sowie die Zeittafel). Und 2012 erhielt Bhabha gar einen der höchsten Zivilpreise Indiens, den „Padma Bhushan"-Preis der Indischen Regierung, im Bereich „Literatur und Bildung".

Auch wenn Bhabha selbst für seine Arbeiten eher selten mit autobiographischen Erlebnissen argumentiert oder persönliche Erfahrungen zum Ausgangspunkt seiner wissenschaftlichen Ausführungen macht (vgl. bspw. Bhabha 1998a, S. 36 oder jüngst Bhabha 2012, S. 53), so sind doch die biographischen wie akademischen Erfahrungen im Kontext von (Post-)Kolonialismus US-amerikanischer Bildungseliten für sein Denken von gewissem Einfluss. Seine Arbeiten lassen sich sicherlich nicht auf seine biographische ‚Betroffenheit' reduzieren, aber auch nicht negieren.

1.2 Denktraditionen und Gegenstandsnähe – Postkoloniale Theorie à la Bhabha

Bhabhas zentrale Aufsätze, die aus den 1980er Jahren stammen und in denen seine bis heute virulenten Ideen, Konzepte und Argumentationsfiguren angelegt sind, entstammen einem doppelten Kontext, in dem sich literaturwissenschaftliche Analysen und postkoloniale Theoriebildung verbinden. Seit Beginn seiner wissenschaftlichen Karriere hat sich Bhabha mit englischer Literatur und (post-)kolonialen Fragestellungen der Literatur des ehemaligen britischen Kolonialreichs beschäftigt. Damit siedeln sich seine Arbeiten im Feld der *Postcolonial Studies* an, die in den 1980er Jahren in den USA auch akademisch salonfähig und institutionalisiert werden.[1] Bhabhas Werk situiert sich im Feld der angloamerikanischen *Postcolonial Studies*, die er durch seine theoretischen Überlegungen, aber auch durch die Untersuchungsgegenstände, die er heranzieht, entschieden erweitert. Bhabhas Forschung ist, wenn auch nicht immer explizit ausgeführt, stark beeinflusst von den internen Diskussionen um das Selbstverständnis der *Postcolonial Studies*, ihren theoretischen wie politischen Zielsetzungen und um die Frage nach dem angemessenen, durch Selbstreflexivität gekennzeichneten Schreiben.

---

1 Zur institutionellen Geschichte der *Postcolonial Studies* und zur spezifischen Problematik der US-amerikanischen Dominanz vgl. Schwarz 2000 sowie Antor 2002. Einige der hier vorgestellten Überlegungen zu der historischen wie theoretischen Anlage der Postcolonial Studies finden sich auch in Struve 2012 (i. E.).

Bhabhas Arbeiten sind in erster Linie Textanalysen und grundlegend aus der Perspektive des Literaturwissenschaftlers angelegt.[2] Das bedeutet, dass Bhabha seine Untersuchungsgegenstände primär als Sprach- und Zeichenphänomene begreift und damit eine spezifische (postkoloniale) Kultursemiotik vertritt. Dieses grundlegende Interesse an der Textualität kolonialer Machtverhältnisse begründet zwei basale Züge der Bhabha'schen postkolonialen Theorie: Einerseits fördert Bhabha die theoretische Erweiterung der postkolonialen Studien um (vornehmlich französische) poststrukturalistische Ansätze, und andererseits fügt Bhabha dem Untersuchungsfeld der postkolonialen Studien weitere Gegenstände jenseits von literarischen oder historischen Texten hinzu. Während sich Bhabha in seinen frühen Werken in den 1980er Jahren noch vornehmlich mit der Kolonialgeschichte des britischen Einflusses in Indien beschäftigt (vgl. hierzu auch die Einteilung seiner Arbeitsphasen nach Moore-Gilbert 1997, S. 114), entwickelt er seit den frühen 1990er Jahren zunehmend zahlreiche theoretische Zugänge und Überlegungen, die sich mit kulturellen Phänomenen in einer postkolonialen und postmodernen Welt beschäftigen. Dieser letztgenannte Fokus seiner Forschungsarbeiten wird im Zentrum der vorliegenden Einführung stehen.

Für Bhabhas Selbstverständnis als postkolonialer Theoretiker ist ein Balanceakt prägend, der die *Postcolonial Studies* im Allgemeinen kennzeichnet: und zwar zwischen Wissenschaft und Politik oder, anders ausgedrückt, zwischen Theorie und Praxis. Postkolonialismus, so fassen Bart Moore-Gilbert et al. zusammen, „designates at one and the same time a chronological moment, a political movement, and an intellectual activity, and it is the multiple status that makes exact definition difficult." (Moore-Gilbert et al. 1997, S. 1) Seit Beginn der postkolonialen Kritik insbesondere der 1930er Jahre (vgl. zur Geschichte der *Postcolonial Studies* etwa Young 2001 oder Castro Varela und Dhawan 2005) ist der antikoloniale, dezidiert politische antikolonialistische Kampf gegen die europäischen Kolonialherren, gegen Unterdrückung, Ausbeutung, Sklaverei etc. ein wichtiges Movens für die theoretischen, essayistischen oder politischen Schriften. Dies spiegelt sich unter anderem in einer kontrovers geführten ‚Präfixdebatte' wider, in der die Post-kolonialen Studien sich mit der Langlebigkeit kolonialer Geschichtsschrei-

---

2 In der Rezeption wird Bhabhas theoretischer Ausgangspunkt sehr unterschiedlich lokalisiert: Einmal sind es die Auseinandersetzungen mit Saids *Orientalism*, dann sind es die poststrukturalistisch-semiotischen Prämissen und dann wiederum sind es die psychoanalytischen Modelle, die Bhabhas Arbeiten leiten. Dies zeugt einerseits von der Vielschichtigkeit seiner Theoriebildung und der Diversität seiner Referenzen; andererseits zeigt dies aber auch, dass Bhabha selbst sich einer eindeutigen Verortung als Literaturwissenschaftler oder als Kulturtheoretiker entzieht. Vgl. zur Rezeption von Bhabhas interdisziplinärem Zugang das entspr. Kapitel in diesem Band.

bung und Machtausübung auseinandersetzen und ihre Zielsetzungen in einem Spannungsfeld von anti- und nachkolonialen Definitionen des „post" aushandeln müssen. In Stuart Halls berühmter Frage „Wann war der Postkolonialismus?" kulminieren diese Positionen zur theoretischen Selbstdefinition (Hall 1997). Das Präfix „post" ruft ihm zufolge zwei unterschiedliche Deutungshorizonte auf: erstens einen chronologischen und zweitens einen epistemologischen (vgl. Hall 1997, S. 237 f.). In einer chronologischen Dimension kann der Postkolonialismus dabei als dem Kolonialismus nachgängig verstanden werden. Folglich stammen die Untersuchungsgegenstände aus der Zeit nach dem europäischen Kolonialismus, der zwischen den großen historischen Zäsuren von 1492, der ‚Entdeckung' Amerikas, und den 1960er Jahren, in denen eine Vielzahl der ehemaligen Kolonien ihre ‚Unabhängigkeit' erlangten, angesiedelt wird. Die Problematik dieses Ansatzes liegt auf der Hand: In diachroner Hinsicht besteht die Gefahr, Kolonialismus in einem teleologisch gedachten Narrativ zu historisieren und damit als eine abgeschlossene, überwundene Periode der Geschichte zu deklarieren. In synchroner Hinsicht aber ist problematisch, dass, wie Markus Fauser es formuliert, „die Zeitgeschichte ausschließlich als Verarbeitungsphase des nachwirkenden Kolonialismus erscheint" (Fauser 2008, S. 36). Die Lösung dieses Dilemmas kann darin bestehen, gleichzeitig historische Spuren und gegenwärtige Phänomene im Blick zu behalten, mit Dietze also sämtliche „koloniale[n] und nach- und neokoloniale[n] Verflechtungen von kolonisierenden Gesellschaften mit ökonomisch, kulturell und territorial ehemals kolonisierten Bevölkerungen." (Dietze 2005, S. 304 f.)

Bhabha selbst siedelt seine Arbeiten in jener epistemologischen Stoßrichtung an, denn er betont, dass es sich bei „post"-kolonialen Fragestellungen nicht um chronologisch-historische, also dem Kolonialismus nachgängige handelt. Innerhalb des Kolonialdiskurses hat es von Beginn an auch antikoloniale Stimmen gegeben. Bhabha entwickelt also (analog zu François Lyotards Ausführungen zur Postmoderne als Teil der Moderne und nicht als deren Nachfolgerin) den Gedanken, dass „postcolonialism emerged at the same time when colonization started" (Anfeng und Bhabha 2009). In seiner Einleitung zu *Die Verortung der Kultur* akzentuiert Bhabha das Präfix „post" in Richtung Gegenwartsbezug. Er betont nämlich, dass das „post" sehr deutlich mit der kulturell-zeitgenössischen Situation korrespondiert – und damit weder eine Abgeschlossenheit des Kolonialismus noch ein schlichtes Fortdauern kolonialer Strukturen meint, also weder „ein[en] neu[en] Horizont noch ein Zurücklassen der Vergangenheit" propagiert. Vielmehr betont es den dynamischen Übergang. „[I]m *fin de siècle*", beschreibt Bhabha diese grundlegende Problematik, „befinden wir uns im Moment des Übergangs, wo Raum und Zeit sich kreuzen und komplexe Konfigurationen von

Differenz und Identität, von Vergangenheit und Gegenwart, Innen und Außen, Einbeziehung und Ausgrenzung erzeugen." (Bhabha 2000, S. 1) Damit akzentuiert Bhabhas Postkolonialismusbegriff die Gestaltungsräume oder Potenziale der ehemals Kolonisierten und besteht auf der Annahme, dass dort trotz Neokolonialismus eigene Lebenswelten und Werte formuliert werden (vgl. Anfeng und Bhabha 2009).

Die historische Entstehung der postkolonialen Studien, wie sie oben im antikolonialen Kampf situiert wurde, weist auf eine theoretische Grundproblematik hin. Die *Postcolonial Studies* situieren sich in einem Spannungsfeld zwischen zwei zentralen theoretischen Achsen: einer politisch-motivierten, marxistisch-materialistischen und einer theoretisch-inspirierten, semiotisch-poststrukturalistischen. Die erste Achse stützt sich auf methodische und ideologische/politisierte Traditionen aus den *Cultural Studies* und damit auf Annahmen aus der marxistisch-materialistischen Kultur- und Literaturkritik. Die zweite Achse entlehnt wissenschaftliche wie theoretische Prämissen aus der poststrukturalistischen und dekonstruktivistischen (französischen) Kulturtheorie, Sprachphilosophie und Semiotik und legt – anders als der Marxismus – den Fokus auf die Wahrnehmungsmuster und Erfahrungsstrukturen der Subjekte.[3] Die Beziehung dieser Achsen zueinander ist höchst ambivalent: Postkoloniale Studien finden zwar auf einer grundsätzlich kolonialkritischen Ebene statt, scheinen aber im Hinblick auf die politischen Implikationen und Zielsetzungen zum Teil unvereinbar zu sein.

Und an diesem Punkt liegt auch ein signifikantes Konfliktpotenzial der genannten Achsen: Während die marxistisch-materialistische Perspektive die Lebens- und Repräsentationsbedingungen auf konkret sozialer Ebene ins Zentrum stellt,[4] besteht die poststrukturalistisch-semiotische Perspektive auf dem Konstruktcharakter kolonialer Diskurse und wendet sich damit der sprachlichen Verfasstheit kolonialer Verhältnisse zu. Hieran lässt sich auch die von María do Mar Castro Varela und Nikita Dhawan beschriebene „spannende Pendelbewegung" (Castro Varela und Dhawan 2005, S. 8) innerhalb der *Postcolonial Studies* zwi-

---

3   Vgl. dazu etwa Antor 2002; vgl. weiterhin zu den marxistischen, nationalliberationären, ökonomischen, kulturellen und migrations-theoretischen Achsen der Postkolonialen Theorie Young 2001, S. 60 f.
4   Und während der Marxismus weitestgehend Fragen nach Klassendifferenz fokussiert, weitet Bhabha den Blick „of other forms of social differentiation and social discrimination – race, class, gender, generational, geopolitical movements, migration – a whole set of issues, which I now call more collectively a process of social minoritization." (Anfeng und Bhabha 2009). Zur Konzeption der „minoritization" vgl. die Ausführungen im letzten Kapitel dieses Bandes.

schen einer theoriegeleiteten bzw. -inspirierten (Kultur- und Migrations-)Politik und einer politisierten Theoriebildung nachvollziehen.

An dieser Stelle setzen auch Bhabhas Überlegungen in seinem Aufsatz „Das Postkoloniale und das Postmoderne" (vgl. Bhabha 2000, S. 255-294) über die theoretische Stoßrichtung postkolonialer Theorie an. Für Bhabha sind Verortung und Anliegen der postkolonialen Theorie die Intervention in die ideologischen Diskurse der westlichen Moderne. Sie wollen den „oft von Benachteiligung gekennzeichneten Geschichten von Nationen, Ethnien, Gemeinschaften und Völkern eine hegemoniale ‚Normalität' [...] verleihen. Sie formulieren ihre kritischen Revisionen im Umkreis von Fragen der kulturellen Differenz, der sozialen Autorität und der politischen Diskriminierung [...]." (Bhabha 2000, S. 255). Die postkoloniale Theorie ist gekennzeichnet von einer tiefgründigen Revision der Geschichtsschreibung und jener Diskurse, die Identitäten, Machtgefälle und Sprachreichtum bzw. Sprachlosigkeit produzieren. Für Bhabha ist der Kolonialismus mit der Geschichte der westlichen Moderne untrennbar verknüpft als deren ‚andere Seite' (vgl. bspw. Wright und Bhabha 1999, S. 40). Fragen der Differenz, der kolonialen Macht oder Autorität und deren Unterdrückungsmechanismen stehen in Bhabhas Analysen ebenso im Zentrum wie die Dimension der Diskursivierung von Geschichte und Subjekten. Moore-Gilbert sieht Bhabhas postkoloniale Herausforderungen an die Postmoderne in zwei Ereignissen begründet: einerseits im Scheitern des in der Aufklärung begründeten Moderneprojekts, sichtbar in den Katastrophen des 20. Jahrhunderts (also ganz im Sinne der Moderne-Kritik der Frankfurter Schule); und andererseits im nahezu weltweiten Siegeszug des westlich-demokratisch-kapitalistischen Systems (vgl. Moore-Gilbert 1997, S. 122). „Postcoloniality", so bestimmt Bhabha 2002 den Begriff eher als eine kritische Denkhaltung, „became less a name or a topic, and more a way of making connections or articulations across a range of topics and themes, a locus for theoretical and political reflection rather than a label." (Comaroff und Bhabha 2002, S. 30) Bhabhas Konzept des Postkolonialismus bezeichnet damit sowohl eine kritische Perspektive, die Prozesse in den ehemals kolonisierten Ländern in den Blick nimmt, als auch eine Perspektive auf Kultur und Literatur: „So I think postcolonialism is first of all a way of seeing – a much more complicated way of seeing – how the regions that once were colonized have themselves developed, on account of both internal and external dynamism. Second, I think postcolonialism as an area of academic study has emphasized the question of culture, whereas the paradigm of neocolonialism emphasizes economics, politics and history. Postcolonialism, as it is developed through literature departments and through the Humanities, has actually raised the question of colonization and its aftermath to the level of a paradigm within the Humanities." (Anfeng und Bhabha 2009) Bhabha setzt sich in vielen seiner Arbeiten mehr oder weniger explizit mit dem Unterschied zwischen postkolonialer und postmoderner Theorie auseinander (vgl. bspw. den Aufsatz zur „Frage der Identität", Bhabha 2000, bes. S. 71, 84 ff.). Dabei verwendet er postmodernes Denken und poststrukturalistische Theorie synonym und ebnet zunächst auch den Unterschied zwischen den postmodernen und den postkolonialen Denktraditionen ein. Denn der Poststrukturalismus ist seinen Behauptungen zufolge als postkolonial zu bezeichnen: Bhabha schreibt „dem Poststrukturalismus absichtlich eine spezifisch postkoloniale Herkunft" zu (Bhabha 2000, S. 95). Indem er Thesen poststrukturalistischer Theoretiker postkoloniale literarische oder – bspw. im Falle Frantz Fanons – essayistisch-theoretische Textpassagen an die Seite stellt, betont er bestimmte Aspekte der poststrukturalistischen Theorie und fügt ihnen neue Konnotationen hinzu. In den expliziten Aussagen wie im theoretisch-methodischen Vorgehen zeigt sich die Relevanz poststrukturalistischer Theoriebildung für Bhabhas Denken postkolonialer Phänomene.

Gleichwohl macht Bhabha auch eine scharfe Abgrenzung der postkolonialen von der postmodernen Theorie aus. Postkoloniale Texte gehen Bhabha zufolge nämlich weit über die formal-ästhetischen Spielereien und das Unpolitische poststrukturalistischer Ansätze und ihrer Ausdeutungen hinaus. Exemplarisch führt Bhabha dafür etwa das Fanon'sche gespaltene und doppelte (überdeterminierte) Subjekt ins Feld, das nicht als postmoderne pluralistische Identitätskonstruktion und damit mitnichten als „Feier von Fragmentierung, *bricolage,* pastiche oder ‚Simulakrum' zu verstehen" (Bhabha 2000, S. 357) ist. Postkoloniale Theorie siedelt sich für ihn zwischen Postmoderne und zeitgenössischer Politik an: Bhabha redet weder der in der poststrukturalistischen Theorie formulierten allgegenwärtigen Auflösung und Fragmentierung das Wort, noch spricht er sich aus für eine vereinfachende, banalisierende Terminologie für politisch-historische Zusammenhänge aus wie etwa ‚Dritte-Welt-Metaphern' für die Erfassung einer neuen Geschichtlichkeit (vgl. Bhabha 2000, S. 357).

Diese Distanznahme zum postmodernen Diskurs bedeutet jedoch, wie oben erläutert, keine Ablehnung der Denkansätze. Bhabhas Verständnis postkolonialer Theorie ist im Gegenteil maßgeblich geprägt von poststrukturalistischen Theorien. Denn sie stützen seine Überzeugung, dass sich die postkoloniale Perspektive grundsätzlich holistischen, sozialen Erklärungen widersetzt, die einen Sinn etablieren wollen (vgl. Bhabha 2000, S. 258). Grundlegend sind nämlich Bhabhas Annahmen, dass konventionelle Betrachtungsweisen kultureller Kontaktsituationen mit zu starren, unbeweglichen Kategorien arbeiten und daher die vorgängigen Konzepte und theoretischen Ansätze kritisch reflektiert oder ersetzt werden sollten. Diese ‚Biegsamkeit' von Ideen und Konzepten ist Bhabhas Arbeitsgrundlage für den Umgang mit Referenz- aber auch seinen eigenen Texten: „Wie bei Guha werde ich mich einer katachretischen Lektüre bedienen, bei der ich zwischen den Zeilen lese und weder Bachtin bei seinem noch mich selbst gänzlich bei meinem Wort nehme." (Bhabha 2000, S. 280) Bhabha produziert also wissentlich produktive Missverständnisse und entwirft Konzepte gegen Festschreibungen, Sinnfestlegungen und Essenzialismen.

Ziel der Anwendung poststrukturalistischer Perspektiven ist, so könnte man allgemein sagen, Zwischenraum-Phänomene in den Blick nehmen und ihr Potenzial ausloten zu können. Eine rein materialistische/marxistische Perspektive auf (post-)koloniale Phänomene bleibt für Bhabha beschränkt auf ökonomische und soziologische Auswirkungen des Kolonialismus: In dieser Perspektive wird nur ein „limited intellectual and ideological space for evaluating or validating cultural translation, metissage, creolization hybridization" sichtbar (Comaroff und Bhabha 2002, S. 20).[5] Ein an poststrukturalistischen Theorien geschulter Blick erlaubt hingegen, die postkoloniale Theorie über das Differenzdenken als schlichten Gegen-Diskurs hinaus weiterzuentwickeln und eine „Perspektive vom Rand" einzunehmen – und zwar deutlich gegen die vereinfachenden Logiken von Identitätspolitiken, die Minoritäten in ihrer Differenz festschreiben wollen (vgl. dazu etwa Bhabha 2003b). Damit ist die poststrukturalistische Theorie postkolonial determiniert: „Die Art und Weise, wie ich die poststrukturalistische Theorie anwende, ergibt sich aus dieser postkolonialen Gegenmoderne. Ich versuche darzustellen, wie der ‚Westen' mit seiner Autorisierung der ‚Idee' der Kolonisation gewissermaßen, und möglicherweise sogar zwangsläufig, gescheitert ist. Indem ich meine Inspiration weniger vom Scheitern des Logozentrismus als von der subalternen Geschichte der Ränder der Moderne beziehe, habe ich versucht, zumindest in kleinem Maßstab das Bekannte zu revidieren, das Postmoderne aus der Position des Postkolonialen neu zu benennen." (Bhabha 2000, S. 261f.)

Um welche Themen, Ideen und Perspektiven geht es nun konkret in der poststrukturalistischen Erweiterung postkolonialer Ansätze? Auf welche Theoretiker bezieht Bhabha sich? Der Einfluss des französischen Poststrukturalismus auf

---

5 Dass Bhabha selbst eine Art Hybriditäts-Ideologie vertritt bzw. initiiert hat, die sich nur noch Phänomenen der kulturellen Durchmischung auf ästhetischer Ebene widmet und dabei ganz die materiellen, sozialen und historischen Bedingungen aus dem Blick verliert, ist das mit gleicher Vehemenz vorgetragene Gegenargument der Kritik. Vgl. dazu die Ausführungen im Rezeptionskapitel in diesem Band.

seine postkoloniale Theoriebildung ist an der Rezeption des Diskurs-Konzeptes, an den Prämissen der Dekonstruktion und den Mechanismen der Identifizierung auszumachen (einen Überblick über die zentralen theoretischen Einflüsse gibt Bhabha jüngst in einem Interview vgl. Anfeng und Bhabha 2009). Den Problematiken der Macht, Sprache und Subjektivierung nähert sich Bhabha mit unterschiedlichen poststrukturalistischen Ansätzen: etwa im Hinblick auf Diskurs- und Machtmechanismen mit den theoretischen Zugängen von Michel Foucault, mittels der sprachphilosophischen Arbeiten und dem Konzept der „différance" von Jacques Derrida und mithilfe der Theorien der Psychoanalyse mit ihren Vorstellungen vom Un-heimlichen und Prozessen der Identifizierung, wie etwa Sigmund Freud und später Jacques Lacan sie formuliert haben. Diese drei theoretischen Hauptreferenzen – Diskursanalyse nach Foucault, Dekonstruktion nach Derrida und Psychoanalyse nach Lacan – flankieren die postkoloniale Perspektive, in der sich Bhabha mit den Theorien etwa von Edward W. Said, Frederic Jameson oder Frantz Fanon auseinandersetzt.

Zentral für Bhabhas Analyse postkolonialer Phänomene ist die Berücksichtigung von Fragen nach Hierarchien und Gewalt, nach Autorität und Repression, aber auch nach Möglichkeiten zu Widerstand und List. Um den Aspekt der Macht und des Einflussbereichs kolonialer Autorität in den Blick nehmen zu können, bezieht sich Bhabha auf das Verfahren der Diskursanalyse nach Foucault.

Michel Foucault (1926–1984) war französischer Philosoph und Historiker und kann als Begründer der Diskursanalyse gelten, die eine weite Rezeption in Literatur- und Kulturtheorie sowie in der Geschichtswissenschaft erfahren hat. Nach dem Studium der Philosophie und der Psychologie lehrte Foucault an mehreren französischen Universitäten, bevor er 1970 einen Philosophie-Lehrstuhl am *Collège de France* erhielt.

Foucault revolutionierte die Geschichtsschreibung insofern, als er nicht von linearen Entwicklungen und Kontinuitäten ausgeht, sondern in der Historiographie als Formen der Ordnung von historischem Wissen stets nach Brüchen und Diskontinuitäten suchte. Diese Brüche werden nach Foucault durch die Ablösung und Verschiebungen von Wissenssystemen (Episteme) ausgelöst, welche unterschiedliche Phänomene legitimieren oder diskreditieren. Wer was sagen darf, wer gesund oder krank ist, wer redlich und wer kriminell: All dies wird innerhalb solcher Diskurslogiken verhandelt. So arbeitet Foucault in seinen frühen Arbeiten etwa zu den Themen Wahnsinn, zur Medizin und zum Gefängnis, wo er solche

Wissensmechanismen am Werk sieht. Diskurse, nennt Foucault diesen Zusammenhang von legitimierter Rede und einer Wissenssystematik, die stets durch Machtgefälle und Hierarchisierungen charakterisiert sind. Ein dezidiertes Diskurskonzept entwirft Foucault zunächst in seiner Antrittsvorlesung *Die Ordnung des Diskurses* (Original: 1971) und differenzierter ausgearbeitet dann in einem seiner Hauptwerke *Die Ordnung der Dinge* (*Les mots et les choses*, 1966, vgl. dazu Foucault 2011 und 2003), in dem er die Ablösung dreier zentraler Wissenssysteme seit der Antike beschreibt. Diese epistemologischen Ordnungen sind sprachlich strukturiert und darüber hinaus durch eine bestimmte Vorstellung des sprachlichen Zeichens charakterisiert, also das Verhältnis der Dinge zu den Zeichen. Durch die Analyse der Episteme ist in den frühen Arbeiten Foucaults auch eine massive Subjektkritik ablesbar (vgl. dazu etwa auch „Was ist ein Autor?", Original: 1969). Zur Einführung in Foucaults Werk vgl. bspw. Fink-Eitel 1992, Ruoff 2007 und Sarasin 2010.

Die Diskursanalyse ermöglicht es, die Machtmechanismen innerhalb kultureller Austauschprozesse sichtbar zu machen – und zwar sowohl auf der Ebene der Sprache als auch auf der konkreten Ebene der menschlichen Interaktion. Mittels des an Foucault geschulten Diskursbegriffs greifen postkoloniale Studien – und besonders Said – die Idee auf, dass Machtverhältnisse, Subjektpositionen, Hierarchien und kulturelle Differenz diskursiv konstruiert und ihnen daher bestimmte Einschluss- und Ausschlussmechanismen inhärent sind. Die Diskursanalyse erlaubt es Bhabha einerseits Machtmechanismen in der diskursiven Herstellung von Bedeutung in den Blick nehmen zu können und dies andererseits mit dekonstruktivistischen Prämissen der sprachlichen Konstruktion von Sinn zu verknüpfen.

Die Dekonstruktion nach Derrida ist für Bhabhas Analysen und theoretische Überlegungen deshalb so fruchtbar, weil sie an zwei zentralen Aspekten ansetzt: einerseits an der Ablehnung jeglicher fester Sinnstrukturen und Dichotomien mit dem Ziel der „Abwendung von einer Weltanschauung, die auf binären Begriffen beruht" (Bhabha 2000, S. 22). Andererseits hilft die Dekonstruktion die diskursive Verfasstheit kultureller Phänomene zu konzipieren. Die französische Dekonstruktion nach Derrida hat Bhabha im Besonderen dazu inspiriert, auf der radikalen Textualität kultureller Differenz zu insistieren und damit nicht bei der Rekonstruktion struktureller Binaritäten stehen bleiben zu müssen. Den kulturellen Differenzen als Dichotomien kann nun in einem permanenten Prozess der Destruktion und Rekonstruktion von Bedeutungszuweisungen die vermeintlich natürliche und stabile Sinnhaftigkeit entzogen werden. „[T]he whole act of writing itself, what he called ecriture, a sense of agency" ist für Bhabha jene Verbindung von Textualität, Macht und Subjektivität, an die er in seinen postkolonialen Analysen anknüpfen kann (Anfeng und Bhabha 2009).

Der französische Sprachphilosoph Jacques Derrida (1930–2004) wurde in Algerien geboren und gilt als einer der einflussreichsten Philosophen der Gegenwart, der weit über die Grenzen der Philosophie hinaus besonders die Kultur- und Literaturwissenschaften geprägt hat. Derridas Denken ist das der Dekonstruktion. Derrida beschäftigte sich intensiv mit dem strukturalistischen Zeichenmodell nach Ferdinand der Saussure (1857–1913) und radikalisierte dessen Theorie. Derrida lehnt Vorstellungen von Zeichen als untrennbare Einheiten von Ausdruck und Sinn ab und wendet sich damit gegen einen Logozentrismus. Er wehrt sich gegen die allgemeine Abwertung der Schrift als bloßes Notationssystem oraler, lautlicher Äußerungen. Ferner lehnt Derrida die Vorstellung einer (trügerischen) Selbstversicherung des Menschen durch seine eigene Stimme, den Phonozentrismus, ab. Zentrales Anliegen der Dekonstruktion, die (etwas vereinfachend) als Perspektive oder Verfahren des Poststrukturalismus bezeichnet werden kann, ist nicht die Erkenntnis eines „wahren" Textsinns, sondern das Aufdecken der fortwährenden Umschreibungen von Sinnbezügen, die zunächst destruiert und dann wieder konstruiert werden, um sogleich wieder modifiziert zu werden. Das Ziel der interpretatorischen Handlung der Dekonstruktion ist die Aporie und damit die stete Verschiebung und Ausweitung von Sinnzusammenhängen und Textverständnismöglichkeiten. Für seine Analysen hat Derrida einige emblematische hochkomplexe Konzepte entwickelt, die sich auch die Kulturwissenschaften zunutze machen. So etwa das Gleiten („glissement") des Sinns, metaphorische Konzepte der Spur, der Schrift („écriture"), der Zerstreuung („dissémination") und Derridas berühmtester Neologismus: die „différance" (Differänz). In diesem Konzept fallen die Idee der Differenzbildungen der Signifikanten und des sich immer wieder verschiebenden Sinns zusammen. Die „différance" nach Derrida postuliert im Wesentlichen den Primat der Schrift vor dem Gesprochenen und mehr noch, des Signifikanten vor dem Signifikat. Der Signifikant erhält demnach nur Bedeutung durch das Verweisen und Abgrenzen (Differenz) von anderen Signifikanten (vgl. dazu bspw. Derrida 2004). Die Bedeutung eines Begriffs ergibt sich demnach einzig aus seiner

Abgrenzung zu anderen Begriffen und keineswegs durch eine direkte und einfache Beziehung zu seinem Gegenstand. Die grundsätzliche Skepsis gegenüber der Sinnherstellung hat sich auf zahlreiche theoretisch-philosophische Gebiete ausgeweitet: Psychoanalyse und Literaturtheorie, Geschichtswissenschaften und Philosophie haben vielerlei kritisch-fruchtbare Anregungen erhalten Zur Einführung in Derridas Werk vgl. bspw. Englert 2009.

Ein dekonstruktivistisches Denken – und diese Prämissen sind auch für Bhabhas Studien elementar – greift die Idee des hermeneutischen Zirkels wieder auf und geht davon aus, dass die Lektüre eines Textes nie zu Ende ist und einen abschließenden Sinn aus dem Text destillieren kann. Dennoch ist sie als scharfe Kritik der Hermeneutik zu verstehen, da diese auf der Vorstellung der Rekonstruktion und des Eingeschrieben-Seins eines Sinns beharrt und auf eine intersubjektiv nachvollziehbare Deutbarkeit eines Textes abzielt. In der Dekonstruktion werden sowohl der Autor als auch der Leser als sinngebende Instanz in Frage gestellt, wenn nicht gar entthront in ihrer Fähigkeit, einen Sinn eines Textes ‚festzustellen' (im Sinne von identifizieren und arretieren). Und auch die Theorie selbst ist von dieser unabgeschlossenen Konstruktion von Sinn betroffen, sodass sie sich selbst in einem dynamischen, niemals stillzustellenden Prozess befindet: So „kann es [...] keine finale und diskursive *Geschlossenheit* der Theorie geben." (Bhabha 2000, S. 46)

Der Dekonstruktion geht es zentral darum, die Verfahrensweisen des Strukturalismus, der Äquivalenz- oder Oppositionsbeziehungen im Text sichtbar machen will, aufzugreifen und zu radikalisieren. Dies wird durch die Rekonstruktion der Oppositionen erreicht, um sie gleichzeitig jedoch immer wieder zu destruieren – nochmals: Dekonstruktion ist ein steter Prozess von Destruktion und Rekonstruktion. Damit wollen dekonstruktivistische Analysen unterschiedlichste Oppositionen wie Signifikant und Signifikat, Stimme und Schrift, Zentrum und Peripherie, geschlossen und offen etc. grundlegend aushebeln. Sie verfolgt die grundsätzliche Offenheit von Klassifikationen, Typologien, Funktionen und Strukturen. Ein dekonstruktivistisches Denken – in dem Zeichen sich nur auf sich selbst beziehen und Bedeutung weder durch den positiven Bezug auf einen außersprachlichen Referenten erlangen, noch durch die abgrenzende ex negativo-Bewegung zu anderen Zeichen einholen können – wehrt sich also gegen die Etablierung eines eindeutigen Sinns: ‚große Erzählungen' wie die Nation, aber auch Religionen, Mythen, Ideologien und nicht zuletzt auch die koloniale Macht können nicht mehr unhinterfragt bleiben.

Über diese Perspektivenöffnung strukturaler Textanalysen hinaus ist die Dekonstruktion für die postkoloniale Literaturwissenschaft interessant, da sie sich kulturellen Konzepten von *race, class, gender* als Entitäten und starren Kategorien verweigert und Festschreibungen kontinuierlich hinterfragt und unterläuft. Zudem wertet sie den sprachlichen Ausdruck und damit literarische Texte in einer besonderen Weise auf. Damit ist es möglich, literarische Texte nicht nur strukturalistisch nach Äquivalenz- und Oppositionsstrukturen zu untersuchen und anhand der Dichotomien bestimmte Strukturen zu beschreiben, sondern darüber hinaus die bipolaren Elemente als konstruiert zu erkennen. So erlaubt es eine dekonstruktivistische Herangehensweise an literarische Texte, diese gegen den Strich zu lesen, vermeintlich stabile Hierarchien zu hinterfragen und zu dekonstruieren. Und nicht zuletzt insistiert diese an Derrida geschulte Perspektive darauf, dass Texte nicht einfach ‚Aufschreibesysteme' prädiskursiver Wirklichkeit(en) oder Subjekte sind, sondern dass diese sich erst im Text artikulieren und damit konstruieren (vgl. dazu auch Bhabhas Erläuterung zur Relevanz des Derrida'schen Denkens für seine Arbeiten in Anfeng und Bhabha 2009).

Konzeptionen aus der Psychoanalyse schließlich sind für Bhabha so fruchtbar, weil sie es ermöglichen, das postkoloniale Subjekt und die problematischen Identifizierungsprozesse anders als in bloßen kolonialen Dichotomien von Herr und Knecht oder Kolonisator und Kolonisierter zu denken. Für die Konzeption jenes postkolonialen, brüchigen Subjekts, also um den Blick von den kulturellen Phänomenen und Aussagen über kollektive Dimensionen weg zu Handlungsfähigkeit und Bestimmung des Individuums zu lenken, verwendet Bhabha Modelle psychoanalytischer Provenienz. Zwar räumt Bhabha unumwunden ein, dass die (westliche) Psychoanalyse sich überhaupt nicht mit dem kolonialen Subjekt beschäftigt hat (vgl. Byrne und Bhabha 2009, S. 141). Doch Bhabhas Ansatz liegt darin, die Verwobenheit vermeintlich westlicher Theoriebildung in den Kolonialismus zu erkennen (vgl. dazu auch weiter oben die Ausführungen zum Zusammenhang von Postmoderne und Postkolonialismus nach Bhabha) und zu nutzen, indem er westliche Theoreme in einen kulturellen Übersetzungsprozess eintreten lässt. Die führenden Denker der westlichen Moderne, so resümiert Bhabha, „when plunged into the postcolonial field, open up in different ways and open up into very different readings [...] readings, that themselves are both deep unpicking of the opennesses of those thoughts and those forms of textuality and then a reconstellation of them." (Byrne und Bhabha 2009, S. 142).

Eine zentrale Rolle spielt für Bhabha die poststrukturalistische Psychoanalyse, deren vermutlich berühmtester Vertreter Lacan ist. Die identifikatorische Instabilität, die keine fixierte kulturelle Differenz mehr zwischen dem Eigenen und dem

Fremden zulässt, wird von Bhabha, ausgehend von Fanon, mittels der poststrukturalistischen Psychoanalyse weiterentwickelt. Geht man mit Lacan – vereinfacht gesagt – davon aus, dass Identitätsbildung nur durch die Integration des Anderen in das Selbst stattfinden kann, so lassen sich alternative Identifizierungsprozesse zwischen Kolonisiertem und Kolonisator denken.

Die Arbeiten des französischen Psychoanalytikers **Jacques-Marie Émile Lacan** (1901–1981) stellen für Bhabha aus zwei Gründen eine zentrale Referenz dar: Einerseits geht Lacan (in Anlehnung an Freud) davon aus, dass das Unbewusste durch Sprache hervorgebracht wird und wie eine Sprache funktioniert. Andererseits thematisiert Lacan den Prozess der Identifikation bzw. Subjektwerdung im Zusammenspiel und im Kontakt mit dem Anderen. Dies beschreibt Lacan unter anderem in seinem Aufsatz zum sog. „Spiegelstadium" (Original: 1936/49), das den Identifikationsprozess des Kleinkindes mit seinem Spiegelbild und die Trennung von Ich und dem Anderen (im Spiegel) durch die Sprache erläutert. Aus dem Blickwinkel der Subjektwerdung und der Sprache entwickelt Lacan eine Begriffstrias, die für ihn kulturelle und literarische Phänomene (psychoanalytisch) strukturieren: das Imaginäre, das Reale und das Symbolische. Aus Lacans Radikalisierungen und Weiterführungen des Saussure'schen Zeichenmodells ergeben sich ganz im poststrukturalistischen Sinne eine Unabschließbarkeit des Sinns und damit ein niemals abgeschlossener Identifikationsprozess, die von Lacan betonte Dezentrierung des Subjekts und die Aufdeckung der der Sprache inhärenten Machtstrukturen (vgl. als Einstieg in sein Werk Lacan 1987). Zur Einführung in das Werk von Lacan vgl. bspw. Evans 2002 und Žižek 2011.

Mit Lacan kann Bhabha die Etablierung von Identitäten beschreiben, die in ihrer Relation zum Anderen entstehen und damit weder als Einheiten noch als vorgängig oder ursprünglich zu denken sind.

Dass Identifikationen nur durch die Auseinandersetzung mit dem Anderen funktionieren, der nicht abgrenzbar im Außen verbannt werden kann, sondern im Selbst wieder auftaucht – diesen Gedanken entlehnt Bhabha der Psychoanalyse und wendet ihn radikal in seinem Denken postkolonialer Identifikationsstrategien an. Subjekte sind nach Lacan keine unabhängigen Totalitäten. Vielmehr sind sie auf eine gewisse Weise nachrangig, denn sie sind eingebunden in eine „dependent relationship, a relationship of secondarization through alterity, through what he calls ‚the other'", wie Bhabha jüngst in einem Interview seinen Anknüpfungspunkt in der Lacan'schen Theorie zusammenfasst (Anfeng und Bhabha 2009). Und diese Interdependenz geschieht sowohl auf individueller wie auf kollektiver Ebene: „Die postkoloniale Perspektive zwingt uns, die tiefgreifenden Beschränkungen eines auf Konsens und Komplizenschaft beruhenden ‚liberalen' Begriffs von kultureller Gemeinschaft neu zu überdenken. Sie insistiert darauf, daß kulturelle und politische Identitäten durch einen Prozeß der Alterität hindurch konstruiert werden." (Bhabha 2000, S. 261) Diese Idee von Subjektbildung durch den Anderen hat zwei Konsequenzen: Einerseits ist das Subjekt nicht als einzelndes Individuum zu denken, sondern eher wie ein „network" (Bhabha 2000, S. 261). Hier lassen sich viele poststrukturalistische und postkoloniale Ideen von Dezentrierung, Rhizomen, Relationalität etc. anschließen. Andererseits lenkt es in einem von Bhabha machtkritisch gewendeten Blick auf das Verhältnis zwischen Subjekten. Damit kann er die konventionelle Konzeption der Beziehung zwischen Kolonisator und Kolonisiertem als Mächtigem und Ohnmächtigem, als selbstbewusstes Subjekt und unterjochtes Objekt aufbrechen und die Interdependenz bzw. die wechselseitige Affizierung betonen. Und zudem erlaubt diese Perspektive, das Moment der Kritik (oder Dekonstruktion) der Kolonisierten an den eurozentristischen Ideen der Kolonisatoren herauszuarbeiten. Schienen die Kolonisierten bisher eher stimmlos, so erkennt Bhabha nun in der wechselseitigen Beziehung, dass sie oftmals Widersprüche zwischen den europäischen, an der Aufklärung geschulten Idealen und Praxen in Europa und jenen gelebten Erfahrungen in den Kolonien entdeckten. „[T]he most insightful colonized people", so resümiert Bhabha, „used their own experience to understand limitations, shortcomings, and narcissism of Eurocentric Enlightenment ideals." (Anfeng und Bhabha 2009).

Bhabhas postkoloniale Theoriebildung ist nicht ohne postkoloniale Vordenker zu verstehen, auf die er sich in seinen Arbeiten immer wieder explizit und implizit bezieht. Zentral sind hier die Einflüsse von Fanon und Said zu nennen, weil sie wichtige Referenzen für Bhabhas Denken von Identitätskonstruktionen jenseits binärer Schemata sind und einen diskursanalytisch und dezidiert konstruktivistischen Blick auf kulturelle Formationen ermöglichen (zur ausführlicheren Einführung in ihre Werke sowie in die Einbettung in Bhabhas Werk vgl. die Kapitel zu den Konzeptionen in diesem Band). Eine zentrale Figur der postkolonialen Theorie, die Bhabha in seinen Arbeiten der 1980er Jahre quasi wiederentdeckt, ist Fanon (vgl. zur Relevanz Fanons für Bhabhas Denken Byrne und Bhabha 2009, S. 143–146 sowie Bhabhas Vorwort zu Fanons *Wretched of the Earth* 2004b). Die Problematik der rassistischen Differenzbildung wird in den 1950er Jahren in den

Arbeiten des Psychoanalytikers, Kulturtheoretikers und Politikers Fanon in den Blick genommen, der mit *Peau noire, masques blancs* (1952) sowie *Les damnés de la terre* (1961) massiv die europäischen Rassismen gegen Schwarze anprangert. Er legt dar, dass jene zu einer rassistischen wie geschlechtlichen Selbstmarginalisierung und -herabsetzung führen. Einen grundlegenden Einfluss nehmen ebenfalls die Arbeiten des Literaturwissenschaftlers Said. Ende der 1970er Jahre sorgt seine Studie *Orientalism* (1978) für Aufsehen. In dieser Arbeit, die als einer der Gründungstexte der (US-amerikanischen bzw. anglophonen) *Postcolonial Studies* gilt, beobachtet Said in zahlreichen literarischen wie historiographischen Texten, dass die Beschreibungen des Fremden – und hier benutzt er die emblematische Figur des orientalischen ‚Anderen' seit dem späten 18. Jahrhundert – nicht auf natürlichen oder biologischen Begebenheiten fußen. Vielmehr behauptet Said, dass ‚der Orient' eine diskursive Konstruktion des Westens ist – zur Abgrenzung des Fremden und zur Etablierung eines souveränen Selbstbildes. Saids *Orientalism* steht folglich für eine dezidiert diskursanalytische Ausrichtung der postkolonialen Studien, wie auch Bhabha sie verfolgt und kritisch fortschreibt.

Gegenstandsnähe

Man würde einem Irrtum aufsitzen, wollte man Bhabhas Studien allein vor dem Hintergrund ihrer theoretischen Einflüsse rekonstruieren. Bhabha entwickelt nämlich nicht nur aus einer spezifischen theoretischen Perspektive bestimmte Konzepte, die er dann an unterschiedlichen Untersuchungsgegenständen illustriert. Vielmehr nutzt er seine Forschungsobjekte zur Differenzierung und Erläuterung der Theorie. Theorie und Empirie sind bei Bhabha im Grunde nicht voneinander getrennt und hierarchisiert, und so fließen Erkenntnisse und Metaphern aus den literarischen und künstlerischen Gegenständen ebenso in seine theoretischen Reflexionen ein wie Bhabha andersherum sein Schreiben ästhetisiert (s. u.). In Bhabhas Texten sind Theorie und Untersuchungsgegenstände folglich auf eine eher unübliche Art miteinander verbunden und werden in seinen Analysen wechselseitig fruchtbar gemacht. Dieses Ineinandergreifen funktioniert, weil Theorie und Empirie für Bhabha strukturelle Ähnlichkeiten aufweisen: Beide sind in hohem Maße von Bewegungen und Prozessen, Widerstand gegen Überkommenes, Auflösungsbestrebungen und Verunsicherungen geprägt. Die theoretischen Prämissen und Referenztexte, auf die Bhabha sich bezieht und die ihm zur Beschreibung dieser vielfältigen Ambivalenzen dienen, entstammen, wie im vorangegangenen Kapitel gezeigt wurde, der postkolonialen und poststrukturalistischen Theoriebildung; die Gegenstände stellen u. a. literarische Texte und künstlerische Artefakte der Gegenwart dar, in denen die heutige Welt der globalen Migration, der politischen Auseinandersetzungen mit Integration oder Globalisierung thematisiert und ästhetisch gestaltet werden. Gemeinsam ist den theoretischen Ansätzen wie den untersuchten Texten, dass sie Prozesse und Verunsicherungen thematisieren und Bhabha in ihnen das Potenzial in der kulturellen wie gesellschaftlichen Marginalität erkennt (vgl. Bhabha 1996b). Die Verbindungen von Sprache, Macht und Identitätskonstruktionen im Kolonialkontext stellen thematische Knotenpunkte des Bhabha'schen Denkens dar.

Bhabhas Arbeiten sind von seinen Lektüren zeitgenössischer kultureller Repräsentationsformen, allen voran der Literatur, und Kulturen geprägt, an die er seine semiotische Perspektive und sein Verständnis von „Kultur als Text" anlegt und aus der er seine Erkenntnisse zu kulturellen Kontaktsituationen in einer globalen Situation der Migration extrahiert. Ausgangspunkt seiner literaturwissenschaftlichen Analysen in den 1970er und 1980er Jahren ist dabei eine akademische Enttäuschung: Die britische Literaturwissenschaft beschäftigt sich vornehmlich mit kanonischen Texten, in denen Widersprüchlichkeiten oder große Schriftsteller aus der Peripherie keine Rolle spielen. Der globale Weitblick und die kritische Selbstreflexivität fehlen. „[W]hat one expects to find at the very center of life and literature", benennt Bhabha dieses eurozentristische akademische Feld, „may only be the dream of the deprived, or the illusion of the powerless. [...] What was missing [...] was a rich and paradoxical engagement with the pertinence of what lay in an oblique or alien relation to the forces of centering" (Bhabha 2004a, S. xi). In der eben zitierten Passage klingt es schon an: Bhabha vertritt einen recht emphatischen Literatur-, Poesie- und Ästhetikbegriff; er ist davon überzeugt, dass literarische Texte ästhetische Erfahrungen auslösen können, die sich auf das Leben der Menschen auswirken. So stellt Kunst etwa einen essentiellen Teil der „Freiheit" dar (vgl. Mohanty und Bhabha 2005). Seine Aufgabe besteht für ihn darin, „den Kunstgriff zu verstehen, durch den Literatur mit bestimmten historischen Situationen zaubert, indem sie das Mittel psychischer Unsicherheit, die ästhetische Distanzierung, oder die obskuren Zeichen der Geistes-Welt, das Sublime und das Unbewußte, gebraucht." (Bhabha 2000, S. 18)

„Artists and writers anticipate and prefigure conceptual problems for me" (Bhabha und Mitchell 1995), sagt Bhabha in einem Interview und unterstreicht damit die nicht zu unterschätzende Relevanz seines empirischen Materials für seine Forschungen. Huddart geht sogar soweit zu behaupten, dass Bhabha im Gegensatz zu anderen postkolonialen Kritikern, die von ihm untersuchten Autoren geradezu liebt (vgl. Huddart 2006, S. 75). In den literarischen und künstlerischen Untersuchungsgegenständen entdeckt Bhabha tatsächlich Antworten, meist in Form von Bildern und Metaphern, auf seine kulturtheoretischen Fragen nach kulturellem Austausch und dem Verhältnis von Kolonisator und Kolonisiertem. Antworten oder kulturelle Gestaltungsformen findet Bhabha in den Werken postkolonialer AutorInnen wie Toni Morrison, Naipaul, Salman Rushdie, Nadine Gordimer, Joseph Conrad oder Adrienne Rich oder – relevant für eines seiner zentralen Konzepte, den des Drittes Raums – in den Kunstwerken der Künstlerin Renée Green. Diese Analysen haben nicht nur eine Illustration der von Bhabha entwickelten und immer wieder neu zu denkenden Konzepte zur Folge, sondern bewirken noch mehr: Bhabha schafft (neue) Konzeptmetaphern, die einem Kunstwerk entstammen, darüber hinaus aber als Erklärungsmodelle und Erkenntnisinstrumente genutzt werden – da kann ein einzelnes Gedicht einen ganzen theoretischen Zusammenhang geradezu initiieren (vgl. Bhabha 1997, S. 445). Literatur ist für Bhabha jedoch weder identitätsbildend noch mimetisch: Sie ist weder ein textuelles Medium ist, in dem sich (selbstversichernde) Selbstreflexion entfalten kann (hier argumentiert er gegen Kant), noch ist sie für ihn eine im Textmaterial manifestierte „soziale Wirklichkeit" (hier setzt er sich gegen die materialistische (und marxistische) Tradition der Literaturkritik ab). Bhabha betont an der Literatur das Potenzial, dass sich gerade dort Ereignisse einschreiben können, die schockartig – auch auf die Geschichtsschreibung – zurückwirken (vgl. Bhabha 1992b, S. 144). Bhabha geht damit davon aus, dass „minority writing" (in expliziter Anlehnung an die von Gilles Deleuze und Félix Guattari entwickelte Idee der ‚kleinen' Literatur) die Macht hat, innerhalb einer Kultur die Bruchlinien und Grenzziehungen sichtbar zu machen und nachhaltig zu verstören (vgl. Bhabha 1997, S. 440).

In einem Interview resümiert Bhabha schlaglichtartig die Bedeutung, die die von ihm untersuchten literarischen Werke für ihn haben:

„But I think what I can say in a very general way about all of them is that they are interested in exploring the question of minoritization, the question of difference, the question of the failures of the democratic promises of nations. They are interested in the experience of those who were excluded, either on the basis of their sexuality or their race, and what is even more important, these writers are interested in trying to find narrative structures that reflect these problems. They use narrative to do the work of historical representation in a way that does not simply produce or give the reader a sense of social realism. They move away from the more transparent and stable generic traditions of realism to use complex narrative structures that actually make the reader participate in a performative way with the complex moral issues they live with." (Anfeng und Bhabha

2009) Das Potenzial postkolonialer Texte liegt damit unmittelbar auf der Hand: „Die Geschichte der archaischen Träume der Moderne ist im *Heraus-Schreiben* des kolonialen und postkolonialen Moments zu finden." (Bhabha 2000, S. 377) Damit plädiert er – in einem dekonstruktivistischen Gestus – für „eine Form des Schreibens kultureller Differenz inmitten der Moderne [...], die binäre Grenzen ablehnt, ganz gleich, ob diese nun zwischen Vergangenheit und Gegenwart, innen und außen, Subjekt und Objekt, Signifikant und Signifikat gezogen werden." (Bhabha 2000, S. 378) Dieses Schreiben muss in die Ambivalenz der Moderne eingreifen im Sinne einer postkolonialen Gegenmoderne, die diese Aporien zu halten versteht – und damit als ‚Lösung' für ein Modell der Gegenmoderne mit inhärenten Aporien formuliert wird: als ein „zurück in die Zukunft" oder die bereits erwähnte in Form einer „‚projektiven' Vergangenheit" (Bhabha 2000, S. 378). Der Begriff „projektiv", so führt Bhabha näher aus, ist hier „weder teleologischer Art, noch ist es ein endloses Gleiten." (Bhabha 2000, S. 381) Diese Figur bezeichnet auf der theoretischen Ebene Bhabhas Verständnis der hybriden, im Übersetzungsprozess befindlichen Gegenwart und zeigt auf der textuell-literarischen Ebene ihre Möglichkeiten bspw. in den Gedichten von Sonia Sanchez (vgl. Bhabha 2000, S. 379 f.) oder in *Menschenkind* von Morrison (vgl. Bhabha 2000, S. 382 f.). So kann für Bhabha eine vorwärtsgerichtete Perspektive entstehen, die Anlass zur Hoffnung gibt: „Entscheidend für solch eine Vision der Zukunft ist die Überzeugung, daß wir nicht nur die Erzählungen unserer Geschichten ändern, sondern auch unsere Auffassung dessen, was es bedeutet, sowohl menschlich als auch historisch in anderen Zeiten und verschiedenen Räumen zu leben und zu sein." (Bhabha 2000, S. 384)

Ein zentrales Thema ist für Bhabha mithin die globale, zeitgenössische Migration. Dabei begreift er Migration in ihrer aktuellen Ausprägung nicht als einfachen, unidirektionalen Prozess, der sich mit schlichten Vokabeln binärer Logiken beschreiben ließe. Gesellschaften sind in Zeiten zunehmender Mobilität immer stärker durch Phänomene des Kontakts mit dem Fremden, durch Vermischungen und Übersetzungen, durch Missverständnisse und Machtverhältnisse gekennzeichnet, sodass Bhabha mit Denkfiguren wie Zwischenräumen, Spalten, Spaltungen und Doppelungen operiert. „Wir leben in einer seltsamen Periode des Übergangs", erklärt Bhabha dies in einem Interview, „in einem anhaltenden Konflikt zwischen Kräften der Hybridisierung und Kräften der Homogenisierung." (Charim und Bhabha 2007). Indessen zeigt sich für Bhabha ein (vermeintliches) Paradoxon: Die globale Migration führt nämlich derzeit gleichzeitig zu Phänomenen der Durchmischung bzw. des Austauschs wie auch zu Regionalismen, Partikularismen oder gar Rassismen.

Gerade postkoloniale Migranten und Migrantinnen bringen aus Bhabhas Sicht in den Gesellschaften der ehemaligen Kolonisatoren Widersprüchlichkeiten und eine gewisse Geschichtsblindheit ans Licht. Sie stellen durch ihre Anwesenheit und ihre Existenz als ehemals Kolonisierte die Meistererzählungen des Westens als „rational" und „modern" in Frage, auch wenn sich dadurch nicht automatisch eine Machtverschiebung zugunsten der oftmals marginalisierten Minderheiten ergibt. Bhabha betont, dass er die Situation an den Rändern und Peripherien der Gesellschaft nicht glorifizieren, sondern dass er die Potenziale herausarbeiten will (vgl. Bhabha 2004a, S. xi). Postkoloniale Minderheiten etablieren für Bhabha innerhalb der Geschichte des Westens eine sehr spezifische Art „Gegen-Geschichte" zur normativen Geschichte aus dem Selbstverständnis des Westens heraus („*a counter-history* to the normative, traditional history of the West", Rutherford und Bhabha 1990, S. 218), die allerdings nicht in ihrer binären Oppositionslogik stehen bleibt sondern einen dekonstruktivistischen, dritten Weg einschlägt. Und diesen dritten Weg, die Erfahrungen postkolonialer Situationen, die von Migration, kolonialer Machtausübung, Widerständigkeiten und kulturellen Verschiebungen geprägt sind, sieht Bhabha in zahlreichen literarischen Texten ausformuliert.

Seine diskursanalytische und dekonstruktivistische Perspektive führt überdies zu einem postkolonialen Schreibprojekt, das das theoretische Schreiben selbst ins Visier nimmt und damit die Unterschiede zwischen Objekt- und Metasprache kontinuierlich zu dekonstruieren sucht und zugleich kritisch auf die Etablierung der Autorität des Forschenden als mächtiges Aussagesubjekt schaut.

1.3   Bhabhas Schreiben und das Engagement des Theoretikers

Die ersten Leseerfahrungen mit Bhabhas Texten sind oftmals von Orientierungslosigkeit, Faszination, Überforderung oder Herausforderung geprägt. Bhabhas Sprache ist theoretisch extrem aufgeladen und angefüllt mit Fachbegriffen, seine Syntax (schon im Englischen, stärker aber noch in der deutschen Sprache) kompliziert und verschachtelt. Die Argumentationsführung erschließt sich oftmals nicht unmittelbar. Dieser Schreibstil ist dabei keineswegs willkürlich so entwickelt sondern wichtiger Bestandteil von Bhabhas Arbeiten. Seine theoretische Perspektive, die die schlichte Transkription von Erkenntnissen in Gegenüberstellungen, Bewertungen und Einordnungen problematisiert, sowie die von ihm untersuchten Texte, die Bhabha auf ihr subversives und die Dinge verkomplizierendes Potenzial hin erschließt, fordern geradezu eine komplexe Sprache auch im wissenschaftlichen Text heraus. Dem komplexen Material will Bhabha, so bringt er es jüngst zum Ausdruck, in dessen Schwierigkeit in seiner Arbeit eine angemessene Form zugestehen (vgl. Anfeng und Bhabha 2009).

Bhabhas Schreibstil reflektiert dabei nicht nur die Komplexität des Gegenstands sondern trägt auch dem Verhältnis zur Theorie Rechnung. In seinem Aufsatz „Das theoretische Engagement" (Bhabha 2000, S. 29–58) diskutiert Bhabha die Rolle der Theorie, ihr Verhältnis zur Politik und ihre problematische Stellung innerhalb der elitären und eurozentristischen intellektuellen Kreise.

Damit reagiert Bhabha auf die Kritik, dass die politische, kritische Theorie nur um sich selbst kreist, d.h. von einer Bildungselite getragen wird und nicht in die soziale Praxis überführt werden kann. Sein „Eintreten für das Verwischen der traditionellen Grenzen zwischen Theorie und Politik" und sein „Widerstand gegen das Ein-schließen des Theoretischen" (Bhabha 2000, S. 47) erläutert er in diesem Aufsatz. Durch den Einfluss der Dekonstruktion wird in die *Postcolonial Studies* eine radikale Selbstkritik eingeführt, die die „Frage nach der Autorität eigener, akademischer Interpretationen der Kultur des ‚Anderen'" betrifft (Pordzik 2005, S. 225). „The best of postcolonialism is autocritical", schreibt demgemäß Gayatri Chakravorty Spivak (Spivak 2000, S. XV); sie greift damit die wissenschaftliche Autorität über ihre ‚Untersuchungs-Subjekte' an und damit das Verfahren des „othering", d.h. die Fremdkonstruktion des ‚Anderen' im Dienste der Selbstvergewisserung.[6] Grundsätzlicher greift Bhabha aber die Konsequenzen des *linguistic turn* auf und betont damit einen radikal anderen Ausgangspunkt wissenschaftlicher Arbeit: Der *linguistic turn* bewirkt nämlich für die (nicht nur postkoloniale) Kulturtheorie, dass ökonomische Machtverhältnisse und soziale wie materialistische Bedingungen als textuell bzw. diskursiv verfasst betrachtet und damit nicht mehr als objektiv(istisch)e Gegebenheiten untersucht werden können (vgl. dazu die Ausführungen von Pordzik 2005, S. 225). Bhabha betont, mit seinem Schreiben und seinem Projekt diese konstruierten Widersprüche zwischen Politik und Theorie, zwischen westlichen Intellektuellen und postkolonial Unterdrückten, zwischen Zentrum und Peripherie gerade überschreiten zu wollen (vgl. Bhabha 2000, S. 29). Dabei befürwortet Bhabha durchaus, dass es in der Sprache der politischen Ökonomie angebracht sein kann, von Ausbeutung und Diskriminierung zu sprechen und damit eine diskursive Trennung in Erste und Dritte Welt oder Nord und Süd vorzunehmen. Auch er beobachtet in internationalen Diskursen das Erstarken des anglo-amerikanischen Nationalismus mit seinen neoimperialistischen Implikationen (vgl. Bhabha 2000, S. 30 f.) Und so fragt er sich, ähn-

---

6 Seine Position zu den kritischen „whiteness studies" erläutert er in Bhabha 1998b.

lich wie in den Arbeiten von Spivak, ob die kritische Theorie nun eine Sprache spricht, die „nichts als ein weiteres Machtinstrument der kulturell privilegierten westlichen Elite [ist], um einen Diskurs des Anderen hervorzubringen, der ihre eigene Gleichung von Macht und Wissen zementiert". (Bhabha 2000, S. 31) Mit Verweis auf Intellektuelle und Cineasten des ‚Dritten Kinos' *(Third cinema)*, die mit ihren filmischen und theoretischen Werken gegen die Übermacht der westlichen Filmproduktion arbeiten, kommt Bhabha zu dem Ausgangspunkt seiner Überlegungen: „Ich möchte mich an die wandernden Randgebiete kultureller De-plazierung [...] begeben und fragen, worin die Funktion einer engagierten theoretischen Perspektive bestehen könnte, wenn man die kulturelle und historische Hybridität der postkolonialen Welt zum paradigmatischen Ausgangspunkt nimmt." (Bhabha 2000, S. 32)

Demzufolge beschreibt Bhabha kein Engagement für einen konkreten Gegenstand, denn dies würde abermals praktische Politik von theoretischen Reflexionen trennen – in gleicher Weise wie üblicherweise ein aktivistisches Flugblatt von einem theoretischen Essay über politische Fragen getrennt wird. Vielmehr plädiert Bhabha für eine Sichtweise auf Formen politischen Schreibens, die Theorie und Politik nicht voneinander trennt, sondern in engagierten Diskursen beide Implikationen am Werke sieht (vgl. Bhabha 2000, S. 33). Mit Hall verortet Bhabha dieses Schreiben in einem Raum des „Imaginären", in dem die Bereiche der Theorie und der politischen Praxis in Bewegung kommen. (vgl. Bhabha 2000, S. 33 f.)

Bhabha geht in diesem Sinne von einer ‚Macht des Schreibens' aus: Der Text ist kein Aufschreibesystem und damit nachgeordnete Repräsentation eines existierenden politischen Subjekts. Die grundlegende Skepsis gegenüber der Sinnetablierung literarischer Texte bzw. kultureller Repräsentationsformen zugunsten einer permanenten Verschiebung des Sinns beeinflusst für Bhabha auch das eigene Schreiben und die eigenen Aussagen. Bhabhas Texte sind daher geprägt durch ein bewusst inszeniertes dynamisches, in Bewegung befindliches Schreiben durch die Vermischung von Meta- und Objektsprache sowie durch eine permanente Selbstreflexion über die eigene Position als Theoretiker. Bhabha macht als postkolonialer Autor nicht nur Aussagen über Untersuchungsgegenstände, sondern reflektiert auch explizit seine Rolle als Theoretiker in diesem Feld. Bhabhas Verständnis von der Macht der Sprache erklärt auch sein Insistieren auf textuellen und literarischen Beispielen und erhellt sein eigenes Schreibverfahren, wenn man es auf seine Texte zurückspiegelt. Da er in der Artikulation kultureller Differenz einen poetischen und gleichzeitig politischen Akt sieht (vgl. Bhabha 2000, S. 88), sind für ihn Theorie und Politik, Schreiben und politisches Engagement keine Gegensätze, sondern in sich verwoben. „I can only say", erklärt Bhabha dazu in einem Interview, „that I use the language I need for my work. [...] I am not interested in being a descriptive and expository writer. [...] The attempt at making new connections, articulating new meanings, always takes the risk of being not immediately comprehensible to readers." (Mohanty und Bhabha 2005)

Dabei ergibt sich diese Sichtweise nicht nur aus einem Verantwortungsbewusstsein eines Intellektuellen, der den Grenzgang durch unterschiedliche Welten selbst biographisch erfahren hat, sondern sie drängt sich Bhabha aus den von ihm untersuchten Texten geradezu auf. Der enge Zusammenhang zwischen Ethik und Ästhetik ist der Gemeinschaft der Metropolen inhärent, die das Fremde immer in sich tragen (Bhabha bezeichnet dies mit dem Begriff des Unheimlichen, auf den noch zurückzukommen sein wird). Das „ethische und ästhetische Projekt" bzw. eine „ethisch-ästhetische Positionierung", wie Bhabha sie besonders in den Werken Morrisons, aber auch in den Arbeiten Lévinas' ausmacht, ist Anliegen eines postkolonialen Theoretikers/Kritikers. (vgl. Bhabha 2000, S. 24 ff.).

Bhabhas Auseinandersetzung mit dem theoretischen Engagement ist vor dem Hintergrund der bereits erläuterten Problematik der theoretisch-politischen Ausrichtung postkolonialer Kritik zu verstehen. Bhabha diskutiert die Charakteristika westlicher Theorie aber im Besonderen im Zusammenhang mit der Funktion des (kulturell) Anderen. Es geht dabei zentral um die terminologische Einschließung und damit Unterwerfung des Anderen. Bhabha konstatiert, dass westliche Theoretiker den Anderen stets mit einem Bild, einer Metapher belegen, um ihn einzudämmen, beschreiben und damit kontrollieren zu können. Hier führt Bhabha eine scharfe Anklage gegen die „institutionelle Macht kritischer Theorie", die den Anderen kategorisiert, ihn zum Objekt der Erkenntnis degradiert und damit die Hierarchieebenen unangetastet lässt bzw. reproduziert. Diesen Mechanismus erkennt er bei der Analyse des Anderen bei Montesquieu, Roland Barthes, Julia Kristeva und Derrida ebenso wie bei Lyotard: Ihre Fremdenfiguren „sind Teil dieser Strategie der Eindämmung, die den anderen Text/den Text des Anderen *(the Other text)* auf ewig zum exegetischen Horizont der Differenz statt zur Quelle der Artikulation macht." (Bhabha 2000, S. 49)

Diese Eindämmung bringt das Potenzial des Anderen nicht nur zum Schweigen, der Andere wird in der wissenschaftlichen Auseinandersetzung geradezu nivelliert. „Die Narrative und die *kulturelle* Politik der Differenz werden zum geschlossenen Interpretationszirkel", führt Bhabha in diesem Zusammenhang aus, „[d]as Andere verliert seine Macht zu signifizieren, zu negieren, sein historisches Begehren ins Spiel zu bringen, seinen eigenen institutionellen und oppositionellen Diskurs zu etablieren. Ganz gleich, wie untadelig das Wissen über den Inhalt einer ‚anderen Kultur' sein mag, ganz gleich, wie antiethnozentrisch sie repräsentiert wird: ihre *Verortung* als Abschluß großer Theorien und die Forderung, daß sie in analytischer Hinsicht immer das gute Objekt der Erkenntnis, die gefügige Summe der Differenz zu sein hat, reproduzieren eine Beziehung der Herrschaft über sie und stellen somit die schwerwiegendste Anklage der institutionellen Macht der kritischen Theorie dar." (Bhabha 2000, S. 48)

Dennoch verteidigt Bhabha seine theoretischen Referenzen gegen diese Form des wissenschaftlichen „othering", indem er das innovative Potenzial verschiedener Ansätze wie etwa von Althusser, Foucault und Lacan unterstreicht (vgl. Bhabha 2000, S. 48 f.). Bhabha strebt einen anderen Ort der Theorie an; eine Theorie, die sich selbst übersetzt, transformiert und damit als „Teil der Infragestellung des Projekts der Moderne" fungieren kann (Bhabha 2000, S. 49). Bhabhas Methoden- bzw. mehr noch der Theoriepluralismus liegt in der Skepsis gegenüber Theorieentwürfen begründet, die umfassenden oder totalisierenden Erklärungsanspruch formulieren – insbesondere zeigt sich hierin u. a. die Abkehr der postkolonialen Theorie vom Marxismus: „Mit den narrativen Einschüben dieses Beitrags habe ich nicht versucht, eine allgemeine Theorie zu entwerfen [...]. Ich habe das begriffliche Maß von Fanons verborgener Gleichgewichtsstörung und Kristevas parallelen Zeiten in die ‚inkommensurable Geschichte' von Walter Benjamins modernem Erzähler nicht mit hineingenommen, um auf eine Rettung, sondern um auf ein fremdartiges kulturelles Überleben des Volkes hinzuweisen." (Bhabha 2000, S. 253). Gerade die Betrachtung anderer Kulturen unter den Vorzeichen des Poststrukturalismus fordert eine Perspektive kultureller Differenz und nicht kultureller Diversität ein (auf diesen Unterschied wird im Kapitel Differenz noch ausführlich eingegangen). Diesen Imperativ führt Bhabha ein, weil er die Diskursivität, also die sprachliche Gemachtheit des Anderen, betonen will.

Bhabha plädiert nicht für einen schlichten Gegen-Diskurs, der die Machtmechanismen und Hierarchien nur umkehrt und sie damit in ihrer Struktur, in ihrer Funktionsweise bestätigt. Bhabhas Lektüre ist aus dem Grund „effektiv, weil sie die subversive, chaotische Maske der Tarnung benutzt und nicht wie ein lauterer Racheengel daherkommt, der die Wahrheit einer radikalen Geschichtlichkeit und eines reinen Gegenstandpunkts ausspricht." (Bhabha 2000, S. 40). Vielmehr spricht er sich für einen anderen Weg aus, den er anhand seiner sprachphilosophischen Erkenntnisse entwickelt. Die permanenten Bedeutungsverschiebungen bedingen eine Unsicherheit, Ambivalenz und Offenheit, die Bhabha mit Fanon als „Gleichgewichtsstörung" (Bhabha 2000, S. 53) metaphorisiert. Theoretische Perspektiven sollten demnach nicht mit festschreibenden, restriktiven Auffassungen von kultureller Identität arbeiten, sondern auf die Kraft der Übersetzung und Verhandlung, so die Bhabha'schen Begriffe dafür, also auf die Kraft der Unterbrechung historischer Kontinuitäten und die Schaffung einer „produktiven Instabilität" setzen (Bhabha 2000, S. 57).

Bhabhas Schreiben ist, so fasst es Birgit Wagner treffend zusammen, gegen eine eurozentristische, „den Transparenz-Idealen der europäischen Aufklärung geschuldete" Darlegungsweise gerichtet (Wagner 2009, S. 3). In Bhabhas Textanalysen werden (frei assoziierte) kulturtheoretische Konzeptionen, intertextuelle wie intermediale Referenzen und durch die jeweilige Textpassage initiierte Sprachspiele oder Metaphern miteinander kombiniert. Theoretische Konzepte werden dabei selten definiert oder konkret exemplifiziert, denn Bhabhas Interesse gilt nicht dem Fixierenden, sondern Begriffen, die in ihrer Offenheit „Feuer fangen" und selbst „in Bewegung" sind (vgl. Seshadri-Crooks und Bhabha 2000, S. 371). Bhabhas Lektüren sind ein gegen-den-Strich-Lesen sodass Bhabha auch von „katachretische[n] Lektüren" spricht (Bhabha 2000, S. 280). Damit sind Lesarten gemeint, die nicht die expliziten Themen und Bilder von Kulturkontakt und Kolonialdiskursen herausarbeiten, sondern den Blick auf Brüche und Zusammensetzungen scheinbar widersprüchlicher Bilder, auf die Lücken zwischen den Zielen und Versen legen (vgl. Bhabha 1997, S. 447). Die Machtasymmetrie zwischen einer vorgängigen Theorie und einem nachgängigen Gegenstand (vgl. Hárs 2002, S. 1) dekonstruiert Bhabha, ähnlich wie Barthes und der für die postkoloniale Theorie wiederentdeckte Fanon, indem er theoretisches und literarisches Schreiben, also Objekt- und Metasprache verquickt. Die Arbeit über Hybridität etwa erfordert „hybridisierende[] Lektüren", so Hárs (2002, S. 1), und ein hybridisiertes Schreiben. Theoretische Modelle, aber auch die (literarischen, künstlerischen) Texte selbst laden geradezu dazu ein, neu perspektiviert zu werden; und dies ganz bewusst auch gegen die Intention des Autors oder den konkreten historischen oder geographischen Kontext (vgl. dazu Bhabhas Ausführungen zu seinen Naipaul-Lektüren Bhabha 2004a, S. xii f.).

So ist es für Bhabha geradezu erstaunlich, dass aus seinen Arbeiten systematisierte Konzepte herausgearbeitet worden sind (und so ja auch in diesem Einführungsband), versucht er sie doch möglichst offen und in einem unsicheren, beweglichen Status zu halten, um die Leserschaft zu involvieren und um die Illusion einer selbstbewussten Beherrschung eines Konzepts zu durchbrechen. Bhabha expliziert sein eigenes Vorgehen folgendermaßen:

> „To develop a certain concept, I place it in very strange, unexpected, uncanny contexts. By doing that, I set up a continual tension in the application of a concept, ist translatability, and demonstrate at the same time ist untranslatibility. [...] By producing concepts of partial identification in a critical discourse or rhetoric that itself reflects this

mode of thought, I encourage a partial translation of/identification with my own ideas. My ambition is that people will acknowledge the idea and use it but will then be thrust into a terrain of the untranslatable, which will be their moment of primary elaboration. [...] I hope that at no level is there any kind of masterful assertion of the possession of a concept but always a much more collaborative relocation of a concept." (Seshadri-Crooks und Bhabha 2000, S. 372)

In den folgenden Kapiteln wird dieses dekonstruktivistische und theoretisch engagierte Schreiben immer wieder sichtbar in den Textpassagen, die Bhabhas Aufsätzen entnommen sind. Gleichwohl wird dies nicht mehr jedesmal explizit kommentiert, sondern es geht im Folgenden in erster Linie um die inhaltliche Rekonstruktion der Schlüsselkonzepte und darum, die Argumentationen nachvollziehbar zu machen. Um aber dennoch gleichzeitig das Schreibprojekt und die Denkfiguren im Blick zu behalten, soll ein Zitat alle folgenden Unterkapitel begleiten und durch die Erläuterungen nach und nach expliziert und verständlich(er) gemacht werden.

2 Zentrale Konzeptionen: Von kultureller Differenz bis Mimikry

Homi K. Bhabha hat in die postkoloniale Theoriebildung mit seiner spezifischen poststrukturalistischen und transdisziplinären Perspektive schillernde Konzept- oder Theoriemetaphern eingeführt, die eine weite interdisziplinäre Rezeption gefunden haben: Hybridität und Dritter Raum sind sicherlich seine bekanntesten, Mimikry und ein spezifischer Übersetzungsbegriff zählen ebenfalls zu einer besonderen Bhabha'schen Terminologie (vgl. zur Theoriemetaphorik in den *Postcolonial Studies*, bes. aber zu Bhabhas Hybriditäts- und Mimikrybegriff Mackenthun 2010, bes. S. 126–129). Die Konzepte entstehen aus Lektüren unterschiedlicher kultureller Texte und erläutern sich wechselseitig. Ein Herauspräparieren der zentralen Begriffe ist daher ebenso problematisch wie der Versuch, die Konzepte zueinander in Beziehung zu setzen, in eine Reihenfolge zu bringen und damit eine Hierarchie oder Entwicklung zu suggerieren. Die folgende Anordnung der Bhabha'schen Terminologie will weder eine Entwicklung noch eine Hierarchie behaupten, sondern eine Systematisierung zu heuristischen Zwecken vorschlagen.

Zunächst werden im Folgenden die m. E. grundlegenden Konzeptionen der Kultur „als eine […] ungleichmäßige […], unvollendete […] Produktion von Bedeutung und Wert" und der Differenz als dynamischer Raum „der diskursiven und affektiven Ambivalenz" vorgestellt. Von dort ausgehend werden Begriffe behandelt, die Phänomene des Kulturkontaktes denkbar und beschreibbar machen: Hybridität als „Platz für Differenz ohne eine […] übernommene Hierarchie" und der Dritte Raum, der Hybridisierungen in einem „Hin und Her des Treppenhauses" metaphorisiert. Als Strategien benennt Bhabha spezifische Übersetzungsprozesse als „Kampfplatz im Zentrum der kolonialen Repräsentation" und, last but not least, die besondere postkoloniale Mimikry, mit der „fast, aber doch nicht ganz dasselbe" ausgedrückt werden kann. Bhabha behält dabei immer die Frage danach im Blick, wie sich Subjekte formieren und formulieren können und in welcher Form Identitätskonstruktionen und damit auch Handlungsmacht und -spielräume („agency") zu denken sind. Im Folgenden werden die Begriffe neben einer überblicksartigen Rekonstruktion detaillierter anhand der Argumentation eines Aufsatzes nachvollzogen, um so die Entwicklung der epistemologischen

Metaphern plausibel zu machen und um zu zeigen, in welcher Weise diese von Bhabha in der Analyse künstlerischer Repräsentationen entwickelt werden. Vermutlich ist der Aufbau der Kapitel zunächst einmal überraschend, denn Bhabhas Konzepte werden weder von einem seiner berühmtesten, dem der Hybridität, angeführt, noch bildet ein genuin literaturwissenschaftlicher Ansatz den Ausgangspunkt. Letzteres liegt darin begründet, dass ich Bhabhas Arbeiten zwar als literaturwissenschaftlich fundiert, nicht aber als eine spezifisch literaturwissenschaftliche Theorie oder Methodologie verstehe (vgl. dazu den Einwand von Göhlich, der Bhabha nicht als Kultur- sondern als Literaturtheoretiker liest; Göhlich 2010, S. 318). Die Bhabha'sche Terminologie wird in dieser Einführung demnach nicht über das Hybriditäts-Konzept, sondern über die grundlegenden Denkfiguren expliziert. Und eine dieser Grundfiguren stellt Bhabhas Begriff der Kultur dar.

„Im Prozeß der Übersetzung wird ein weiterer politischer und **kultureller Kampfplatz** im Zentrum der **kolonialen Repräsentation** selbst aufgeschlossen. Das Wort der göttlichen Autorität wird hier durch das Beharren auf dem einheimischen Zeichen mit einem gravierenden Makel infiziert, während die Sprache des Herrn in der Praxis der Herrschaft selbst hybrid wird und nunmehr weder das eine noch das andere ist. Das unberechenbare kolonisierte Subjekt – halb fügsam, halb widerspenstig, aber nie vertrauenswürdig – schafft für die Zielrichtung der kolonialen kulturellen Autorität ein unlösbares Problem kultureller Differenz." (Bhabha 2000, S. 51, Hervorhebung K. S.)

Voraussetzungen – Kultur und Differenz

2.1 Kultur: „eine ungleichmäßige, unvollendete Produktion von Bedeutung und Wert"

Geht man mit Bhabha davon aus, dass es im gegenwärtigen Zeitalter globaler Migration notwendig ist, Konzepte des Zusammenlebens mit dem Anderen zu überdenken; geht man davon aus, dass auch historische Texte nicht mehr in der eindimensionalen Machtachse Kolonialherr-Kolonisierter zu betrachten sind, so bedingt dies auch eine fundamentale Rekonzeptualisierung von Kultur. Die spezifische Akzentuierung des Bhabha'schen Kulturbegriffs vollzieht sich vor dem bereits beschriebenen postkolonialen und dekonstruktivistischen Theorie-Hintergrund. Grundlegend ist dabei Bhabhas anti-essenzialistisches Denken, d. h. die Annahme, dass Kulturen nicht als stabile, historisch invariante Entitäten aufgefasst werden können. Sie sind weniger friedliche Container als vielmehr „Kampfplätze", wie es oben heißt, in denen um Bedeutung und Macht gerungen wird. Damit geht auch Bhabha nicht von einer kulturellen Identität aus, sondern von „culture as a way of articulating different kinds of times, spaces, ideas, and values" (Wright und Bhabha 1999, S. 40). Bhabha lenkt dabei den Blick immer wieder auf Zwischenräume und Übergänge. Konkret bedeutet dies, dass er die internen wie externen Randbereiche der Kulturen fokussiert und damit auch Konzepte wie Nation, Geschichtsschreibung, überhaupt daran anknüpfende Ideen von Zeit und Raum in Frage stellt. Bhabha zufolge müssen sich postkoloniale Theorien nicht nur „dem Versuch holistischer sozialer Erklärungen" widersetzen (Bhabha 2000, S. 257f.), sondern auch Vorstellungen von Vergangenheit, Gegenwart und Zukunft revidieren und die Geschichtsschreibung im Machtfeld kolonialer Auseinandersetzungen kritisch hinterfragen. Bhabha konstatiert, dass „die großen verbindenden Geschichten von Kapitalismus und Klasse" keine Möglichkeiten kultureller Identifikation oder politischer Haltung mehr liefern (Bhabha 2000, S. 8).

Bhabha beschäftigt sich in seinem einleitenden Aufsatz zur *Verortung der Kultur* (Bhabha 2000, S. 1–28) zunächst mit Gemeinschaftsbildungen und identifizierenden Kräften in diesem Prozess. Er hinterfragt die postkoloniale Theoriebildung und die multikulturelle Praxis seiner Zeit, welche beide tendenziell eine Gegenstimme zum herrschenden Kolonialdiskurs bilden wollen. Bhabha spricht sich hier explizit gegen einen multikulturalistischen Internationalismus aus (sowie auch gegen „Theorien des kulturellen Relativismus oder Pluralismus", Bhabha 2000, S. 258), der postkoloniale Gegengeschichten formuliert. Die Formulierung einer Gegenstimme, eines Widerstands, besteht dabei für Bhabha nicht in der Verbreitung „‚alternativer Geschichten der Ausgeschlossenen', die [...] eine pluralistische Anarchie herbeiführe" (Bhabha 2000, S. 8).

Die Annahme, dass Kulturen nicht mehr als geschlossene Kulturkreise zu denken sind, bedeutet zwar nicht, dass es in Kulturen kein Begehren nach Stabilität und Determination bspw. im Sinne einer Nation gäbe. Aber die Präsenz von Minoritäten bewirken eine grundlegende Heterogenisierung nationaler Gesellschaften in dem Sinne, dass sie ihre „alterity into the conditions of ethical life at the level of the culture of communal life" einschreiben (Bhabha 1997a, S. 436). Kulturen zeichnen sich damit nicht durch Geschlossenheit, sondern durch Differenz und Ambivalenz aus:

> „Kulturen sind niemals in sich einheitlich, und sie sind auch nie einfach dualistisch in ihrer Beziehung des Selbst zum Anderen. [...] Daß ein kultureller Text oder ein kulturelles Bedeutungssystem sich nicht selbst genügen kann, liegt daran, daß der Akt des kulturellen Ausdrucks – der Ort *der Äußerung* – von der *différance* des Schreibens überkreuzt wird. [...] es geht hier also nicht um den Inhalt des Symbols oder seine soziale Funktion, sondern um die Struktur der Symbolisierung." (Bhabha 2000, S. 54)

Bhabha konturiert – neben der Ablehnung holistischer Kulturvorstellungen – zwei Dimensionen seines Kulturbegriffs: erstens eine semiotisch-diskursive und zweitens eine raum-zeitliche Dimension von Kultur. Kultur als Zeichen- und Diskurssystem, d. h. als „ein kulturelles Bedeutungssystem", aufgefasst, lenkt den Blick auf Ambivalenzen, inhärente Brüche und Aporien, und erlaubt auf dieser Grundlage Kulturkontakte neu zu erfassen. Kultur in ihrer raum-zeitlichen Dimension fokussiert spezifische kulturelle Zwischenräume und führt zu einem neuen Denken von Zeit- und Geschichtlichkeit.

Kultur als semiotisch-diskursives Konzept

Bhabha verortet seinen Kulturbegriff auf einer basalen semiotisch-diskursiven Ebene. Kultur ist für ihn in erster Linie ein bedeutungsgenerierendes System und folglich als Sprache, als Äußerung, als Performance denkbar. Bhabha betont damit, dass sich Kulturen nicht auf der Basis ihrer Inhalte, etwa ihrer Riten, Gebräuche oder Werte ausmachen lassen, sondern dass sie, wie im obigen Zitat schon beschrieben, als „Struktur der Symbolisierung" funktionieren. Demgemäß ist Kultur kein Erkenntnisobjekt sui generis mit stabilen und eindeutigen Bestandteilen und Inhalten, sondern ein Ort, in dem sich Bedeutungen immer wieder neu entfalten können und in diskursiven Prozessen hergestellt werden. Bhabha zufolge muss es also darum gehen, sich „mit dem Begriff der Kultur auseinanderzusetzen, uns mit Kultur als einer ungleichmäßigen, unvollendeten Produktion von Bedeutung und Wert zu befassen" (Bhabha 2000, S. 256). Diese semiotisch-diskursive Grundierung von Kultur erlaubt es Bhabha, Kulturkontakt, also die Beziehung oder Verbundenheit von Kulturen, näher zu bestimmen. Alle Arten von Kulturen sind in einer spezifischen Weise miteinander verbunden, denn „culture is a signifying or symbolic activity. The articulation of cultures is possible not because of the familiarity or similarity of contents, but because all cultures are symbol-forming and subject-constituting, interpellative practices" (Rutherford und Bhabha 1990, S. 209 f.).

Kulturen sind als bedeutungsgenerierende Prozesse und Subjekte stiftende Praktiken nicht nur im historischen Wandel zu verstehen. Vielmehr zeichnen sie sich aus durch die Gleichzeitigkeit konkurrierender Bedeutungskonstruktionen – und dies nicht nur kulturenübergreifend, sondern auch innerhalb der Kulturen präsent als gleichzeitig widersprüchliche Wertevorstellungen, Narrative oder Machtansprüche. Diese Widersprüchlichkeiten sind dabei keineswegs harmlose Konflikte von Lebensweisen oder Traditionen: Sie sind für die Subjekte existenziell und mit Gefahren verbunden. Für das Individuum geht es also durchaus um das eigene Überleben; die Produktion von Bedeutung trägt, so unterstreicht Bhabha, „unvereinbare Forderungen und Praktiken" in sich, „wie sie aus dem Akt des sozialen Überlebens hervorgehen. […] Kultur als Überlebensstrategie ist sowohl transnational als auch translational" (Bhabha 2000, S. 256 f.). Transnational ist diese Strategie, da sie in der generellen Erfahrung der Deplatzierung begründet ist und für nationale Kontexte gelten kann. Auf die translationale Ebene wird später im Kapitel zum Übersetzungskonzept noch näher eingegangen. Beide Aspekte hängen immanent zusammen und unterstreichen ein Kulturverständnis, das gerade die ‚Gemachtheit', den Konstruktcharakter von Kulturen, fokussiert. Bhabha spricht in diesem Zusammenhang „von der Kultur als Konstruktion und von der Tradition als Erfindung" (Bhabha 2000, S. 257).[7]

---

7 Bhabha spielt mit der Formulierung der Tradition als Erfindung auf Eric Hobsbawms und Terence Rangers Konzept der „invention of tradition" an, das den Konstruktcharakter von Traditionen und ihrer Kontinuität in der Geschichte betont (vgl. Hobsbawm/Ranger 1992).

Dass Kulturen hier als prozessual im Sinne von konstruiert und sprachlich-diskursiv formuliert gedacht werden, wird nochmals deutlich; Bhabha besteht auf einer Dynamisierung und Semiotisierung des Kulturbegriffs. Die Einführung der Sprache als Beschreibungsmodell für kulturelle Zusammenhänge ist deshalb so wichtig, weil nicht nur Kulturen selbst konkret sprachlich verfasst sind und sich immer wieder reformulieren müssen, sondern weil sich Sprache grundsätzlich als Metapher für Kulturen und kulturelle Verhandlungsprozesse anbietet (hier stützt sich Bhabha auch auf Arbeiten von Hall und Cornel West, vgl. Bhabha 2000, S. 262f.).

Doch wie sind in einer solchen Situation der steten Konstruktion und der Instabilität die Subjekte zu denken, die sich in den Kulturen formulieren, konstruieren, identifizieren? Eine erste Antwort scheint so schlicht wie beunruhigend: Subjekte sind ebenfalls immer instabil. Bhabha geht nämlich grundlegend davon aus, dass Subjekte keine stabilen, prädiskursiven Gebilde sind. „The subject is not what you start with, as an origin, nor where you end, as closure. The subject is what is discovered about the movement of discourse, texts, action without those polarities" (Bhabha 2001b, S. 56). Und wie Subjekte sind auch Kulturen oder kulturelle Repräsentationsformen kein authentischer Ausdruck einer prädiskursiven Identität, sondern „more about the activity of negotiating, regulating and authorising competing, often conflicting demands for collective self-representation" (Bhabha 1999b, S. 38). Bhabha zielt damit auf den Gedanken der sprachlichen bzw. semiotischen Verfasstheit des Subjekts: „Wie es scheint, produzieren die theoretischen Konzepte der Arbitrarität des Zeichens, der Indeterminiertheit des Schreibens, der Spaltung des Subjekts der Äußerung die brauchbarsten Beschreibungen der Formation ‚postmoderne' kultureller Subjekte" (Bhabha 2000, S. 262). Durch die Betonung der Äußerung und der Artikulation werden die kolonialen Objekte zu Subjekten des Diskurses: „Wenn ich hier die Gegenwart der Äußerungspraxis in der Artikulation der Kultur besonders herausstelle, dann deshalb, um über einen Prozeß zu verfügen, durch den objektifizierte andere in die Subjekte ihrer Geschichte und Erfahrung verwandelt werden können" (Bhabha 2000, S. 265).

Subjekte sind, ebenso wenig wie Kulturen, Erkenntnisse oder Wissensbestände sondern sprachliche Momentaufnahmen: „Die in der Metapher der Sprache", so führt Bhabha aus, „verkörperte Aktivität der Artikulation verwandelt das Subjekt der Kultur aus einer epistemologischen Funktion in eine Äußerungspraxis. Während Kultur als Epistemologie auf Funktion und Intention abhebt, ist Kultur als Äußerung auf Signifikation und Institutionalisierung gerichtet [...]. Das Epistemologische ist in den hermeneutischen Zirkel, in die Beschreibung kultureller Momente, die auf eine Totalität zustreben, eingeschlossen. Der Prozeß der

Äußerung ist stärker dialogisch angelegt und versucht, De-plazierungen und neue Allianzen auszumachen, die ihrerseits die Auswirkung kultureller Antagonismen und Artikulationen sind – womit er das Prinzip des hegemonialen Moments untergräbt und eine Neubestimmung alternativer, hybrider Orte der kulturellen Verhandlung vornimmt." (Bhabha 2000, S. 264)

Der konkreten Umsetzung dieser Äußerungspraxis geht Bhabha in einer Reihe literatur- und kulturtheoretischer Arbeiten aus dem afro-amerikanischen bzw. -britischen Bereich nach: etwa Arbeiten von Hortense Spiller oder Paul Gilroy, Musikwissenschaftlern und *Black Feminists* (vgl. Bhabha 2000, S. 265 f.) Gemein ist diesen theoretischen Zugängen die Konzeption von Subjekten, die sich nicht über Inhalte definieren, sondern die als mit einer spezifischen Weise der Artikulation identifiziert zu denken sind. Bhabha legt damit sein Augenmerk weniger darauf, was gesagt wird, sondern darauf, welche Artikulationsmöglichkeiten sich jenseits von Dichotomien ergeben können. „Postkoloniale und schwarze Theorien propagieren Formen kämpferischer Subjektivitäten", führt Bhabha dazu aus, „deren Machtaneignung im Akt der Eliminierung der Politik der binären Opposition [...] stattfindet" (Bhabha 2000, S. 266. Und allein innerhalb dieser Dekonstruktion von Binaritäten verortet Bhabha die „Erschließung neuer Formen der Identifikation, die die Kontinuität historischer Zeitlichkeiten verwirren, die Anordnung kultureller Symbole durcheinanderbringen und die Tradition traumatisieren können" (Bhabha 2000, S. 267).

Die Sprach-Metapher dient zwar in erster Linie dazu, die Objekte des kolonialen Diskurses als störende und damit widerständige Subjekte zu denken. Darüber hinaus bedingt sie aber auch, dadurch dass sie Theorie und Praxis durchdringt, dass diese beide Ebenen wissenschaftlicher Tätigkeit zu verbinden und keiner von ihnen den Vortritt zu geben ist (vgl. Bhabha 2000, S. 267). Damit greift Bhabha die Binarität zwischen theoretischem Text und Untersuchungsgegenstand an. Theorie und Praxis sind für Bhabha weder als Antagonismen zu denken, noch dominiert die eine Dimension die andere. Bhabha visiert ein ‚Außerhalb' an, das die „Artikulation der beiden [...] in den Rahmen einer produktiven Beziehung stellt" (Bhabha 2000, S. 268), und zieht dafür die Arbeiten von Barthes sowie sein Bild des Tagtraumes heran. Bhabha stützt sich dabei auf eine Passage aus Barthes' *Die Lust am Text,* in der Barthes in Tanger einen Tagtraum und die Eindrücke von der Stadt und von den Menschen um ihn herum in Form von Sprachfetzen, Klängen und Geräuschen zu einem Gebilde formt. Dieses Konglomerat von wissenschaftlicher Analyse und unbewussten Traumbildern interessiert Bhabha besonders, denn hier vereint sich scheinbar Unvereinbares; dieses Unbewusste oder die Phantasien, die Barthes schildert, sind für Bhabha mit Hinweis auf Freud Teil der

Realität und Teil des theoretischen Arbeitens. „[D]ie Struktur der Phantasie erzählt das Subjekt des Tagtraums als Artikulation miteinander unvereinbarer Zeitlichkeiten, verleugneter Wünsche und diskontinuierlicher Szenarien." (Bhabha 2000, S. 270) Und hier verortet Bhabha auch den Anknüpfungspunkt an Diskurse von Minderheiten, von peripheren Subjektpositionen und marginalisierten Stimmen: Sie erlauben durch eine ‚andere Logik' im Diskurs auch im theoretischen Nachdenken über Kulturkontakte und globale Migration neue Wege zu gehen. Die „performative Struktur des Satzes", fährt Bhabha fort, „eröffnet eine narrative Strategie für das Entstehen und die Verhandlung jener Zentren der Handlungsfähigkeit des Marginalen, Minoritären, Subalternen oder Diasporischen, die uns dazu anreizen, theoretisch – und über die Theorie hinaus – zu denken" (Bhabha 2000, S. 270).

Dieser Raum außerhalb der Theorie ist für Bhabha jener Ort außerhalb des Satzes, den die poststrukturalistische Theorie (er bezieht sich in dieser Passage einige Male auf Derrida) auf vielfache Weise beschreibt. Wichtig ist dabei, dass Bhabha dies nicht als Nicht-Satz oder als etwas „vor" dem Satz beschreibt, sondern „etwas, was in den Satz *hätte* Eingang finden *können*, aber dennoch *außerhalb davon* blieb" (Bhabha 2000, S. 271). Das Außerhalb denkt Bhabha also nicht schlicht als das Gegenteil des Satzes, als Polarität oder dessen Negation, sondern als Teil eines ‚doppelten Schreibens'. Diese Figur der Verdoppelung, die eine Konnotation der Ambivalenz, der Unentschiedenheit oder der Indeterminiertheit aufweist, taucht in Bhabhas Argumenten immer wieder als zentrales Merkmal auf. Strukturalistisch ausgedrückt, betont er hier all die Möglichkeiten des sprachlichen Ausdrucks auf der paradigmatischen Achse, die nicht außerhalb stehen, sondern im gewählten Wort mitschwingen.

Dieses „Außerhalb des Satzes" ist für Bhabha nun keinesfalls nur eine sprachphilosophische oder semiotische, theoretische Figur, sondern relevant, weil es die Handlungsfähigkeit der Subjekte neu zu denken erlaubt. Zur Exemplifizierung zieht Bhabha den Film *Casablanca* heran, den er Barthes' Ausführungen in Tanger an die Seite stellt. Während er in Barthes Beschreibung Tangers dieses „Außerhalb des Textes" oder des „Nicht-Satzes" beschreiben kann, das als Möglichkeiten, als „disjunktive, inkommensurable Beziehungen der Räumlichkeit und Zeitlichkeit *innerhalb* des Zeichens" mitschwingt (Bhabha 2000, S. 272), ist für ihn das „Spiel's noch einmal, Sam" die Wiederholung der westlichen Ähnlichkeit, die nur zu sich selbst zurückkehrt. Barthes' Beschreibung Tangers aber arbeitet genau mit diesem „Außerhalb", das nicht historisch vor oder als a priori dem Satz vorgelagert ist, das auch nicht innerhalb der Zeichen als deren Tiefe vorkommt, sondern, wie oben schon erläutert, als spezifisches „Außerhalb" auftritt: „sowohl räumlich als auch zeitlich ex-zentrisch, unterbrechend, da-zwischen, genau auf der Grenze, das Innere nach außen kehrend" (Bhabha 2000, S. 272). Bhabha kommt an dieser Stelle nun auf die Frage zu sprechen, ob und wie in diesem ex-zentrischen Raum des Diskurses eigentlich historisch handlungsfähige Subjekte denkbar sind. Gibt es eine „Handlungsmacht des Aporetischen und des Ambivalenten" (Bhabha 2000, S. 272). Bhabha beantwortet diese Frage, indem er sich zunächst gegen die Idee der frei flottierenden Signifikanten und der unbegrenzten Produktivität von Texten ausspricht und damit an die bereits ausgeführte Kritik an der Postmoderne anknüpft (vgl. Eagleton nach Bhabha 2000, S. 273). Für Bhabha gibt es keine „libertäre", unbegrenzte Produktivität des Textes, sondern die „komplexere Möglichkeit einer Verhandlung von Bedeutung und Handlungsfähigkeit" (Bhabha 2000, S. 273). Diesen Spielraum bezeichnet Bhabha als „Handlungsmacht des sozialen Textes" (Bhabha 2000, S. 275). Bhabha beschreibt hier eine Handlungsmacht, die in der Textualität liegt, „außerhalb der Diskurse des Invidualismus", die also weder nur Text noch Subjekt ist, nach Barthes „weder die ‚Ausdrucks'-Funktion der Sprache als Intention des Autors oder Bestimmung des Genres, noch personifizierte Bedeutung" ist (Bhabha 2000, S. 275); nach Lacan ein „dritter Ort, der weder mein Sprechen noch mein Gesprächspartner ist" (Lacan nach Bhabha 2000, S. 275). In einer komplexen Argumentation verschränkt Bhabha nun seine oben erläuterte Idee des „Außerhalb des Textes" mit der Handlungsmacht des Subjekts und erklärt, dass das Subjekt im Text über die Beziehung zum „Außerhalb" des Textes zum Handelnden wird, die „Wiederkehr des Subjekts als Handelnder" (Bhabha 2000, S. 277). Damit entfaltet Bhabha ein Verständnis von Subjekt und Handlungsfähigkeit, das nicht als individuiertes, willentliches Handeln vor dem Hintergrund des Sozialen gedacht wird, sondern innerhalb eines Textes als diskursiver Ort der Äußerung auftaucht. Dieser kann aber auch nicht frei flottierend, sondern muss stets in Verbindung mit jenem „Außerhalb" gedacht werden:

> „Wie ich in meinen Schriften über den postkolonialen Diskurs [...] ausgeführt habe, behaupte ich, daß dieses liminale Moment der Identifikation – das sich der Ähnlichkeit entzieht – eine subversive Strategie subalterner Handlungsmacht hervorbringt, die durch einen Prozeß der iterativen ‚Auftrennung' und der aufrührerischen Neuzusammensetzung inkommensurabler Elemente ihre eigene Autorität verhandelt. [...] Die Individuierung des Handelnden geschieht in einem Moment der De-plazierung. Es handelt sich um ein impulsives Ereignis, die Bewegung innerhalb der Spalt-Sekunde, in der der Prozeß der Bestimmung des Subjekts – seine Festgestelltheit – neben ihm, auf unheimliche Art *abseits*, einen supplementären Raum der Kontingenz öffnet. In dieser Wiederkehr des über die Distanz des Signifikats hinweg zurückgeworfenen

Subjekts, außerhalb des Satzes, entsteht der Handelnde als Form der Rückwirkung, der *Nachträglichkeit*" (Bhabha 2000, S. 276).

Einige zentrale Aspekte des Bhabha'schen Subjektbegriffs und vor allem seines Denkens von Handlungsmöglichkeiten kommen hier zur Sprache: Das Subjekt formiert sich nicht mit einer stabilen Identität, sondern durch einen Prozess der Identifikation mit dem Anderen (vgl. dazu auch Bhabha 1997a, S. 438). In diesem Prozess sind immer die Auseinandersetzungen an der Grenze, also das liminale Moment, zum und mit dem Anderen impliziert. Das Subjekt wird von Bhabha gedacht als instabil und nicht selbstversichert, als neben oder außerhalb seiner zeitlichen wie räumlichen Position(ierung) (vgl. auch Bhabha 2000. S. 278), als beweglich und erst – und dies auch nur für einen Augenblick – nachträglich bestimmbar. Dies ist eine vehemente Absage an ein (westliches) Konzept der Moderne von Subjektivität und Identität, das nachgerade von Stabilität, Souveränität und Dauer ausgeht.

Im obigen Zitat taucht ein Begriff auf, den Bhabha für die Konturierung seines handelnden Subjekts noch weiter ausführt: das der Kontingenz. Diese aus der Philosophie stammende Terminologie der Möglichkeit oder des Zufalls nutzt Bhabha, um sie auf die Werke Michail M. Bachtins und Hannah Arendts zu übertragen und wiederum aus deren Arbeiten heraus seinen Kontingenzbegriff zu schärfen. Dabei wendet Bhabha sich zunächst Bachtins Untersuchungen von Heteroglossien und Dialogismus in Redeformen des Romans und der Rolle des Aussagesubjekts in diesem Zusammenhang zu.[8] Bachtin formuliert für Bhabha einen „Versuch einer Individuation der sozialen Handlungsmacht als Nachwirkung des Intersubjektiven." Hier greift Bhabha nun seinen Gedanken der doppelten, weil räumlichen und zeitlichen, Kontingenz auf, und beschreibt hier mit Bachtin einen Raum der Handlungsmöglichkeit, der sich im Zwischenraum des Diskurses oder Dialogs aufspannt: „Aufgrund meiner kreuzförmigen Matrix der Kontingenz – als räumliche Differenz und als zeitliche Distanz, um die Begriffe ein wenig anders zu justieren – können wir erkennen, wie Bachtin ein Wissen über die Transformation des sozialen Diskurses entwickelt und dabei das hervorbringende Subjekt und das kausale und kontinuitätsfixierte Fortschreiten des Diskurses de-plaziert" (Bhabha 2000, S. 281). In Bachtins Beschreibungen von „,dialogischen Untertönen' - ,vielen halb oder ganz verborgenen, einen unterschiedlichen Grad an Fremdheit auf-

---

8   Interessanterweise – dies sei nebenbei bemerkt – rezipiert Bhabha in der *Verortung der Kultur* Bachtin nicht als literaturtheoretischen Vorgänger des Hybriditätsbegriffs sondern in diesem Kontingenzzusammenhang. Vgl. dazu weiterhin das Kapitel zu Hybridität in diesem Band.

weisenden Worten anderer" (Bachtin nach Bhabha 2000, S. 282) im Diskurs sieht Bhabha die Handlungsmöglichkeit des Subjekts.

Diesen Zwischenraum im Dialog als eine Art Uneindeutigkeit im Diskurs, die das Subjekt nutzen kann und sollte, findet Bhabha auch in den Arbeiten von Arendt. Er zeigt auf, dass Arendt zwar den politisch Handelnden und das Subjekt im politischen Diskurs als gespalten und uneindeutig denkt, das Politische aber stattfindet in einem Raum der Repräsentation einer Gemeinschaft oder Öffentlichkeit, die auf Konsens basieren (vgl. Bhabha 2000, S. 284f.). „Mir geht es um andere Formen des menschlichen Miteinander", präzisiert Bhabha also in Absetzung von Arendt, „und um ihre Beziehungen zu kultureller Differenz und Diskriminierung. So kann menschliches Miteinander letztlich die Kräfte der hegemonialen Autorität repräsentieren oder eine auf der Erfahrung der Verfolgung und Leid basierende Solidarität kann zu kompromißlosem, manchmal gewaltsamem Widerstand gegen Unterdrückung führen, oder eine subalterne oder minoritäre Handlungsinstanz kann den Versuch unternehmen, das ‚inter-est' [so der Terminus von Arendt, K. S.] der Gesellschaft, in der ihre Interessen marginalisiert werden, in Frage zu stellen oder neu zu artikulieren. Diese Diskurse des sozialen Dissenses und des sozialen Antagonismus können ihre Handelnden nicht in Arendts aristotelischer Mimesis finden. In dem Prozeß, den ich als Rückkehr des Subjekts beschrieben habe, gibt es eine Handlungsmacht, die Revision und Neueinschreibung anstrebt: den Versuch, den dritten Ort, den intersubjektiven Bereich neu zu verhandeln." (Bhabha 2000, S. 285)

Anhand des Konzepts von Handlungsfähigkeit grenzt Bhabha sich auch von den Arbeiten Foucaults ab. Bhabha weist Foucault nämlich eine „merkwürdige Indeterminiertheit" nach, die für Bhabha Folge eines subversiv wirkenden postkolonialen Moments sein könnte, in jedem Fall aber neue Räume für diskursive Verhandlungen[9] aufschließt (Bhabha 2000, S. 293). Foucaults Leugnungen bzw. Ignoranz gegenüber der Kolonialgeschichte und der Wirkungsmacht des kolonialen Diskurses legt Bhabha offen, er schlussfolgert, dass „sowohl die Moderne als auch die Postmoderne selbst aus dieser marginalen Perspektive kultureller Differenz konstituiert werden. Sie begegnen einander in dem Punkt, an dem die interne Differenz ihrer eigenen Gesellschaft als die Differenz des anderen, als die

---

9 Ich halte mich bei der Terminologie des Begriffs „negotiation" an die Übersetzung als „Verhandlung" der deutschen Ausgabe von *The location of culture*, auch wenn mir der Begriff der Aushandlung wegen der weniger ökonomischen Konnotation im Vergleich zum Verhandlungsbegriff adäquater erschiene. Vgl. weiterhin zum Verhandlungskonzept im Besonderen die Passagen im Kapitel „Übersetzung" in diesem Band.

Andersheit des postkolonialen Ortes wiederholt wird." (Bhabha 2000, S. 294) Stets gehen kulturelle Formationen mit Machteinwirkungen und -auswirkungen einher.

Einen paradigmatischen Raum für Indeterminiertheit in der Literatur hat Bhabha ja mit Barthes schon im Traum-Motiv ausgemacht, in den – und hier führt Bhabha einen weiteren Terminus aus der Psychoanalyse ein – er die Freud'sche Idee des Unheimlichen am Werke sieht. Im Moment der machtvollen Behauptung kultureller Autorität nämlich wird das Unheimliche sichtbar. Kultur ist zwar „– mit ihren disziplinären Generalisierungen, ihren mimetischen Narrativen, ihrer homologen leeren Zeit, ihrer Serialität, ihrem Fortschritt, ihren Gepflogenheiten und ihrer Kohärenz – *heimlich*. Aber kulturelle Autorität ist auch *unheimlich*, denn um distinktiv, signifizierend, maßgeblich und identifizierbar zu sein, muß sie übersetzt, disseminiert, differenziert, interdisziplinär, intertextuell, international, inter-ethnisch werden bzw. sein." (Bhabha 2000, S. 203)

Bhabhas Blick auf das Prozessuale und Dynamische, seine Affinität für Zwischenräume und Übergänge lässt sich hier nochmals deutlich ablesen: Zum einen weist die Häufung des Präfixes „inter" schon terminologisch darauf hin; zum anderen nutzt Bhabha den Begriff des Unheimlichen, um die Wirkung postkolonialer Strategien auf die koloniale, kulturelle Macht zu illustrieren. Diese wird durch die sprachliche und semiotische Verunsicherung angegriffen – konkret ausformuliert wird dieser Gedanke in den noch vorzustellenden Konzepten etwa der Übersetzung oder der Mimikry.

Die Betonung des Zwischenräumlichen, des Unheimlichen weist auf eine grundlegende Denkfigur in Bhabhas Theorie hin, die das Moment der kulturellen Differenz und der Ambivalenz immer wieder betont. Dies ist zwar in den vorherigen Überlegungen bereits angesprochen worden und schwingt in der Idee der Dekonstruktion kultureller und identitärer Dichotomien ohnehin grundsätzlich mit. Hier soll dieser Aspekt nochmals betont werden, da er erstens ein Denken unmöglich macht, das mit Kulturen als homogenen und in sich abgeschlossenen Entitäten operiert, und zweitens verweist er auch auf die sprachliche oder diskursive Verfasstheit von Kulturen, da die Produktion von Bedeutung immer mit Differenz behaftet und daher „nie einfach mimetisch und transparent ist" (Bhabha 2000, S. 55).

Zum ersten Argument des anti-essenzialistischen und differentiellen Kulturbegriffs: Von zentraler Bedeutung ist hier der Differenz-Gedanke für das Bhabha'sche Kulturverständnis – eine Differenz, so wird im folgenden Kapitel näher ausgeführt, die im oben bereits angesprochenen Moment der Störung Verunsicherung verursacht und sich somit ein Zwischenraum öffnen kann. Das Andere entsteht keinesfalls nur in einer Bewegung der Abgrenzung: Die Differenz ist nicht nur eine Distanz, sondern führt durch den Kontakt der Kulturen eine inhärente Spaltung oder Uneindeutigkeit ein. Daraus folgt unmittelbar: „Dies läßt alle essentialistischen Einforderungen einer inhärenten Authentizität oder Reinheit von Kulturen unhaltbar werden" (Bhabha 2000, S. 86). Und dies muss in der Theoriebildung berücksichtigt werden: „Die postkoloniale Perspektive zwingt uns, die tiefgreifenden Beschränkungen eines auf Konsens und Komplizenschaft beruhenden ‚liberalen' Begriffs von kultureller Gemeinschaft neu zu überdenken" (Bhabha 2000, S. 261). Die Unvereinbarkeit kultureller Werte, die innerhalb einer Kultur besteht und unablässig entsteht, soll nach Bhabha nicht aufgelöst werden – und damit das differente Moment nivelliert – sondern muss gerade als solche bestehen bleiben. Damit verschärft sich auch Bhabhas Verständnis von Kultur:

> „Kultur wird also ebenso sehr zu einer ungemütlichen, verstörenden Praxis des Überlebens und der Supplementarität – zwischen Kunst und Politik, Vergangenheit und Gegenwart, dem Öffentlichen und dem Privaten –, wie ihr strahlendes Wesen zugleich ein Moment der Lust, Aufklärung und Befreiung ist" (Bhabha 2000, S. 261).

Auch in der Diskussion dieses differentiellen bzw. ambivalenten Charakters der Kultur kommt Bhabha auf die Subjektivierungsprozesse zu sprechen. In seiner Diskussion der Ansätze von Jürgen Habermas, Richard Rorty, Alisdair Macintyre und Lyotard macht Bhabha „eine wachsende *Narrativisierung* der Fragen der sozialen Ethik und Subjektbildung" aus und beschreibt als „die wesentliche Geste der westlichen Moderne, [...] eine ‚Ethik der Selbst-Konstruktion'" – eine Position, die Bhabha mithilfe seines Denkens der Subjektwerdung teilt (Bhabha 2000, S. 359). Dieses Argument der Ethik der Selbstkonstruktion, deren subversives Potenzial Bhabha ja herausarbeitet, läuft nun Gefahr missverstanden zu werden. Bhabha warnt eindringlich davor, jene Schaffung von Selbstbildern in der postkolonialen Situation mit einer Situation der Freiheit zu verwechseln, die etwa uneingeschränktes Handeln oder freien Zugang zu Machtpositionen und Privilegien suggerieren könnte (vgl. Bhabha 2000, S. 360). Vielmehr betont Bhabha in Anlehnung an Spivak die repräsentative Handlungsmacht des Diasporischen und Postkolonialen am Punkt des besonderen Bruchs innerhalb einer Moderne, die einem Fortschrittsmythos anhängt und durch die Präsenz interner Differenz empfindlich in Frage gestellt wird (vgl. Bhabha 2000, S. 360). Am Werke sieht er diese Handlungsmacht im Besonderen in einem Wandel, den er im postkolonialen Schreiben ausmacht (etwa bei Houston Baker, Carol Breckenridge und Arjun

Appadurai oder Gilroy). Diese postkolonialen Texte propagieren keinen frei gewählten Widerstand oder suchen nach einem Gegen-Bild. Vielmehr liest Bhabha diese Texte so, dass sie danach streben, „die westlichen Diskurse der Moderne durch jene de-plazierenden, interrogativen Erzählungen der Subalternität und Post-Sklaverei und die von ihnen hervorgebrachten kritisch-theoretischen Perspektiven zu unterbrechen" (Bhabha 2000, S. 361).

Für Bhabha ist Kultur nicht nur ein Ort der Zeichen- und Bedeutungsproduktion, sondern auch einer, in dem scheinbar naturgegebene Größen wie Raum und Zeit neu vermessen werden müssen: „Mein Übergang vom Kulturellen als einem epistemologischen Objekt zu einer Kultur als einem inszenierenden Ort der Äußerung eröffnet Möglichkeiten für andere (retroaktive, präfigurative) ‚Zeiten' der kulturellen Bedeutung und andere (phantasmagorische, metaphorische) narrative Räume" (Bhabha 2000, S. 265).

Chronologische und historiographische Dimensionen von Kultur

Das skizzierte Kulturverständnis bedingt ein spezifisches Denken von Zeit bzw. Geschichte und Raum. Zeitkonstruktionen und Geschichtsnarrative sind für Bhabha immer wieder Gegenstand seiner Überlegungen im Hinblick auf Machtmechanismen in Kulturen und Nationen, in Kolonialgeschichtsschreibung und Zeiterfahrung in der zeitgenössischen Situation globaler Migration.

Bhabhas Analysen von Zeitlichkeit und Geschichtskonstruktionen zielen auf zwei Aspekte: Einerseits betont Bhabha die unterschiedlichen kulturellen Zeitlichkeiten, die durch die globale Migration innerhalb einer Kultur plötzlich aufeinandertreffen. Die Herausforderung der Minoriäten besteht für Bhabha nämlich darin, die Uneindeutigkeiten, die durch sie – durchaus auch in das Konstrukt der Nation – eingeführt werden, zu bewältigen. „In fact the challenge is to deal not with them/us but with the historically and temporally disjunct positions that minorities occupy ambivalently within the nation's space" (Bhabha 1996a, S. 57). Andererseits nimmt Bhabha auch die Gestaltung von Gegenwart, Vergangenheit und Zukunft selbst in den Blick. In diesem Zusammenhang interessiert ihn der Umgang und das Erleben von Geschichte ausgehend von der Idee, dass die Gegenwart einen besonderen Moment des Übergangs darstellt; ähnlich der Benjamin'schen „Jetztzeit" (vgl. Bhabha 2000, S. 6) ist die Gegenwart selbst ein höchst ambivalentes Konstrukt, das nicht auf der Grenze zwischen Vergangenheit und Zukunft liegt sondern diese dichotomen Zeitkonzeptionen in Bewegung versetzt:

„Die Gegenwart kann nicht mehr einfach als Bruch oder Verbindung mit der Vergangenheit und der Zukunft gesehen werden, nicht mehr als synchrone Präsenz: unsere unmittelbare Selbst-Präsenz, unser öffentliches Bild, wird durch die darin enthaltenen Diskontinuitäten, Ungleichheiten, Minderheiten sichtbar" (Bhabha 2000, S. 6).

Es sind diese Diskontinuitäten, in denen Bhabha die Handlungsfähigkeit und -macht des Subjekts verortet. Die Handlungsmacht der unterdrückten, oftmals in der Historiographie vergessenen oder zu Unrecht entmachteten postkolonialen Subjekte besteht dabei nicht darin, dem offiziellen Diskurs etwas hinzuzufügen. Sie ist nicht darin begründet, dass Minderheiten eine Gegenstimme formulieren sollten – anders ausgedrückt: Der Handlungsraum entsteht nicht durch ein selbstbewusstes, gegendiskursives „Ich". „[I]n literature at least", führt Bhabha in einem Interview aus, „no colonized subject had the illusion of speaking from a place of plenitude or fullness" (Comaroff und Bhabha 2002, S. 21). Die Handlungsmacht des Subjekts liegt für Bhabha – in einer literaturwissenschaftlichen Terminologie formuliert – zwischen einem selbstermächtigenden, aktiven Sprechen in der ersten Person und dem passiven Platz, der die Bezeichnung in der dritten Person zuweist (vgl. Bhabha 1997a, S. 434f.). Die bereits ausgeführten Handlungsspielräume des Subjekts, die sich im außerhalb der Theorie und der Äußerung (wie Traum oder Unheimliches) finden lassen, sieht Bhabha auch in spezifischen Momenten der Historiographie gegeben. Dazu führt er die Studien des in den *Subaltern Studies* verankerten Historikers Ranajit Guhas an, welcher über das rebellische Bewusstsein in Indien, dessen Verleugnung bzw. Bagatellisierung in der offiziellen Geschichtsschreibung und wiederum über deren inhärente Widersprüche gearbeitet hat. Bhabha sieht in Guhas Beschreibungen „von den strategischen Allianzen, die in den widersprüchlichen und hybriden Orten und Symbolen von Bauernrevolten am Werk sind" seine These von der Handlungsmacht im Moment der Indeterminiertheit illustriert (Bhabha 2000, S. 279).

Diese Unbestimmtheit taucht in einem als radikalen Übergang gedachten Konzept der Gegenwart auf, das Bhabha analog bei Richard Rorty oder Rudra Veena beschrieben sieht: So deckt sich etwa Veenas „Aufspaltung der diskursiven Gegenwart" mit Bhabhas Konzept der Zeitdifferenz (vgl. Bhabha 2000, S. 288). Nur durch diese Aufspaltung – und hier führt Bhabha nun den Zusammenhang zwischen seiner Zeit- und seiner Historiographiekonzeption aus – kann Geschichtsschreibung das binäre Schema von Beherrschendem und Subalterne verlassen. Die Aufspaltung „ermöglicht eine Entfaltung der Artikulation subalterner Handlungsfähigkeit als Neuverortung und Neueinschreibung. [...] [W]as [...] vorliegt, ist ein Widerstreit der vorgegebenen Autoritätssymbole, welche die Gebiete, auf denen die Antagonismen ausgetragen werden, verschieben. [...] Dies ist die historische Bewegung der Hybridität als Tarnung, als widerstreitende, antagonistische Handlungsfähigkeit, die in der Zeitverschobenheit des Zeichens/Symbols wirkt, welche ihrerseits einen Zwischenraum zwischen den für den Kampf geltenden Regeln bildet" (Bhabha 2000, S. 289).

Bhabha exemplifiziert seine These der Unmöglichkeit der linearen Geschichtsschreibung anhand des Rassendiskurses, wie er Mitte des 19. Jahrhunderts kursierte. Zur Erläuterung dieser These bezieht sich Bhabha zunächst auf das Denken von Brüchen und Krisen in der Geschichte und damit – wenn auch in kritischer Absetzung – auf die Arbeiten von Foucault. Bhabha wirft Foucault vor, dass dieser gerade durch dessen Schriften zu Raumkonzeptionen einem Eurozentrismus aufsitzt und dadurch der Geschichtsschreibung postkoloniales Widerstandspotenzial abspricht. Foucault fügt nämlich laut Bhabha „in das Zeichen der Moderne kulturelle Homogenität" ein, und mehr noch: „Der Eurozentrismus von Foucaults Theorien der kulturellen Differenz zeigt sich in seiner beharrlichen Verräumlichung der Zeit der Moderne" (Bhabha 2000, S. 365). Dem setzt Bhabha die von ihm beschriebene „interruptive Zeitlichkeit des Zeichens der Gegenwart" (Bhabha 2000, S. 367) entgegen, in der er ja den Ort der postkolonialen Übersetzung und Handlungsmacht innerhalb der Moderne ansiedelt. Auf dieser Ebene verklammert Bhabha auch seine Vorstellungen von der unsicheren Gegenwart mit dem zu kritisierenden Multikulturalismus, der – wie oben in dem Aufeinandertreffen unterschiedlicher kultureller Zeiten bereits erwähnt – unterschiedliche Geschichten in einen homogenisierenden und damit unterdrückenden Rahmen presst:

„Der Prozeß, den ich als das Zeichen der Gegenwart – *innerhalb der Moderne* – beschrieben habe, löscht jene ethnozentrischen Formen kultureller Moderne, die die kulturelle Differenz ‚vergleichzeitigen', aus und unterwirft sie einer Befragung: er widersetzt sich sowohl dem kulturellen Pluralismus mit seinem falschen Egalitarismus – differente Kulturen in ein und derselben Zeit [...] – als auch dem Kulturrelativismus – differente kulturelle Zeitlichkeiten in ein und demselben ‚universalen' Raum" (Bhabha 2000, S. 368).

Als Beispiel für die zeitliche Irruption kommt Bhabha nun auf die Mechanismen des Rassismus zu sprechen, dessen apologetische Denkstrukturen er vermittels seines Zeitdenkens zu plausibilisieren vermag. Bhabha stellt zunächst aber fest, dass sein Denken des Bruchs oder der Zäsur innerhalb der Moderne dem sehr ähnlich ist, was Michel de Certeau mit dem Nicht-Ort und Louis Althusser mit der despotischen Zeit gemeint haben (vgl. Bhabha 2000, S. 369). Gemeinsam ist diesen Konzepten, dass sie eine eigene Art der Zeit, aber auch der Geschichtlichkeit denken lassen, die diese Zäsur innerhalb der Moderne durch die Begegnung mit dem Anderen entstehen lässt. Dazu bedient sich Bhabha der Debatte um den „Ursprung der Rassen" Mitte des 19. Jahrhunderts, die zwar die Legitimation der Hierarchisierungen und Machtverhältnisse zwischen Ost und West liefern, aber nicht so machtvoll sind, wie es zu sein scheint. Vielmehr erkennt Bhabha in diesem Diskurs eine Ambivalenz, die sich zwischen der Argumentationsfigur des Indigenismus und der der Evolution ansiedeln lässt. Während der Indigenismus die Rechtfertigung für die koloniale Vorherrschaft absichert, meint Evolution hier abrupte Übergänge und Fortschrittsbewegungen (vgl. Bhabha 2000, S. 369 f.).

Eben jene Ambivalenz gestalten postkoloniale Texte aus: „Die ‚Subalternen und ehemaligen Sklaven'", so Bhabha, bedienen sich der „Geste der Neueinschreibung der ‚Zäsur' der Moderne, und sie machen von dieser Gebrauch, um in ihrer postkolonialen Kritik den Ort des Denkens und des Schreibens zu transformieren" (Bhabha 2000, S. 370). Hier wird nochmals die Wichtigkeit der Diskursivierung betont, die als Mechanismen des Denkens und Schreibens weitaus wichtiger sind als die Inhalte selbst. Als Beispiele führt Bhabha hier die Konzeptionen von Hall, Cornel West, William James, Reinhold Niebuhr, W. E. B. DuBois sowie des indischen Historikers Gyan Prakash an (vgl. Bhabha 2000, S. 370 f.) an. Dieses Potenzial der Neueinschreibung nimmt Foucault laut Bhabha gar nicht wahr und „negiert damit die zeitliche Disjunktion, die durch die ‚moderne' Rassenfrage in den Diskurs der disziplinären und der geistlichen Macht eingeführt wird" (Bhabha 2000, S. 372).

Eine andere Möglichkeit des Denkens von Rassismus in der Moderne wird von Benedict Anderson vorgelegt, eine Denkweise, von der sich Bhabha jedoch ebenso abgrenzt. Anderson siedelt den modernen Rassismus ‚außerhalb der Geschichte' an und beschreibt ihn als eine Art archaisches Überbleibsel bzw. als „Traum" aus einer antiken Zeit vor der Moderne (vgl. Bhabha 2000, S. 373). Der Rassismus wird für Bhabha damit in einer „Rhetorik der Rückwendung" erklärt. Während Foucault also Bhabha zufolge irrt in seiner räumlichen Analytik und der damit einhergehenden Homogenisierung der Zeit, verschenkt Anderson durch seine Homogenisierung der Zeitlichkeit (das Vergangene taucht in der Gegenwart schlicht wieder auf) die Möglichkeit, „die Grenzen der imperialistischen Fortschrittsideen des Westens innerhalb der Genealogie einer ‚kolonialen Metropole' – einer Hybridisierung der westlichen Nation – zu verstehen" (Bhabha 2000, S. 374). Bhabha stimmt zwar zu, dass durch moderne Rassismen eine Art „Ur-Szene" reaktiviert wird, die im Übergang von dynastisch organisierten Gesellschaften zu säkulären eine ähnliche Form der Identifizierung und Signifikation darstellt. Allerdings geht Bhabha davon aus, dass die Perspektive auf die ambivalente Zeitlichkeit, die verschiebende Wiederholung jener Urszene in den Blick rückt, dass „Rassismus nicht einfach als ein Überbleibsel archaischer Konzeptionen der Aristokratie zu betrachten [sind], sondern als ein [...] Teil der historischen Traditionen des bürgerlichen [...] und liberalen Humanismus, die [...] ideologische Koordinatensysteme für nationale Bestrebungen schaffen" (Bhabha 2000, S. 376). Dass die westlichen Diskurse bereits von innen heraus unterbrochen sind, ist es, was es Bhabha unmöglich macht, Rassismus und Sklaverei außerhalb oder schlicht als Vergangenheit der Moderne zu denken. „Das kulturelle Erbe der Sklaverei oder des Kolonialismus wird *vor* die Moderne gebracht, *nicht* um deren historische Differenzen in einer neuen Totalität aufzulösen oder sie von ihren Traditionen abzuschneiden. Dies geschieht vielmehr, um durch jene zeitliche Spaltung [...] hindurch [...] einen anderen Ort der Einschreibung und Intervention, einen anderen hybriden ‚un(an)geeigneten Äußerungsort' einzuführen" (Bhabha 2000, S. 362 f.).

Die Perspektive der spezifischen Zeitlichkeit der Gegenwart würde, so kommt Bhabha wieder auf die Handlungsmacht des Subjekts innerhalb des Diskurses zurück, auf einen möglichen Ort der Handlung ebenso hinweisen wie auf den Artikulationsraum für eine verstörende Geschichtsschreibung, kurz: sie würde „uns in die Lage versetzen, die auf derselben Zeitebene bestehende, oft *inkommensurable* Spannung zwischen dem Einfluß traditioneller, ‚ethnizistischer' Identifikationen und den mit ihnen koexistierenden, gleich-zeitigen, säkulären, modernisierenden Bestrebungen zu verstehen. Die Äußerungs-‚Gegenwart', wie ich sie hier konzipiere, würde einen politischen Raum zur Artikulation und Verhandlung solcher kulturell hybrider sozialer Identitäten liefern" (Bhabha 2000, S. 377).

In seinem Aufsatz zu „‚Rasse', Zeit und die Revision der Moderne" (Bhabha 2000, S. 353–384) führt Bhabha sein Verständnis postkolonialer (Literatur-)Theorie, seine Konzeption der Moderne und die Wirkungsweisen des Rassismus in Anlehnung an Fanon aus. Den Ausgangspunkt seiner Überlegungen macht das globale Phänomen des Rassismus, dessen Opfer weltweit zu finden sind und das Bhabha ausgehend von Fanons grundlegenden Überlegungen in *Schwarze Haut, weiße Masken* entwickelt.

Frantz Fanon (1925–1961) war Psychiater, Schriftsteller und einer der wichtigsten Kolonialismuskritiker der postkolonialen Kulturkritik. Geboren auf Martinique absolvierte er ein Medizinstudium in Frankreich und ging 1953 nach Algerien, wo er als Psychiater tätig war und sich politisch für die Nationale Befreiungsfront einsetzte.

In seinen zentralen Werken *Schwarze Haut, Weiße Masken* (1952) und *Die Verdammten der Erde* (1961) verbindet er eine vehement vorgetragene Kritik am Kolonialismus mit biographischen Erfahrungen der Diskriminierung, psychopathologischen Erklärungsansätzen und marxistischen Einflüssen (vgl. Fanon 1985 und 1981. Fanon analysiert die konstruierten rassistischen Stereotype, mit denen ‚weiße Europäer' ‚schwarzen Kolonisierten' begegnen und lässt auch die Geschlechterfrage nicht außer Acht. Fanon beschäftigt sich ebenso mit dem Trauma der Kolonisierung wie mit der Frage nach Hierarchisierungen und Begehrensstrukturen zwischen Mann und Frau.

Der Frage der Assimilation nähert sich Fanon besonders in seinem ersten Werk über die Maskenmetaphorik. ‚Schwarze' begehren nach Fanon die Assimilation, die sich allerdings nur in Form einer Maske manifestiert, die zwar getragen werden kann, unter der jedoch stets die rassistisch abgewertete Hautfarbe steckt.

Die Dekolonisierung entlarvt die Konstruktion der kolonial geprägten Unterdrückungsmuster und kann nur durch den Einsatz von Gewalt gesprengt werden. Diese These fand in den 1960er und 1970er Jahren besonders in den Bürgerrechts- und Antikolonialbewegungen in den USA großen Zuspruch. *Schwarze Haut, Weiße Masken* aber findet gerade in den letzten Jahren durch den Fokus auf die Wechselwirkungen psychopathologischer Strukturen von Kolonialismus und Rassismus eine weite Rezeption, die jedoch sehr kritisch diskutiert wird, da sie die Aussagen Fanons zu entschärfen und zu entpolitisieren scheinen. Fanon verstarb 1961 in den USA an Leukämie.

Grundsätzlich interessieren Bhabha an Fanons Arbeiten die Verbindung von Erfahrungen kolonialer Macht und diskursiven Konstruktionen des rassistisch markierten Anderen mit psychoanalytischen Konzeptionen von Subjektivität und Begehren. Eine an Fanon geschulte Perspektive muss Aspekte wie Begehren, das Unbewusste, Träume und Psychopathologie berücksichtigen, so Bhabha, wenn Fragen von Anti-Kolonialismus, Nationalismus, Unabhängigkeit und jegliche, derartige politische Handlungen betrachtet werden (vgl. Anfeng und Bhabha 2009).

In seinem Aufsatz „‚Rasse', Zeit und die Revision der Moderne" (Bhabha 2000, S. 353–384) dienen Fanons Arbeiten Bhabha nun zum einen dazu aufzuzeigen, dass ein „Nigger", so der Ausdruck Fanons, nicht nur „über-sehen'" wird, in dem Sinne, dass er sozialer Überwachung und dem rassistischen Blick ausgesetzt ist, sondern auch „überdeterminiert" ist, als „Marginalisierter, ein Flüchtling, ein in der Diaspora lebender Mensch" (Bhabha 2000, S. 354). Zentral ist dabei für Bhabha die Aussage Fanons, nach der der ‚Schwarze' stets zu spät kommt, wenn dieser in eine neue Welt, in ein stets schon weiße Welt, eintritt und damit in eine Welt, die *„zwischen euch und uns"* liegt (Fanon nach Bhabha 2000, S. 354). Aus dieser spezifischen Zeitlichkeit des Erscheinens (die keine Rückständigkeit meint, wie Bhabha später noch ausführt und worauf zurückzukommen sein wird), aus diesem Zwischenraum „zwischen euch und uns" entwickelt Bhabha seine Idee eines „Äußerungsraum[s], der den metaphysischen Ideen des Fortschritts oder des Rassismus oder des Rationalismus nicht einfach widerspricht", sondern durch die Herstellung einer Distanz „einen unheimlichen Charakter" herstellt (Bhabha 2000, S. 354). „Fanon benutzt", so führt Bhabha weiterhin aus, „die Tatsache des Schwarzseins, des Zuspätkommens, um die binäre Struktur von Macht und Identität zu zerstören" (Bhabha 2000, S. 355). Das ist insofern ein zentrales Argument, da Bhabha sich hier einerseits gegen den zu kurz greifenden Schluss wendet, postkoloniale oder – in seinem Zusammenhang – ‚schwarze Diskurse' seien schlicht Umkehrungen und Gegen-Diskurse („nicht einfach die Schaffung neuer Identitätssymbole, neuer ‚positiver Bilder'", wird er dies später nennen, Bhabha 2000, S. 371) bzw. würden harmonisch in einem pluralistischen Kulturverständnis aufgehen. Andererseits – und dies ist im Hinblick auf seine Auseinandersetzung mit dem Begriff der Moderne relevant – unterstreicht Bhabha erneut eine neue Form der Zeitlichkeit, die sich nicht in eine chronologische Linie mit Vergangenheit und Zukunft einordnen lässt und damit auch nicht in das teleologische, fortschrittsgläubige Denken der Moderne. Bhabha findet in Fanons Werk die konkrete Ausformung seiner Zeit- und Geschichtskonzeption, die an die Derrida'sche *différance avant la lettre* sehr gut anknüpft:

> „Fanons Diskurs des ‚Menschlichen' tritt aus dem zeitlichen Bruch, jener Zäsur hervor, die sich im kontinuitätsorientierten, fortschrittsfixierten Mythos vom Menschen auftut. Auch er spricht von der signifizierenden Zeitverschobenheit der kulturellen Differenz, die ich als Struktur zur Repräsentation subalterner und postkolonialer Handlungsfähigkeit zu entwickeln versucht habe. [...] Fanon [...] verwirft das ‚Zuspätkommen' des Schwarzen, weil es nur das Gegenstück zu einem Interpretationsrahmen ist, in dem der Weiße die universale Norm ist. [...] Fanon lehnt auch das hegelianisch-

marxistische dialektische Schema ab, in dem der Schwarze Teil einer transzendentalen Aufhebung wäre; der mindere Term einer Dialektik, der am Ende in einer gerechten Universalität aufgehen wird" (Bhabha 2000, S. 355 f.).

Zusammenfassend ist der Bhabha'sche Kulturbegriff maßgeblich durch semiotische Prämissen gekennzeichnet, d. h. er funktioniert auf der Basis bedeutungsgenerierender Prozesse. Er bringt instabile, diskursive Subjekte hervor und bedingt ein neues Denken von Raum- und Zeitkonzeptionen. Wenn Kulturen diskursiv Bedeutungen generieren, sind sie als konstruiert und damit als historisch wandelbar zu verstehen. Damit sind sie, wie Huddart schreibt, „not a matter of being, but of becoming" (Huddart 2006, S. 148). Der semiotische Kulturbegriff beeinflusst auch die Idee des Subjekts, das sich immer innerhalb kultureller Bezugssysteme bilden muss.[10] Bhabha radikalisiert den Gedanken der diskursiven Verfasstheit des Subjekts dahingehend, dass Subjekte nur auf der Ebene der Äußerung, auf der Ebene der sprachlichen bzw. literarischen Subversion agieren können und müssen. Kulturen stehen folglich immer in Auseinandersetzung mit dem Anderen und entstehen erst in diesem Prozess: Die postkoloniale Perspektive „insistiert darauf, daß kulturelle und politische Identitäten durch einen Prozeß der Alterität hindurch konstruiert werden" (Bhabha 2000, S. 261). Kulturen sind in sich hybrid – dieses Konzept wird im folgenden Kapitel noch erläutert – und damit in Verflechtung mit anderen Geschichten, die zeitlich und räumlich different sind. Auch diesen Gedanken radikalisiert Bhabha, indem er einerseits betont, dass Kulturen immer retrospektive Konstrukte sind und damit Ergebnisse historischer Prozesse (vgl. Huddart 2006, S. 124), andererseits wird die (kulturelle) Zeit selbst dekonstruiert. Danach ist die kulturelle Gegenwart keineswegs ein Moment zwischen einer abtrennbaren Vergangenheit und Zukunft, sondern vereint in sich durch die Wiederholung von Stereotypen und die inkommensurable Simultanität minoritärer Geschichten und Zeitlichkeiten bereits Vergangenes und Zukünftiges. Damit sind auch territorial scheinbar abgesicherte Ideen wie die der Nation in Frage zu stellen. Auch hier transformiert sich in der Bhabha'schen Perspektive etwa das nationale Territorium zu einem Übergangsraum. Bhabha entwickelt eine Idee einer anderen Zeit, eines anderen Raums, die es erlaubt, eine Form der „projektiven Vergangenheit" zu denken (Bhabha 2000, S. 356).

---

10 Nach Kirsten Dallmann ist der Bhabha'sche Kulturbegriff damit „umfassend" für die Subjekte und damit keine Wahlmöglichkeit, sondern Ort z. T. „schmerzhafter und hart umkämpfter Identifikationsprozess[e]"; er ist immer im „Austauschprozess zwischen Kulturen verortet" (Dallmann 2011, S. 38).

Die Handlungsmacht des Subjekts entsteht in jenem Raum des Traums und des Unheimlichen, in der zeitlichen wie historiographischen Indeterminiertheit und Zäsur. Bhabha formuliert hier also auf der Ebene der Zeit und des Raums Bilder für einen zentralen Ansatzpunkt seiner Theorie: das Moment der Differenz und der Ambivalenz.

„Im Prozeß der Übersetzung wird ein weiterer politischer und kultureller Kampfplatz im Zentrum der kolonialen Repräsentation selbst aufgeschlossen. Das Wort der göttlichen Autorität wird hier durch das Beharren auf dem einheimischen Zeichen mit einem gravierenden Makel infiziert, während die Sprache des Herrn in der Praxis der Herrschaft selbst hybrid wird und nunmehr weder das eine noch das andere ist. Das unberechenbare kolonisierte Subjekt – halb fügsam, halb widerspenstig, aber nie vertrauenswürdig – schafft für die Zielrichtung der kolonialen kulturellen Autorität **ein unlösbares Problem kultureller Differenz.**" (Bhabha 2000, S. 51, Hervorhebung K. S.)

2.2 Differenz: „von der diskursiven und affektiven Ambivalenz"

Die Prämissen für Bhabhas Denken kultureller Begegnungen und kolonialer Machtverhältnisse sind nun deutlicher konturiert: Kulturen sind keine holistischen und starren Gebilde, sondern in sich und im Verhältnis zu anderen different. Ihre Subjekte zeichnen sich nicht durch eine stabile Identität aus, sondern formulieren sich gerade in den Momenten der Störungen und Ambivalenzen. Und auch Bhabhas Zeitdiagnose einer Ära der globalen Migration ist zutiefst von Vorstellungen geprägt, die das Denken über das Verhältnis von Eigenem und Fremdem, vom Bekannten und vom Andersartigen radikal umdeutet. Sprache, Macht, Kulturen und ihre Subjekte – historische wie zeitgenössische –: Sie alle entstehen in permanenten Prozessen der Auseinandersetzung mit dem Anderen, in der Formulierung kultureller Differenz, die „unlösbare" Probleme schafft, wie es im obigen Zitat heißt. Bhabha entwickelt damit einen Differenzbegriff, der nicht auf eine statische Unterscheidung abzielt, also auf eine fixierende Abgrenzung, die zwangsläufig Dichotomien herstellen und die voneinander zu unterscheidenden Kulturen und Subjekte festschreiben oder gar essenzialisieren würde. Vielmehr öffnet Bhabha das Differenzkonzept in der Hinsicht, als er ihn nicht als abgrenzend, sondern als dynamisierend und wechselseitig affizierend versteht: Differenz produziert keine „Inseln der Identität" sondern „Archipele der Identifikation" (Bhabha 2006, S. 7). Die Differenz zum Anderen – und damit auch die eigene Identität – wirkt nicht mehr versichernd und stabilisierend, sondern bringt Fremd- und Selbstbilder in Bewegung. In dieser Sichtweise trennt und verbindet Differenz zugleich und ist damit a priori ambivalent, verunsichernd, spielerisch, widerständig, willkürlich, lückenhaft, immer unvollendet und ephemer. Das Denken der Differenz gibt den Blick frei auf eine grundlegende Ambivalenz, die allen Situationen des Kulturkontakts – auf kollektiver und individueller, auf theoretischer und empirischer bzw. politischer Ebene – innewohnt. Und eben diese Ambivalenz ist die Grundlage des dekonstruktivistischen Denkens Bhabhas: So entsteht eine Perspektive, die Differenz nicht als Abgrenzung zu dem Anderen und damit als Etablierung eines antithetischen Gegenbilds fasst. Differenz ist somit keine dünne, statische Trennlinie, sondern eher eine Verbindung in einer Zone der „liminality", die Spannungsverhältnisse von Ähnlichkeit und Verschiedenheit, von Begehren und Abscheu beinhaltet.

Bhabhas theoretische Überlegungen zur kulturellen Differenz gründen somit auf mehreren Thesen. Erstens: Die Selbstversicherung von Kulturen und Individuen, ihre Identitätskonstruktion, ist nicht mehr statisch und quasi natürlich gegeben, sondern muss immer wieder formuliert werden. Zweitens: Diese Selbstversicherungen funktionieren nicht mehr im Modus der Ähnlichkeit, indem sie eine Identität herstellen, sondern sind drittens: durch Grenzziehungen, Abspaltungen, Brüche und ambivalente Kippmomente gekennzeichnet. Diese Bruchlinien verlaufen sowohl als Abgrenzung nach außen als auch innerhalb von Kulturen und Subjekten. All diese Thesen deklinieren ein Prinzip durch: das Konzept der (kulturellen) Differenz.[11]

In diesem Kapitel soll der Funktionsmechanismus der Differenz und Bhabhas Anliegen, postkoloniale Handlungsmacht innerhalb eurozentristischer und kolonialistischer Diskurse zu denken, auf den oben genannten Ebenen näher beleuchtet werden. Differenz setzt auf der Ebene von Kulturpolitik und Kulturtheorie an und ist hier scharf vom Begriff der Diversität zu trennen; sie ist gleichermaßen anwendbar auf kulturelle Subjekte und Kollektive – und hier wiederum ebenso als eine ‚interne' wie ‚externe' Differenz. Schließlich erscheint sie besonders wirksam in der Literatur bzw. in Sprache und wirkt auch auf die Theoriebildung selbst zurück.

Die kulturpolitische Relevanz der Differenz

Auf einer kulturpolitischen Ebene erlaubt der Differenz-Begriff, das Verhältnis von Minoritäten und Majoritäten in der Situation der globalen Migration neu zu fassen. Wenn weder Integration noch Assimilation probate Beschreibungskategorien oder politische Konzepte darstellen, ist es nicht mehr möglich, von einer Nivellierung der Differenz zu sprechen. Die Assimilation als absolute Kulturangleichung ist damit ebenso passé wie die Rede von der Unvereinbarkeit und damit der Verabsolutierung kultureller Differenz. Bhabha erläutert in diesem Zusammenhang sein Konzept kultureller Differenz in Abgrenzung zu dem der von ihm entschieden abgelehnten kulturellen Diversität. Jenen Begriff der „cultural diversity", von dem in politischen, öffentlichen Multikulturalismusdebatten so oft die Rede ist, entlarvt er als ein essenzialistisches Bild, das von einem holistischen Verständnis von Kultur ausgeht und folglich mit Hierarchisierungen operiert. Die Koexistenz anderer Kulturen innerhalb einer majoritären Kultur unter dem Deckmantel einer Multikulturalität ist für Bhabha als Konzept zu verwerfen, da die Akzeptanz der anderen Kulturen nur durch eine Etablierung einer Norm zustande kommt und die Einhaltung/der Verstoß gegen diese Norm immer impliziert ist. Die Po-

---

11 „Perhaps no other subject", schreiben Olson und Worsham dazu, „is as central to Bhabha's work as the question of cultural difference" (Olson und Worsham 1998, S. 362).

litik eines Multikulturalismus visiert folglich die abgrenzende Beschreibung von Kulturen an, die sich an einem Konsens ausrichten müssen. Diese „Politik der Differenz" klagt Bhabha mehrfach an, da sie Alterität beherrschbar zu machen sucht und daher von allen politischen Lagern als „Mantra des Multikulturalismus" benutzt wird (vgl. Bhabha 1999a, S. 83). Bhabhas Konzept der kulturellen Differenz hingegen zielt darauf ab, Antagonismen, Widersprüchlichkeiten und gar Unvereinbarkeiten als Basis kultureller und politischer Konzepte zu denken. Auf der Grundlage seines Differenz-Begriffs zeigt Bhabha die Grenzen des (westlichen) Selbstverständnisses auf und nutzt die kulturimmanenten Widersprüche: „With the notion of cultural difference, I try to place myself in that position of liminality, in that productive space of the construction of culture as difference, in the spirit of alterity or otherness." (Rutherford und Bhabha 1990, S. 209)

Bhabha kontrastiert die Begriffe Diversität und Differenz wie folgt: „Während kulturelle Diversität eine Kategorie der vergleichenden Ethik, Ästhetik oder Ethnologie ist, ist kulturelle Differenz ein Prozeß der Signifikation, durch den Aussagen der Kultur oder über Kultur die Produktion von Kraft-, Referenz-, Anwendungs- und Fähigkeitsfeldern differenzieren, diskriminieren und autorisieren. Von kultureller Diversität zu sprechen beinhaltet die Anerkennung vorgegebener kultureller Inhalte und Bräuche, und als Position in einem zeitlichen Rahmen des Relativismus führt diese Anerkennung dann zu liberalen Begriffen wie Multikulturalismus, kulturellem Austausch oder der Kultur der Menschheit" (Bhabha 2000, S. 52 f.). Während das Differenz-Paradigma also sowohl auf der Ebene des Gegenstands als auch auf der Ebene der Theorie kritisch Machtverhältnisse zwischen Kulturen dekonstruieren kann, muss man mit der Konzeption der Diversität geradezu in der kulturellen Festschreibung verharren – Multikulturalismus als eine relativistische, universalistische und damit problematische Ausrichtung sind die Folge (vgl. dazu auch die Multikulturalismuskritik in Bhabha 1996a, S. 55 f.). Bhabha diskutiert die problematische Verwechslung seines Begriffs der Differenz mit dem der kulturellen Diversität in der Sprache des Relativismus (vgl. Bhabha 2000, S. 185 f.). Er grenzt seine Frage nach der kulturellen Differenz insofern ab, als deren Interpretation ein epistemologisches Problem ist, bei dem koloniale Objekte in ihrer Vielfalt durch das Subjekt erfassbar sind. Die Deutungsmacht muss dabei zwischen holistischen, prädiskursiven Kulturen erstritten werden, denn kulturelle Differenz wird durch kulturelle Pluralität verursacht; die Lösung dieser Problematik ist nicht durch einen ethischen Universalismus zu erreichen (vgl. Bhabha 2000, S. 186). Bhabha betont, dass bei der Analyse von Kulturkontakten weder „,Souveränität' nationaler Kulturen noch der Universalismus der menschlichen Kultur" angesetzt werden können (Bhabha 2000, S. 18). Kulturen und ihre Subjekte entziehen sich einer beherrschbaren Erkenntnis als, wie wir oben gesehen haben, epistemologische Objekte. „Kulturelle Differenz [...] ist nicht der Erwerb oder die Anhäufung zusätzlichen kulturellen Wissens", schlussfolgert Bhabha, „sie ist die folgenschwere *(momentous)*, wenn auch nur momenthafte *(momentary)* Auslöschung des erkennbaren kulturellen Objekts im verwirrten Artefakt seiner Signifikation, am äußeren Rand der Erfahrung" (Bhabha 2000b, S. 186). Mit dem Differenzbegriff müssen die Positionen von wissendem Subjekt und zu erforschendem Objekt zeitweise verlassen werden. Im Bhabha'schen Denken der Ambivalenz ist – unter Verweis auf Rorty – die schlichte, erfassende Erkenntnis des kolonialen Objekts nicht haltbar: „Eine solche epistemologische Sichtbarkeit verleugnet die Metonymie des kolonialen Moments, weil dessen Narrative ambivalenter, hybrider kultureller Kenntnisse [...] im Streben nach kultureller Kommensurabilität in ethnozentrischer Manier beiseitegeschoben wird [...]" (Bhabha 2000b, S. 188 f.). Der von kultureller Differenz gekennzeichnete koloniale Signifikant entzieht sich also durch seine Ambivalenz solchen Mechanismen der Einordnung, Rationalisierung, Benennung und Wissensproduktion. Und damit schließen sich unmittelbar an diese kulturpolitisch relevanten Überlegungen kulturtheoretische an.

Auf einer (kultur)theoretischen Ebene setzt der Differenzbegriff also an ähnlichen Punkten an, die schon im Zusammenhang mit Bhabhas Kulturbegriff erläutert wurden. Zentral geht es einerseits um die semiotisch-diskursive Fundierung des Differenz-Begriffs im Denken von Kulturen und andererseits um die Funktionsweisen, die wiederum auf den Ebenen einer externen und einer internen Differenz beschrieben werden können. Die ‚externe Dimension' der Differenz meint die spezifischen Grenzziehungen zum Anderen, die exemplarisch anhand Bhabhas Ausführungen zur Funktionsweise des Stereotyps erläutert werden, das kollektiv wie individuell funktioniert; die ‚interne Dimension' ist auf einer autodifferentiellen Ebene angesiedelt, die sowohl Subjekte als auch Kulturen als inhärent brüchig beschreibbar macht. Zum dritten dient das Differenz-Paradigma auf der Ebene der Subjektbildung bzw. der Identifizierung dazu, das komplexe Wechselverhältnis von (ehemaligen) Kolonisatoren und Kolonisierten zu erhellen.

Die ‚semiotisch-diskursive' Fundierung der Differenz

Das Denken über Differenz nimmt bei Bhabha seinen Ausgang in sprachphilosophischen bzw. zeichentheoretischen Annahmen. In seiner poststrukturalistischen Perspektive spielt Differenz bei der Funktionsweise von Sprache und damit bei der Herstellung von Bedeutung – sowohl auf der Ebene des sprachlichen Zeichens als auch auf der Ebene der kulturellen, machtbesetzten Sinnsetzung – eine fundamentale Rolle. Kulturkontakte funktionieren auf der Basis einer semiotisch-diskursiven Differenz. Wie ist das zu verstehen?

Einerseits bezieht sich Bhabha auf die semiotische Funktion der Differenz als ‚Arbitraritätsmarker' innerhalb der strukturalistischen Zeichen- bzw. Literaturtheorie. Differenz stellt also eine willkürliche, weil allein kulturell konstruierte, konventionalisierte Verbindung von Zeichen und Bedeutung dar (vgl. dazu nochmals die einführenden Bemerkungen im ersten Kapitel dieses Bandes). Hier greift Bhabhas (poststrukturalistische) Kritik an: Er lehnt die Vorstellung ab, dass Differenzbildungen – man könnte auch sagen: Grenzziehungen – natürlich gegebene, fortwährende und stabile Unterscheidungen darstellen. Er stellt vielmehr den Prozesscharakter dieser Differenzbildungen in den Vordergrund und hinterfragt schließlich jegliche Sinnkonstruktion. Bhabha nutzt zu diesem Zweck den bereits erläuterten Begriff der „différance" von Derrida, um den Prozess der Bedeutungskonstruktion – allerdings unter postkolonialen Vorzeichen – sichtbar zu machen. Die Etablierung von Bedeutung und Sinn stellt er ganz bewusst in das Licht der Arbitrarität, die buchstäblich willkürlich, nicht aber wahllos Kulturen und Subjekten gewisse Bedeutungen zuschreibt oder abspricht.

Damit hängt die diskursive Seite des Differenzbegriffs zusammen, die die Machtmechanismen innerhalb der Herstellung von Bedeutung betont. Denn andererseits geht Bhabha davon aus, dass jene Sinnkonstruktionen innerhalb machtbesetzter Diskurse im Foucault'schen Sinne vorgenommen werden, d. h., dass bestimmte Sinnkonstitutionen gefördert oder unterdrückt werden. Diese Machtkomponente ist ein wesentliches Merkmal des Differenz- und Ambivalenz-Paradigmas bei Bhabha, führt sie doch eine politische Intention postkolonialen Denkens in den Dekonstruktivismus wieder ein.

Die zeichentheoretische und die diskursanalytische Konnotation des Differenzbegriffs führt Bhabha konkret immer an jenen Stellen explizit zusammen, wenn er in seinen Analysen das und den Moment der Äußerung betont. Bhabha versteht „die Grenze der Kultur als ein Problem der Äußerung kultureller Differenz" (Bhabha 2000, S. 52). Mit dem Differenz-Begriff wird die Grenze hier allerdings nicht als starre Barriere gedacht, denn in der sprachlichen Äußerung sieht Bhabha einen auflösenden Prozess am Werk, der in die (temporäre) Ambivalenz führt. Konkret wird dies sichtbar etwa in der Autorität des kolonialen Diskurses. Wenn koloniale Autoritäten sprechen und damit ihre Definitionsmacht demonstrieren, also die Macht, Dinge oder Menschen mit Namen zu belegen, führt sie im Moment der Äußerung einen performativen Akt durch, der in Bhabhas Perspektive gar nicht mehr so gesichert und autoritär, stabilisierend und vereindeutigend funktioniert. Bhabha beschreibt diese Sphäre mit Fanon als „Zeit der kulturellen Ungewißheit und, wichtiger noch, der signifikatorischen oder repräsentationalen Unentscheidbarkeit" (Bhabha 2000, S. 53). Diese Unentscheidbarkeit besteht einerseits in der Gleichzeitigkeit – und eben nicht im Nebeneinander – alter, tradierter und mythischer Narrative und neuer, widerständiger und de-platzierter Artikulationen und andererseits in einer anderen Art, Geschichte und Zeit überhaupt zu schreiben: „Die Äußerung kultureller Differenz", konstatiert Bhabha, „macht die binäre Aufteilung in Vergangenheit und Gegenwart, Tradition und Moderne auf der Ebene der kulturellen Repräsentation und ihrer autoritativen Ausrichtung problematisch." (Bhabha 2000, S. 53)

Die ‚externe Dimension'

Kulturelle Differenz wird gewöhnlich als Abgrenzung zwischen Kulturen und Subjekten verstanden; sie etabliert und stabilisiert dadurch Oppositionsstrukturen und Selbstdefinitionen. Bhabha hingegen denkt diese Abgrenzung zum Anderen, diese externe Abgrenzung ‚nach außen', gerade nicht stabilisierend sondern bezeichnet die Differenzmarkierung als ambivalent. Diese Sichtweise der ‚externen Dimension' der Differenz dynamisiert jegliche Ideen von Grenzen, Trennlinien, Scheidepunkten etc., die auf eine eindeutige Unterscheidung zwischen getrennten Entitäten abzielen.

Besonders augenfällig scheint dies am Werke bei der Formulierung von Stereotypen und in der Funktionsweise des Orientalismus im Sinne Saids, die den Anderen inferiorisieren und der (eurozentristischen) Selbstversicherung dienen (vgl. dazu auch schon den frühen Aufsatz von Bhabha zur fundamentalen Ambivalenz von Wissen und Traum/Phantasma im Orientalismus-Konzept von Said, Bhabha 1983). Diese Fremdbilder zielen auf Zuschreibung, Eingrenzung, Kontrolle und Stabilisierung der eigenen Macht. Bhabha hingegen liest das Stereotyp insofern neu, als es nicht als diskriminierend-identifizierendes, mimetisch-wiederholendes und damit Machtverhältnisse stabilisierendes Konzept verstanden wird, sondern als ein dynamisches, verstörendes und – was zunächst überraschend ist – sogar widerständiges Moment. Das Stereotyp dient nicht der Abgrenzung vom Anderen und damit seiner Beherrschbarkeit, sondern es weist eine Ambivalenz auf, die den Anderen zugleich als begehrbar und abstoßend markiert. Wie leitet Bhabha diesen ungewöhnlichen Gedanken her?

In seinem Aufsatz „Die Frage des Anderen" (Bhabha 2000, S. 97–124) beschäftigt sich Bhabha ausgehend von Fanons Arbeiten mit der Wirkungsweise kolonialer Macht und den Funktionsweisen (durch Blicke hergestellter) kultureller Stereotype als Formen des Fetischismus. Zentrales Merkmal des kolonialen Diskurses ist das Bild des eindeutigen, stabilen und selbstverständlich inferioren Anderen. Eine sehr wirkmächtige Form, mit der diese ideologische Konstruktion vorgenommen wird, ist das Stereotyp. Es wiederholt moralische Urteile und Verurteilungen des Anderen, es schreibt den Kolonisierten in seiner minderwertigen, marginalisierten Position fest und legitimiert und stabilisiert damit die Machtausübung durch den Kolonisator. Damit ist seine Wirkungsweise als „eine der wichtigsten diskursiven und psychischen Strategien diskriminatorischer Macht" anzusehen (Bhabha 2000, S. 98). Bhabhas Ansatz besteht nun darin, diese Konzeption des Stereotyps zu revidieren (vgl. Bhabha 2000, S. 103). Für Bhabha ist das Stereotyp keineswegs nur eine in Form gegossene rassistische Praxis, die als stabile Figur beliebig oft wieder aufgerufen werden kann. Seine Komplexität besteht für Bhabha auch nicht darin, die falschen ideologischen Vorstellungen im kolonialen Diskurs anhand der Stereotype aufzudecken und zu entlarven; diese durchaus nicht unübliche postkoloniale Lektüre zur Revision stereotyper Diskurse greift nach Bhabha zu kurz, bleibt sie doch in der Bewertung der Vorurteilsstrukturen stecken. Er beschreibt das Stereotyp vielmehr als eine „Form der Erkenntnis und Identifizierung zwischen dem, was immer ‚gültig' und bereits bekannt ist, und etwas, was ängstlich immer von neuem wiederholt werden muß" (Bhabha 2000, S. 97). Diese beiden Dimensionen – das Versichernde und das Beängstigende als paradigmatische Figur der Ambivalenz – nimmt Bhabha näher in den Blick, da ihre Wirkungsweise „als eine der wichtigsten diskursiven und psychischen Strategien diskriminatorischer Macht" angesehen werden kann (Bhabha 2000, S. 98).

Bhabha zeigt genauer auf, wie Differenz innerhalb des Stereotyps auf der Ebene der Subjektwerdung (*„Subjektifizierung"*, Bhabha 2000, S. 98) funktionieren kann. Ausgangspunkt ist abermals die Annahme, dass das Stereotyp eine in sich ambivalente Artikulation ist. Im Zusammenspiel von Sexualität, Rassismus und Kolonialismus funktioniert die Differenzbildung nach außen gerade nicht eindeutig, so dass das Stereotyp einen verlässlichen Identifikationspunkt bildet. Man kann nicht in einem „traditionellen Vertrauen auf das Stereotyp [verharren], als böte dieses *zu jeder beliebigen Zeit* einen *sicheren Identifikationspunkt*" (Bhabha 2000, S. 102). Bhabha hingegen schlägt die „sehr vorläufige These vor [...], daß es sich beim Stereotyp um eine komplexe, ambivalente, widersprüchliche Form der Repräsentation handelt, die ängstlich und assertorisch zugleich ist" (Bhabha 2000, S. 103).

Die Figur des Ängstlichen und Versichernden steht im Zentrum der Bhabha'schen Lektüre des Stereotyps. Es funktioniert nämlich auf eine Weise, dass es gleichzeitig mit der Anerkennung und der Leugnung kultureller Differenz operiert, d. h. den Anderen gleichzeitig marginalisiert und fürchtet. Der koloniale Diskurs zielt auf die Beherrschung und Regierbarkeit der Kolonisierten. Er produziert ein spezifisches Wissen über den Kolonisator wie über den Kolonisierten, das dieses asymmetrische Machtverhältnis legitimiert. Stereotype werden in diesem Sinne genutzt, um etwa den Kolonisierten aufgrund seiner ethnischen und rassischen Differenz als minderwertig und seine Beherrschung „natürlich" erscheinen zu lassen. Der koloniale Diskurs kreiert damit eine „soziale Realität" (Bhabha 2000, S. 104), die die Kolonisierung legitimiert. Dies geschieht in Narrativen, die ein Repräsentationssystem evozieren, das die Subjekte und die Zeichen in einen (unentrinnbaren) Gesamtzusammenhang einschließt.

Eine Form dieser externen Differenzbildung, die ähnlich wie das Stereotyp den Anderen festschreibt und damit das europäische Selbstbild stabilisiert, ist der Orientalismus, wie ihn Said Ende der 1970er Jahre beschrieben hat.

Der palästinensische Literaturwissenschaftler **Edward W. Said** (1935–2000) ist einer der einflussreichsten Denker der postkolonialen Literatur- und Kulturtheorie, der in den USA als Anglist und Komparatist tätig war. Seine bekannteste Konzeption ist die des Orientalismus. Seine Arbeiten liegen u. a. im Bereich der kolonialen Diskursanalyse, der postkolonialen Literatur- und Kulturtheorie und umfassen etwa Schriften zur Palästina-Politik (darunter etwa *Das Ende des Friedensprozesses. Oslo und danach* (Original: 2000) oder seine Autobiographie *Am falschen Ort* (Original: 1999)). Mit seinem Werk *Orientalismus* legt Said ein Schlüsselkonzept der postkolonialen Kritik vor, die aus seiner persönlich-biographischen Erfahrung des Kulturkontakts und der Marginalisierung ebenso erwächst wie aus seiner theoretischen Perspektive, die stets Texte in ihre kulturellen Machtstrukturen einbettet. Orientalismus bezeichnet nach Said eine besondere marginalisierende, wenn nicht gar rassistische Sichtweise des ‚Westens' auf ‚den Orient', welche erst im Blick des Westens den Orient entstehen lässt. Said weist nach, dass ‚der Orient', wie er bspw. in der Reiseliteratur des 19. Jahrhunderts beschrieben wird, ein mit Foucault gedachtes diskursives Produkt des Westens (Europas) ist und daher ein Topos von Romantisierungen, Traumvorstellungen, xenophoben Fremdzuschreibungen und Verzerrungen. Damit hat Said eine weltweite Diskussion über diskursive Konstruktionen vom Anderen ausgelöst, welche sich auch als Argumentationsfiguren in seinen Werken zur Situation im Nahen Osten wieder finden lassen. Daher erscheint es schwierig, seine Schriften in universitär-theoretische und in politisch-motivierte zu unterteilen. Nach seinem berühmtesten Werk *Orientalism* (1978) führt Said seine orientalistischen Lektüren, die er selbst als kontrapunktische Lektüre bezeichnet, in *Kultur und Imperialismus. Einbildungskraft und Politik im Zeitalter der Macht* (Original: 1993) (vgl. Said 2010 und 1994) weiter aus, indem er sein Textkorpus auf Texte der bspw. Karibik, Indiens oder Australiens erweitert und daran die globalen Kolonisierungs-, aber besonders auch Widerstands- bzw. Dekolonisierungsstrategien aufzuzeigen. Zur (bisher nur englischsprachigen) Einführung in Saids Werk vgl. bspw. McCarthy 2010.

Der Orientalismus stellt zwar auch für Bhabha eine spezifische Form des Wissens dar, die danach trachtet, eine koloniale Stabilität der Mächteverhältnisse zu erzeugen. Stärker noch als Said (mit dem Bhabha eng befreundet war und dessen Werk er schätzt, aber auch fortschreibt, vgl. dazu Bhabha 2005a) macht Bhabha auch im Orientalismus einen doppelten Boden aus: die allem eingeschriebene Ambivalenz. Das Wissen ist für ihn gleichzeitig rational und irrational fundiert und wirkt somit auf rational-versichernder und phantasmagorisch-verunsichernder Ebene. „Auf der einen Seite", erläutert Bhabha in diesem Sinne, „ist der Orientalismus ein Gebiet der Gelehrsamkeit, der Entdeckung [...]; auf der anderen Seite ist er der Ort von Träumen, Bildern, Phantasien, Mythen, Obsessionen und Bedürfnissen." (Bhabha 2000, S. 105) Bhabha erläutert, dass der Orientalismus zwar ein stabiles, synchrones Wissen erzeugt, das die gegenwärtige Situation der (kolonialen) Hierarchien stützt, gleichzeitig aber ein diachrones Wissen in sich trägt, das aus der Geschichte und Erinnerung heraus dieses Wissen in Frage stellt und dieses Narrativ als „Zeichen der Instabilität" (Bhabha 2000, S. 105) bedroht. Die gleichzeitige Stabilität und Instabilität setzt Bhabha analog zu den von Said entwickelten Konzepten des „manifesten" und des „latenten Orientalismus", der für Bhabha im ersten Fall die Ansichten in Literatur, Sprache, Traditionen etc. über den Orient meint und im zweiten eher unbewusstes Wissen ist (vgl. Bhabha 2000, S. 105f.). Anders ausgedrückt: „Said faßt den *Inhalt* des Orientalismus als das unbewußte Arsenal von Phantasie [...] und die *Form* des manifesten Orientalismus als den historisch und diskursiv determinierten, diachronischen Aspekt auf" (Bhabha 2000, S. 106).

An dieser Stelle wird nicht nur die ambivalente Struktur der Wissensproduktion sichtbar sondern auch, dass Macht- und Wissensmechanismen aufs Engste miteinander verknüpft sind. Diesen Aspekt greift Bhabha auf, um Said einer Kritik zu unterziehen. Said, der sich auf den Foucault'schen Macht- und Wissensbegriff stützt, nimmt laut Bhabha durch die Idee eines latenten und eines manifesten Orientalismus eine Trennung vor, die in Foucaults Denken gar nicht angelegt ist: die Trennung von Inhalt und Form, von Wesen und Erscheinung. Diese dialektische Beziehung lehnt Bhabha entschieden ab, denn sie führt für ihn (und diese theoretische Unschärfe klärt Said in Bhabhas Augen nicht) wieder zur falschen Annahme, Subjekte hätten nach dem Hegel'schen Herr-Knecht-Verhältnis einen eindeutigen Platz im kolonialen Diskurs. Said zeigt zwar den Konstruktcharakter des Anderen und dessen selbstversichernde Funktion für das westliche Subjekt auf, geht aber, so Bhabha, über ein binäres Denken nicht hinaus (vgl. bspw. zur Erweiterung der Said-Analyse von Kipling durch Bhabha Moore-Gilbert 1996). An anderer Stelle hinterfragt Bhabha diese Form der Verabsolutierung des Anderen noch auf einer grundsätzlicheren Ebene: „Post-*this*, post-*that*, but why never post-*the other*? Was the other the political bottom line, the last ethical frontier?" (Bhabha 1997a, S. 433, vgl. dazu auch Bhabha 1999a, S. 84). Bhabhas Lektüre des kolonialen Diskurses zeigt hingegen, dass die Subjekte „sich durch die symbolische Dezentrierung in multiplen Machtrelationen" befinden, die wandelbar sind (Bhabha 2000, S. 106). Die Differenzbeziehung wirkt somit nicht stabilisierend, sondern sie destabilisiert.

Die entscheidende Fortschreibung des Orientalismus im Sinne einer Dekonstruktion kolonialer Verhältnisse ist bei Bhabha nicht, dass das ohnmächtige Subjekt eine wie auch immer geartete Form des machtvollen Widerstands leisten kann und demzufolge auch eine schlichte Umkehrung der Machtverhältnisse möglich wäre. Vielmehr besteht Bhabha darauf, dass beide Seiten, sowohl Kolonisator als auch Kolonisierte, von dieser Destabilisierung affiziert werden: „Ebenso schwierig ist es, den Prozeß der Subjektifizierung als eine Plazierung des beherrschten Subjekts *innerhalb* des orientalistischen oder kolonialen Diskurses zu begreifen, ohne auch das beherrschende Subjekt strategisch innerhalb dieses Diskurses zu plazieren. Die Begriffe, die Saids Orientalismus zu etwas Einheitlichem machen – die Intentionalität und einseitige Richtung der kolonialen Macht –, einen auch das Subjekt der kolonialen Äußerung" (Bhabha 2000, S. 106f.).

Das beherrschende Subjekt ist folglich geradezu gezwungen, sich in Form von orientalistischen Diskursen seiner Machtposition immer wieder zu vergewissern, da diese durch die Ambivalenz permanent bedroht wird. Da Said den Foucault'schen Macht- und Wissensbegriff nicht adäquat an den Diskursbegriff koppelt, so Bhabhas Vorwurf, bleibt er für die komplexeren Funktionsweisen des kolonialen Diskurses blind. Durch die von Said formulierte vermeintliche Geschlossenheit des kolonialen Diskurses und dadurch, dass er die Macht allein der Seite der Kolonisatoren zuschlägt, geraten Macht und Wissen als wesentlich komplexer wirkender Konnex aus dem Blick. Denn ohne die Ambivalenz von Macht und Wissen im Diskurs zu beschreiben, lässt sich, so Bhabha, die Wiederkehr des Verdrängten nicht erklären, das in Form von Bildern des Barbaren, des Kannibalismus etc. in Erscheinung tritt. Warum sollte der Orientalismus mit seinen wiederkehrenden Bildern vom orientalistischen Anderen sonst so langlebig sein?

Bhabha kommt zur Beantwortung dieser Frage auf die (psychoanalytisch fundierte) Funktionsweise des Stereotyps zurück und damit auf die bereits erläuterte Idee der inhärenten Abwehr und Faszination. An dieser Stelle verwendet Bhabha übrigens die Denkfigur der Ambivalenz in ihrer ursprünglichen Bedeutung, kommt dieser Begriff doch ursprünglich aus der Psychoanalyse und bezeichnet dort eben diesen gleichzeitigen Vorgang von Abwehr und Begehren. Die Ambivalenz innerhalb des Stereotyps besteht in jenen gleichzeitig auftauchenden „Szenen der Angst und des Verlangens" (Bhabha 2000, S. 107). Said hätte, so Bhabhas Vorwurf, diesen Aspekt weiter ausführen müssen, deutet er doch die ambivalente Haltung gegenüber dem Orient als Verachtung und Entzücken lediglich an.

Bhabha führt diesen Gedanken noch weiter aus, indem er die Wiederholung des orientalistischen Stereotyps wiederum als eine Zwischenposition konzipiert. Die Wiederkehr des vermeintlich schon bekannten Bildes vom Anderen nimmt ihm zufolge eine mittlere Position zwischen Kolonisiertem und Kolonisator ein (vgl. Said nach Bhabha 2000, S. 108). Diese „mittlere Kategorie" (Bhabha 2000, S. 108) sieht Bhabha auch im Funktionsmechanismus des Fetischismus nach Freud am Werk, denn für Bhabha gibt es eine Analogie zwischen den Diskursen von Sexualität und Rasse. Das koloniale Stereotyp weist, dem sexuellen Fetisch ähnlich, Begehrensstrukturen auf. Die Ambivalenz des Begehrens resümiert Bhabha wie folgt: „Indem der stereotypische Andere in die wildesten Phantasien […] des Kolonialherrn eindringt, enthüllt er etwas von der ‚Phantasie' (als Begehren, Abwehr) jener Position des Herrseins" (Bhabha 2000, S. 121).

Das Stereotyp im kolonialen Diskurs versucht (erfolglos) unablässig, einheitliche Subjekte zu konstruieren, die in einen eindeutigen historischen Zusammenhang gebettet sind und die Geschichte einer Genese, eines Ursprungs erzählen. Das Stereotyp funktioniert durch die Vereinfachungen in einem eindeutigen Bild des Anderen als Verdrängungsmechanismus, der die Komplexität der Subjekte reduziert. Und hierin besteht auch die Analogie zum sexuellen Fetisch, schafft dieser doch eine „Reaktivierung des Materials der ursprünglichen Phantasie – der Kastrationsangst und der Angst vor der sexuellen Differenz – und […] Normalisierung jener Differenz" (Bhabha 2000, S. 109). Bhabha fasst diese affektive Ambivalenz, die beide Seiten des kolonialen Machtverhältnisses betrifft, nochmals pointiert zusammen:

> „Der Fetisch – oder das Stereotyp – gewährt Zugang zu einer ‚Identität', die ebenso auf Herrschaft und Lust wie auf Angst und Abwehr basiert. […] Das Stereotyp als Ausgangspunkt der Subjektifizierung sowohl für den Kolonialherren als auch für den Kolonisierten im kolonialen Diskurs ist dann die Szenerie einer ähnlichen Phantasie und Abwehr – des Verlangens nach Ursprünglichkeit, die hier wiederum durch die Unterschiede von Rasse, Hautfarbe und Kultur bedroht ist. […] Das Stereotyp ist nicht deshalb eine Simplifizierung, weil es die falsche Repräsentation einer gegebenen Realität wäre. Es ist eine Simplifizierung, weil es eine arretierte, fixierte Form der Repräsentation ist, die, indem sie das Spiel der Differenz […] verbietet, ein Problem der *Repräsentation* des Subjekts in den Signifikationen psychischer und sozialer Beziehungen darstellt" (Bhabha 2000, S. 110 f.).

Wie genau diese Ambivalenz innerhalb der Strategie des Stereotyps funktioniert, beschreibt Bhabha auf zwei zunächst sehr komplex anmutenden Achsen. Die eine Achse ist die „Koppelung zwischen der metaphorischen oder maskierenden Funktion des Fetischs und der narzißtischen Objektwahl", die andere Achse bildet die „dem entgegengesetzte Allianz zwischen dem metonymischen Figurieren des Fehlenden und der aggressiven Phase des Imaginären" (Bhabha 2000, S. 114). Um diese Konstellation von metaphorisch/narzisstisch auf der einen und metonymisch/aggressiv auf der anderen Seite zu verstehen, bietet sich wiederum die Analogie zum Stereotyp an. Das koloniale Subjekt ist nie an einem festen Ort, mit einer Position identifiziert sondern durch eine Reihe (durchaus widersprüchlicher) Positionen. Daher ist die momentane Identifizierung des Subjekts immer problematisch, prekär, arretiert, an einem „Ort sowohl der Festgestelltheit als auch der Phantasie" (Bhabha 2000, S. 114). Als Bild oder Metapher vereinfacht oder maskiert der Fetisch wie das Stereotyp etwas Fehlendes, dadurch bekommt er seine Beweglichkeit als Festschreibendes und Phantasmagorisches. Konkret bedeutet dies, dass das Stereotyp der „Animalität des Negers, der Undurchdringlichkeit des Kulis oder der Dummheit des Iren" immer und immer wieder wiederholt werden müssen, um gleichzeitig bestätigend oder befriedigend zu sein (Bhabha 2000, S. 114). Das Stereotyp ist also einerseits das Bild, das dem Subjekt ähnlich (metaphorisch) ist und eine Art narzisstische Identifizierung erlaubt. Gleichzeitig ist dieses Bild aber ein Anderes bzw. das Bild des Anderen, das nunmehr metonymisch funktioniert und aggressive Abwehrreaktionen und einen Effekt der Entfremdung hervorruft.

Gleichwohl macht Bhabha zwei zentrale Unterschiede zwischen dem kolonialen Fetisch als (rassistisches) Stereotyp und dem sexuellen Fetisch aus. Er konstatiert erstens, dass der koloniale Fetisch im Gegensatz zum sexuellen kein Geheimnis ist, denn der „entscheidende Signifikant kultureller und ethnischer Differenz", die Hautfarbe, „ist der sichtbarste aller Fetische" (Bhabha 2000, S. 116). Zweitens ist das Stereotyp nicht wie der sexuelle Fetisch als „guter Gegenstand" Objekt der Liebe. Gleichwohl ist die emotionale Haltung des Kolonialherren gegenüber dem Kolonisierten keineswegs nur eine hasserfüllte. Das affektiv aufgeladene Bild des Kolonisierten reicht vom „loyalen Diener bis zum Teufel, vom Geliebtem [sic] bis zum Gehaßten" (Bhabha 2000, S. 116); der „Schwarze ist Wilder (Kannibale) und doch zugleich der gehorsamste und ausgezeichnetste aller Diener (der Verwalter der Nahrung)" (Bhabha 2000, S. 122).

Die ‚interne Dimension'

Die Abgrenzungen nach außen – so haben wir gesehen – sind nicht nur durch einen tiefgreifenden Prozess der Ambivalenz und der permanenten Positionsverschiebung gekennzeichnet, sondern wirken auch unmittelbar auf die inhärente Struktur von Kulturen und Subjekten zurück: auf die ‚interne Dimension' der Differenz. Im Folgenden soll diese interne Differenz im Zusammenhang mit Identitätskonstruktionen des Subjekts und anschließend ihre Relevanz für Kulturen diskutiert werden.

Das Konzept der Differenz ist für ein Denken von Identifikation und Subjektivität deshalb für Bhabha so zentral, weil er den Identifikationsprozess psychoanalytisch als Identifizierung über den Anderen versteht. Mit Blick auf Fanon entwickelt Bhabha sein Konzept von Identität, dessen zentrale Merkmale Prozessualität, Verdoppelung und das Moment der sprachlichen bzw. bildlichen Repräsentation sind: „Solche binären, aus zwei Teilen zusammengesetzten Identitäten bilden sich im Rahmen einer Art narzißtischer Widerspiegelung des Einen im Anderen, die durch den psychoanalytischen Prozeß der Identifikation in der Sprache des Begehrens miteinander konfrontiert werden. In diesem Identifikationsprozeß ist Identität nie ein von vornherein gegebenes oder fertiges Produkt; sie ist immer nur der problematische Prozeß des Zugangs zu einem Bild der Totalität" (Bhabha 2000, S. 75).

Während die philosophische Tradition, so fasst Bhabha zusammen, „Identität als einen Spiegel der Selbstreflexion im Spiegel der (menschlichen) Natur sieht", lokalisiert die anthropologische Sicht Identität in der Spaltung zwischen Natur und Kultur (Bhabha 2000, S. 68). In der spezifischen kolonialen Situation aber gibt es kein Selbstkonzept, das sich als ganzes, einheitliches und stabiles Reflexionsobjekt fassen ließe. Mithilfe eines Gedichts der Autorin Meiling Jin, in dem das lyrische Ich von einem Ort der Unsichtbarkeit aus spricht (vgl. Bhabha 2000, S. 68), entwickelt Bhabha das paradoxe Bild zu sehen, was nicht zu sehen ist, so dass „das problematische Objekt des Blicks [...] für die Sprache zu einem problematischen Referenten wird" (Bhabha 2000, S. 69). Damit begründet Bhabha einerseits, warum Fanons Versuche fehlschlagen müssen, die Identifikationsprozesse in der kolonialen Situation mithilfe stabiler, institutionalisierter (wenn man so will: fest verorteter) Theorien zu beschreiben. Sprache, literarische aber auch theoretische, kann diesen sich entziehenden Referenten nicht adäquat fassen, könnte man vereinfachend sagen. Andererseits aber ist das Bild selbst unklar geworden und enthüllt wieder die Bhabha'sche Ambivalenz: Das Bild (bspw. das rassistische Bild des ‚Schwarzen' als Stereotyp) wird gleichzeitig evoziert und wieder „ausgestrichen", wie Bhabha gerne eine poststrukturalistische Metapher zur Beschreibung nutzt (vgl. Bhabha 2000, S. 70).

Den Prozess der Identifikation (unter dem Blickwinkel des Begehrens betrachtet) führt Bhabha auf drei Bedingungen zurück. Erstens: Im sichtbaren Austausch von Blicken formiert sich die Existenz durch die Beziehung zu einer Andersheit. Zweitens: Der Ort der Identifikation ist verdoppelt, die Identifikation meint an verschiedenen Orten gleichzeitig zu sein: „Die Phantasie des Einheimischen besteht genau darin, den Platz des Herrn einzunehmen und gleichzeitig seinen Platz in der *rächenden* Wut des Sklaven zu behalten." (Bhabha 2000, S. 66) Drittens: Identifikation ist für Bhabha nicht die Bestätigung einer konzisen Identität, sondern die „Produktion eines Bildes der Identität", das stets den (eben erwähnten Ort des) Anderen in sich trägt. Für Bhabha ist damit Identifikation „immer die Wiederkehr eines Bildes der Identität, welches das Kennzeichen der Spaltung innerhalb des Anderen Ortes/Ortes des Anderen *(Other place),* von dem es kommt" (Bhabha 2000, S. 67) in sich trägt.

Das alles klingt nun sehr abstrakt und zeichentheoretisch; das Subjekt scheint nur in der Sprache aufgehoben und wenig (oder gar nichts) mit den ‚realen Gegebenheiten' zu tun zu haben. Um diese Dimension des Referenten wieder mitzudenken, differenziert Bhabha sein semiotisch-diskursives Verständnis des Differenzbegriffs, indem er die Idee einer „Tiefenperspektive" oder „Tiefendimension" entwickelt. Diese ermöglicht es, kulturelle Identität und Textualität zusammenzudenken und sich damit von den postmodernen Textspielereien abzusetzen, welche nichts mehr mit dem Referenten, der Welt, zu tun haben wollen. Bhabha stellt bekanntlich die postmoderne bzw. poststrukturalistische Annahme in Frage, dass

Identität und Repräsentation des Selbst und des Anderen ausschließlich als Text und im Schreiben verortet werden. Damit zieht Bhabha in Zweifel, ob es tatsächlich keinen Ort außerhalb des Textes (Derrida würde hier vom „hors-texte" sprechen) mit einer authentischen oder historischen Identität gibt. Nach einer solchen Beziehung zum Referenten aber sucht Bhabha, wenn er eine Parallele zu dem von Barthes geprägten *effet de réel* zieht. Bhabha beschreibt dieses Konzept als vertikale Dimension, die Barthes in das Zeichen einführt, wenn er von einer analogen Beziehung zwischen Signifikant und Signifikat spricht. Diese Vertikalität oder eben Tiefe sieht Bhabha in dem Zusammenhang von Sprache und realem Raum, den Barthes damit wieder in den Diskurs holt: „In diesem Modell wird der Signifikant immer vom Signifikat prädeterminiert – jenem konzeptuellen oder realen Raum, der dem Akt der Signifikation vorangestellt und außerhalb von ihm positioniert wird" (Bhabha 2000, S. 71). Diese Tiefe ist Bhabha deshalb so wichtig, weil er sie in der Sprache der Identität sucht; es ist jene Tiefendimension, „welche der Sprache der Identität ihre Realität verleiht" (Bhabha 2000, S. 71). Parallelen sieht er in dieser Hinsicht in der Konzeption der personalen Identität nach John Locke, welche in der Lage ist, die eigene Vergangenheit als Teile des Ich zu erkennen und in einen vernünftigen Zusammenhang mit dem Ich der Gegenwart zu bringen. Auch hier stellt das Ich eine Analogie zwischen Früherem und Gegenwärtigem her und vereint sie in einer personalen Identität (vgl. Bhabha 2000, S. 71f.). Bhabhas Fazit ist: „Dieses Bild menschlicher Identität und in der Tat auch die menschliche Identität des Bildes – beide sind vertraute Rahmen oder Spiegel der Selbstheit *(selfhood),* die aus der Tiefe der westlichen Kultur sprechen – sind in das Zeichen der Ähnlichkeit eingeschrieben" (Bhabha 2000, S. 71). Die Tiefendimension bringt also historisch und diskursiv vorgängige Selbstbilder mit dem gegenwärtigen zusammen; und zwar in der Form, dass sie in der aktuellen Identitätskonstruktion als sich selbst ähnliche Bilder aufscheinen. Doch dies ist nur der erste Schritt in Bhabhas Argumentation, denn Bhabha zielt gerade darauf, dass sich keine schlichte Übereinstimmung, keine deckungsgleiche, selbstversichernde Identität ergibt. Vielmehr entsteht in der diskursiven Herstellung von Selbstbildern, also in der Sprache bzw. im Schreiben der Identität ein Moment „jenseits der visuellen Tiefen von Barthes' symbolischen Zeichen"; anders gesagt: „Die Erfahrung des disseminierenden Selbst-Bildes geht über den Rahmen von Repräsentation als analogisches Bewußtsein der Ähnlichkeit hinaus" (Bhabha 2000, S. 73). Re-präsentation ist also nicht nicht das schlichte Wieder-Aufrufen eines alten Selbstbildes, das sich mit der gegenwärtigen Identitätskonstruktion in Einklang bringen lässt. Es entsteht eine inhärente Verdoppelung, bei der die Selbstbilder nicht genau aufeinander passen. Bhabha nennt diese Form der (Selbst-)Entfremdung „einen Fleck des Subjekts, ein Zeichen von Widerstand" (Bhabha 2000, S. 73). Folglich ergibt sich statt der Vorstellung von Tiefe durch Ähnlichkeit, d. h. durch die Analogie zwischen Sprache und Symbol (man könnte diesen Gedanken zuspitzen auf die Analogie zwischen Identität und Repräsentation, zwischen Welt und Zeichen) eine Entfremdung aus der Verdoppelung. Die Selbstrepräsentationen kommen stets mit Spuren des Anderen zurück, sodass eine Vorstellung von Identität im Sinne von „manifesten Eins-zu-Eins-Reflexionen im Spiegel der Natur" für Bhabha unhaltbar werden (Bhabha 2000, S. 74). Identität entsteht folglich nicht dadurch, dass das Subjekt irgendetwas oder -wem ähnelt, nicht einmal sich selbst in der Vergangenheit. Eher im Sinne einer Ähnlichkeit (so wertet Bhabha auch die Konzepte der Familienähnlichkeit bei Wittgenstein und der Ähnlichkeit bei Memmi) als im Sinne einer Identität (vgl. Bhabha 2006, S. 10 f.) geht es um einen Prozess der Identifikation, in dem sich durch die Versprachlichung des Subjekts eine Differenz einschleicht, die als Entfremdung auftritt und von Bhabha als Verdoppelung oder als Spaltung beschrieben wird. Dieser Gedanke der sprachlichen Repräsentation des Anderen verbindet sprachtheoretische und psychoanalytische Perspektiven im Denken des Subjekts.

Damit sieht Bhabha eine doppelt-wirksame Differenz am Werke, die sich in einem doppelten Begehren manifestiert, „nämlich wenn „das Begehren nach dem Anderen [...] durch das Begehren in der Sprache verdoppelt" wird (Bhabha 2000, S. 74). Was bedeutet das konkret? Bhabha betont zum einen mit dem Begehren in der Sprache auf die problematische Vorstellung von Mimesis hin; die Sprache oder das Bild ist keine schlichte Abbildung einer Realität, sondern ebenfalls ein „Ort der Ambivalenz" und „eine Illusion von Präsenz" (vgl. Bhabha 2000, S. 75 f.) ist. Spricht das Subjekt etwa von sich selbst, so ist durch die Versprachlichung schon eine Spaltung oder eine Verdoppelung erfolgt, auch wenn auf den ersten Blick die Illusion entsteht, dass das sprechende und das gemeinte Subjekt identisch wären. Diese These untermauert Bhabha mittels linguistischer Modelle des kommunikativen Aktes. Der „artikulatorischen Akt der Spaltung" (Bhabha 2000, S. 190) wird erfasst durch die Unterscheidung zwischen dem Subjekt einer Aussage, also dem Subjekt, das in der Aussage spricht, und dem Subjekt des Aussagens, also jenem Subjekt, das diese Aussage macht. Diese kommen mit Bhabha nie zur Deckung, weil schon auf den vermeintlich stabilen prädiskursiven Teil des Prozesses, nämlich auf das Subjekt der Aussage, gerade nicht verlässlich zugegriffen werden kann. Das Subjekt der Aussage wird zu einem Anderen, das an keinem „feststehenden, dem Selbst entgegengesetzten phänomenologischen Punkt" steht und dessen Repräsentation deshalb ambivalent und lückenhaft ist (vgl. Bhabha 2000, S. 76). In einem größeren Zusammenhang erscheint die Differenz zwischen *der Aussage* und *dem Aussagen* als wichtiges (differentielles) Charakteristikum der Dimension der Kultur überhaupt. Denn nicht nur Subjekte, sondern auch Kulturen sind von diesem Differenzmechanismus im Moment der Diskursivierung betroffen. Bhabha erklärt damit die inhärente Differenz von Kulturen, die durch vermeintlich stabilisierende Geschichtserzählungen ihr Selbstverständnis stärken wollen.

Wo ist dann aber das Subjekt zu finden, wenn es weder als Subjekt der Aussage noch des Aussagens bestehen kann? Die Antwort ist im Da-Zwischen zu suchen – wie Bhabha schon weiter oben die Position zwischen erster und dritter Person benannte. Bhabha beschreibt die ‚Ortsbestimmung' des Subjekts so: „In diesem überlappenden Raum zwischen dem Verblassen der Identität und ihrem fingierten Einschreiben sehe ich die Position des Subjekts – mit einer ganzen Reihe gefeierter poststrukturalistischer Denker." (Bhabha 2000, S. 83) Diese Denkfigur der Verdoppelung macht es Bhabha möglich, jenseits von Dialektik und Kausalzusammenhängen zu denken und neue Räume zu eröffnen, in der die subalterne Instanz, wie Bhabha schreibt, jegliche Macht und Binarität untergräbt und das Verhältnis zwischen dichotomen Momenten „differentiell und strategisch statt originär; ambivalent anstatt akkumulativ, verdoppelnd anstatt dialektisch" funktioniert (Bhabha 2000, S. 82).

Wenn sich Bhabha nun – trotz der beschriebenen Tiefendimension – auf die Textualität der Identität kapriziert, so ist er sich der Problematik seines Vorgehens und der möglichen Kritik am Formalismus linguistischer oder theoretischer Art bewusst. Doch betont er auch, dass sich für ihn der Zusammenhang zwischen *écriture* und Identität ganz unmittelbar erschließt, da sich für ihn Identität nur textuell/literarisch (in „identitätsstiftenden Fabeln", Bhabha 2000, S. 84) repräsentiert. Bhabha erläutert seine Thesen anhand eines lyrischen Textes, dem er ein Sprachspiel mit dem Buchstaben „a" bzw. dem Hindi-Vokal „अ" entnimmt und überdies daran die auffällige Hinwendung der poststrukturalistischen Theoriebildung (etwa bei Derrida und Lacan) zum Buchstaben „a" illustriert. Der lyrische Text, „Ein अ ein äh... ein Husten" (Bhabha 2000, S. 86) formuliert für Bhabha auf paradigmatische Weise die Wirkung eines „postkolonialen a" (Bhabha 2000, S. 85). Hier führt Bhabha vor, wie sich zunächst bereits der Buchstabe „a" als Beginn des lateinischen Alphabets und als englischer unbestimmter Artikel gleichzeitig (als mächtig und ohnmächtig, könnte man hinzufügen) erweist, wie weiterhin ein Übersetzungsprozess in Gang gesetzt wird zwischen dem indo-europäischen „a" und dem Hindi-Vokal, die beide affiziert werden und der englische Vokal schließlich zum „äh...ächz!" wird und wie all dies grundlegend in einer Pause oder über eine Ellipse (zwischen äh und Husten) hinweg geschieht. Diese Affizierung des europäischen durch das Schriftzeichen aus dem Hindi ist für Bhabha kein Zufall für die poststrukturalistische, aber auch für seine Theoriebildung. Die Verortung des Geschehens in den Moment der Pause – Bhabha siedelt genau an dieser Stelle das koloniale Subjekt an –, also in den Zwischenraum, diese Deplatzierung innerhalb des Textes ist Konsequenz der Einmischung kultureller Differenz. „Wenn ich so darauf beharre, daß das postkoloniale Subjekt innerhalb des Spiels der subalternen Instanz des Schreibens zu lokalisieren ist", führt Bhabha aus, „dann deshalb, weil ich Derridas flüchtig geäußerte Bemerkung weiterentwickeln will, die Geschichte des dezentrierten Subjekts und die von ihm verursachte Entortung europäischer Metaphysik falle mit dem Auftauchen der Problematik kultureller Differenz in der Ethnologie zusammen" (Bhabha 2000, S. 87).

Bhabha entwickelt nun diesen von Derrida lediglich angedachten, und nun postkolonial zu spezifizierenden Gedanken weiter, indem er sich auf das Konzept der Subalterne im Sinne Derridas und Antonio Gramscis konzentriert und mit dem Potenzial der kulturellen Differenz verknüpft. Die politische Macht der Sprache liegt für ihn in dieser Lücke, in der Subalterität (vgl. Bhabha 2000, S. 88). Diese Handlungsmacht/-fähigkeit ist dabei kein literarisches oder gar lyrisches Phänomen, sondern politisch-praktisch und lebensrelevant. Politisches Denken und Handeln setzt für Bhabha gerade nicht in antithetischen Widerstandsbekundungen an, sondern gerade in den „Pausen" und Situationen der Unentschiedenheit, in Anlehnung an die Ausführungen Terry Eagletons in dem zu hinterfragenden *„dialektischen* Umschlag zwischen Geburt und dem Tod des Subjekts" (Bhabha 2000, S. 95). Dabei sollte dieses Denken stets den eigenen (autoritären) Ort des Sprechens hinterfragen, nicht nur über Inhalte verhandeln, sondern auch die unterschiedlichsten Formen textueller Repräsentation kultureller Differenz in den Blick nehmen.

Auf der Ebene der Kulturen, wie weiter oben bereits angedeutet, geht Bhabha von einer fundamentalen kulturimmanenten Differentialität aus, die eine holistische Konzeption von Kulturen unmöglich macht. Kulturen sind damit nicht nur im Kontakt mit anderen Kulturen mit Differenz im Sinne von Fremdheitserfahrungen konfrontiert, sondern Kulturen tragen schon in sich ein „self-alienating limit" (Rutherford und Bhabha 1990, S. 210). Dieses wird durch die globale Migration noch verstärkt: „Die westliche Metropole muß ihrer postkolonialen Geschichte, die von den in sie hineinströmenden Nachkriegsmigranten und Flüchtlingen erzählt wird, als einer einheimischen Narrative begegnen, die *ihrer nationalen Identität inhärent ist* [...]" (Bhabha 2000, S. 9). Die Präsenz des postkolonialen Migranten, hier greift Bhabha eine gängige Metapher auf, lässt „nicht das Bild eines harmonisch zusammengeknüpften Flickenteppichs von Kulturen entstehen, sondern artikuliert die Geschichte kultureller Differenz, die es der nationalen Geschichte niemals erlauben wird, sich narzißtisch in die Augen zu sehen" (Bhabha 2000, S. 250 f.). Kulturen können sich also – ähnlich wie das Subjekt – nicht im Modus der Ähnlichkeit, des Identischen, sondern im Modus der Differenz formulieren.

In seinem Aufsatz „Zeichen als Wunder. Fragen der Ambivalenz und Autorität unter einem Baum bei Delhi im Mai 1817" (Bhabha 2000, S. 151–206) illustriert Bhabha seine Thesen über jene kulturimmanente Differenz, die daraus entstehende Ambivalenz und die Problematisierung der kolonialen Autorität. Ausgangspunkt ist in diesem Aufsatz eine leitmotivartige Szene, die Bhabha in literarischen Werken seit dem frühen 19. Jahrhundert ausmacht: das Auftauchen des englischen Buches, hier: die Bibel, das für ihn „Moment sowohl der Originalität als auch der Autorität" ist (Bhabha 2000, S. 151). Als deplatziertes Buch, das in den Kolonien gelesen und neu (de- und re-)kontextualisiert wird, wirkt es für Bhabha wie ein Ursprungsmythos, das die Autorität der englischen Kolonialmacht stützen soll. Allerdings bewirkt das englische Buch zugleich die Untergrabung der Kolonialmacht und demonstriert deren Polysemie. Damit ist der Text nicht eindeutig und autoritär, sondern es zeigt sich, dass „der Text der Autorität, den der vertrackte Buchstabe des Gesetzes einschreibt, wesentlich ambivalenter ist" (Bhabha 2000, S. 158). Die Differenz wirkt somit im Zentrum kolonialer Machtausübung und Autorität und wirkt von der Peripherie ins Zentrum zurück: „Ich möchte die These aufstellen", erklärt Bhabha und benennt die Ambivalenz mit dem noch später zu erläuternden Begriff der Hybridität, „daß diese entscheidenden Momente der englischen Literatur nicht einfach von England hausgemachte Krisen darstellen. Sie sind auch Zeichen einer diskontinuierlichen Geschichte, einer Verfremdung des englischen Buchs. Sie markieren die Erschütterung seiner autoritativen Repräsentationen durch die unheimlichen Kräfte von Rasse, Sexualität, Gewalt, kulturellen und sogar klimatischen Unterschieden, die im kolonialen Diskurs als die gemischten und gespaltenen Texte der Hybridität entstehen. Wenn der Anschein des englischen Buches als Produktion kolonialer Hybridität gelesen wird, dann verfügt es nicht länger ohne weiteres über Autorität" (Bhabha 2000, S. 167).

Das Textbeispiel, das Bhabha zur Illustration dieser Verfremdung des englischen Buchs anführt, ist einem Erfahrungsbericht des ersten einheimischen Missionars in Indien entnommen (vgl. dazu auch Parekh und Bhabha 1989, S. 28 f.). 1817 sucht dieser in einem Wald das Gespräch mit etwa 500 Menschen, die im Schatten der Bäume eine aus dem Englischen in die hindustanische Sprache übersetzte, gedruckte Ausgabe der Bibel lesen. Die Menschen staunen über dieses gedruckte Buch, das – für sie wie ein Wunder – das Wort Gottes beinhaltet. Im Laufe des Gesprächs zwischen dem Missionar und den Menschen wird deutlich, dass diese die göttliche Autorität zwar anerkennen, gleichzeitig aber Widersprüche und Aporien mit einer gewissen selbstbewussten Ignoranz aufdecken. Sie können zwar das Wort Jesus identifizieren und erkennen auch Gott als Autor des Buches an. Als der Missionar ihnen aber erklärt, dass das Buch die „Religion der europäischen Sahibs" lehre und dass es von den Engländern käme, widersprechen die Menschen entschieden. Dies sei unmöglich, denn „wie kann es das Buch der Europäer sein, wenn wir doch glauben, daß es Gottes Geschenk an uns ist?" (*Missionary Register* nach Bhabha 2000, S. 152). Alle Erklärungsversuche des Missionars, um diesen Autoritätskonflikt bzw. die -konkurrenz aufzulösen, können die Einheimischen nicht überzeugen. Ähnlich verhält es sich mit der Taufe und dem Abendmahl. Die Taufe würden sie ja generell akzeptieren, so die Menschen, aber nicht das „Sakrament, denn die Europäer essen das Fleisch von der Kuh, und das ist für uns unmöglich" (*Missionary Register* nach Bhabha 2000, S. 152). Just in dem Moment, in dem der Missionar die Menschen dann taufen und damit „im Namen des Vaters" christianisieren will, gehen die Menschen zur Ernte nach Hause, betonen aber friedfertig, sie kämen wohl im darauffolgenden Jahr wieder.

Bhabha deckt an dieser Stelle (unter Hinzuziehung weiterer literarischer Beispiele) das Potenzial der internen Differenz innerhalb des englischen kolonialen Diskurses auf. Zunächst scheint es nämlich so zu sein, dass „diese der zivilisatorischen Mission entstammenden Texte unmittelbar auf den Triumph des kolonialistischen Moments in der frühen englischen Missionsbewegung ebenso wie in der modernen englischen Literatur" verweisen. „Die Entdeckung des Buches", so führt Bhabha weiter aus, „etabliert das Zeichen der angemessenen Repräsentation: das Wort Gottes, der Wahrheit, der Kunst schafft die Bedingungen für einen Anfang, eine Praxis von Geschichte und Narrative" (Bhabha 2000, S. 154). Tatsächlich aber macht Bhabha gleichzeitig eine „*Entstellung*, ein[en] Prozeß der Deplazierung, Verzerrung, Verrückung, Wiederholung" (Bhabha 2000, S. 154) aus, die – wie die Fragen der indischen Menschen – die koloniale Autorität mit ihrem gedruckten Wort der Wahrheit ins Wanken bringt. Die vermeintliche Macht der englischen Sprache und Schrift zur Beherrschung der Kolonisierten dekonstruiert Bhabha auch anhand der Kolonialpolitiken von etwa Warren Hastings oder Charles Grant und nicht zuletzt am Beispiel des sog. „Burdwan-Plans" der Kirchlichen Missionsgesellschaft von 1818, in der die Einheimischen die englische Sprache lernen sollen, um als (Befehls-) Übersetzer und als Missionare ihr eigenes Volk dazu zu bringen, den Arbeitsbefehlen der Kolonialherren und der christlichen Religion zu gehorchen (vgl. Bhabha 2000, S. 156 f.).

Nun ist aber – und das hat die Passage mit der eigenwilligen Auslegung des Bibeltextes durch die Inder gezeigt – die englische Sprache keineswegs so eindeutig, autoritär und damit erfolgreich, wie es zunächst scheint. Bhabha begründet dies mit der semiotisch-diskursiven Anlage der Differenz und besteht auf der Ambivalenz der sprachlichen Bedeutung(smacht). Macht und Ohnmacht der englischen Kolonialsprache liegen gewissermaßen direkt aufeinander und sind mit einem besonderen Begriff der Transparenz und der Oberfläche verbunden. Die Ambivalenz des englischen Zeichens findet ihre Entsprechung nämlich in einer Art Zwischenraum, der sich zwischen Beherrschung und Angst bzw. Begehren ansiedelt – ähnlich wie die doppelte Begehrens-Angst-Struktur von Stereotyp oder Fetisch. „[Z]wischen dem Edikt des Englischseins und dem Angriff auf die finsteren, aufsässigen Räume der Erde" (Bhabha 2000, S. 158) entsteht allerdings „weder ein sorgloser, unschuldiger Traum von England noch eine ‚sekundäre Re-vision' des Alptraums Indien, Afrika oder Karibik" (Bhabha 2000, S. 159). Diese Idee der Revision oder Verrückung bestimmt den Zwischenraum: Das englische Buch taucht in der kolonialen Situation auf und ist damit nicht ‚ursprünglich' oder ‚ur-englisch', sondern eingeschrieben in einen Kontext kolonialer Differenz, sich selbst bestätigend und untergrabend in der ständigen Wiederholung (des gedruckten oder gesprochenen englischen autoritären Wortes). „Demzufolge ist die koloniale Präsenz immer ambivalent und zwischen ihrem ursprünglichen und autoritativen Anschein und ihrer Artikulation als Wiederholung und Differenz gespalten" (Bhabha 2000, S. 159) .

Die Repräsentation der kolonialen Autorität kann sich also nicht (mehr) auf ein „universale[s] Symbol englischer Identität" stützen, sondern beruht – und dies ist höchst beunruhigend – auf „der Produktivität dieses Symbols als Zeichen der Differenz" (Bhabha 2000, S. 160). An dieser Stelle wird die semiotisch-diskursive Grundierung des Differenzbegriffs erneut sichtbar. Bhabha nähert sich nämlich der Idee des Zeichens der ambivalenten kolonialen Autorität auf semiotischer Ebene über einen Verweis und die Weiterführung der doppelten Einschreibung nach Derrida (vgl. Bhabha 2000, S. 159 f.). Die Annahme der Ambivalenz bringt einen Begriff von Repräsentation und Referenz mit sich, den Bhabha schon in seiner Idee der Tiefendimension ausgeführt hat und den er in ähnlicher Weise mit einer spezifischen Idee von Transparenz verbindet. Ausgangspunkt ist dabei folgende Frage: Wenn es keine Repräsentation eines ursprünglichen Englischseins auf der einen Seite und keine schlichte Anerkennung der Autorität auf der anderen Seite gibt, wie lässt sich dann Repräsentation bzw. die Referenz einer „offenkundigen Präsenz" denken (Bhabha 2000, S. 160)? Bhabha benennt die Funktion des Buches wie folgt: „Das Buch behält seine Präsenz, aber es ist nicht mehr die

Repräsentation einer Essenz; es ist nunmehr eine partielle Präsenz, ein (strategisches) Mittel in einem spezifischen kolonialen Projekt, eine Begleiterscheinung der Autorität" (Bhabha 2000, S. 169). Repräsentiert wird hier also keine unmittelbare Präsenz (des Englischen) (vgl. zur Unmöglichkeit der Referenz auch Bhabha 2000, S. 244), sondern eine spezifische Anordnung diskursiver Zeichen, die sich in einem von Machtverhältnissen beeinflussten Prozess formieren. Dabei ist sowohl die Idee der Anordnung als auch der Prozessualität von zentraler Bedeutung. Die Anordnung ist nämlich eng mit dem Begriff der Transparenz verknüpft, welche eben nicht eine schlichte Repräsentation der realen Gegenwart meint. Anordnung meint für Bhabha das Spektrum von „,disponieren/verfügen' bis ‚Disposition/Neigung'" und ist darüber mit dem Transparenzbegriff unmittelbar verbunden:

> „Transparenz ist der aktive Vorgang der Distribution und des Arrangements differentieller Räume, Positionen und Kenntnisse in Relation zueinander und relativ zu einer diskriminatorischen, nicht inhärenten Ordnung. Dies bewirkt eine Regulierung von Räumen und Orten, die autoritativ zugewiesen wird [...]. Eine solche Form der Kontrolle zielt auf eine Verhaltensform, die zwischen Anordnung (disposal) [...] und Disposition (disposition) [...] keinen wirklichen Unterschied macht. [...] Transparenz bewirkt einen Autoritätseffekt in der Gegenwart [...] durch einen Prozeß [...]" (Bhabha 2000, S. 161).

Dieser Prozess, eine Art ‚Beweglichkeit' in den Referenzstrategien, lässt sich wieder auf Bhabhas dekonstruktivistisches Denken der Differenz zurückführen. Denn innerhalb „des Systems der ‚Anordnung' [...] ist der Ort der Differenz und Andersheit – oder der Raum des Gegnerischen – niemals gänzlich außerhalb oder unversöhnlich oppositionell" (Bhabha 2000, S. 162). „Die Kontur der Differenz", so fährt Bhabha dann fort, „ist agonistisch, flottierend, spaltet sich auf, ähnlich wie in Freuds Beschreibung des Systems des Bewußtseins, das eine räumliche Position zwischen Außen und Innen einnimmt und eine Oberfläche bildet [...]." (Bhabha 2000, S. 162) An dieser Oberfläche geht es nicht um die Wahrheit des englischen Wortes selbst, sondern um den Status der Wahrheit, also die diskursive Konstruktion und das Zusammenspiel mit der Anerkennung der kolonialen und religiösen Autorität (vgl. Bhabha 2000, S. 162 f.).

Die diskursive Anordnung, also die Platzierung von wahr und falsch, von Macht und Ohnmacht usw., wird sichtbar – und damit führt Bhabha eine weitere Konnotation von Transparenz ein: das optische Transparent-Sein und die An-erkennung. Dieses visuelle Moment „beruht auf der unmittelbaren [...] Sichtbarkeit ihrer Erkenntnisregeln" (Bhabha 2000, S. 163).[12] Wichtig ist die Dimension der Anerkennung auch aus dem Grund – und damit können wir an die Ignoranz der Menschen gegenüber dem ‚Taufangebot' des Missionars wieder anknüpfen –, da sie Bhabha erlaubt, ‚Widerstand' zu denken (hier schließt Bhabha später auch sein Konzept der „tückischen" Imitation, der Mimikry an, vgl. dazu das entspr. Kapitel in diesem Band). Widerstand greift nämlich genau in die Ambivalenz des kolonialen Diskurses ein und in die Prozessualität der kulturellen Differenz, in die gleichzeitige Präsenz der kolonialen Macht und die Wiederholungen und Deplatzierungen. Damit ist Widerstand nicht einfach nur eine Antithese auf der inhaltlichen Ebene oder ein Gegen-Diskurs, wenn man an den Prozess der Signifikation denkt. „Widerstand", so schreibt Bhabha konzise, „ist weder zwangsläufig ein politisch motivierter oppositioneller Akt, noch stellt er einfach die Negation oder den Ausschluß des ‚Inhalts' einer anderen Kultur als einer einmal wahrgenommenen Differenz dar. Er ist das Resultat einer Ambivalenz, die innerhalb der Erkenntnisregeln der dominanten Diskurse produziert wird, während sie die Zeichen kultureller Differenz artikulieren [...]" (Bhabha 2000, S. 163).

Auf der Ebene des Subjekts ist die Transparenz ebenfalls äußerst wirksam. Die Sichtbarkeit des Anderen – seine Transparenz –, die über stereotype Bilder evoziert wird, wirkt durch die Perspektive auf die Ambivalenz im Verhältnis von Kolonisator und Kolonisiertem identifizierend auf die Subjektivierung zurück und hinterlässt dort inhärente Spuren: „Aus der Metapher des Sehens [...] tritt die Deplazierung der kolonialen Beziehung hervor. Die Präsenz des Schwarzen trifft auf die repräsentative Geschichte *(narrative)* der westlichen Personenschaft: ihre Vergangenheit, die an verräterische Stereotype von Primitivismus und Degeneration gekettet ist, wird keine Geschichte des bürgerlichen Fortschritts [...] hervorbringen; ihre Gegenwart, [...] wird niemals das Bild der Identität enthalten [...]. Der Blick des Weißen bricht den Körper des Schwarzen auf, und dieser Akt epistemischer Gewalt überschreitet seinen eigenen Bezugsrahmen und trübt damit auch sein Blickfeld" (Bhabha 2000, S. 60).

In diesem Zitat finden sich mehrere zentrale Aspekte: die Funktionen der Blickachsen, die bereits erläuterte Zerstörung eines (aufklärerischen) Geschichts- und Menschenbilds, die Problematik der Identifikation, das Bild als Metapher und die wechselseitige Affizierung in diesem Verhältnis. Damit verändert sich das

---

12 In der deutschen Übersetzung wird zurecht darauf hingewiesen, dass „recognition" sowohl „Erkenntnis" als auch „Anerkennung" im Deutschen meint. Damit kann Bhabha gleichzeitig seine Idee der Sichtbarkeit und der Annahme deutlich machen. Vgl. zur Anerkennungsproblematik auch die Ausführungen im letzten Kapitels dieses Bandes.

Verhältnis von Subjekt und Objekts des Sehens, oder, allgemeiner: Die Autorität wird in Frage gestellt. Bhabha folgt nun Fanon in seiner psychoanalytischen Perspektive auf diese psychische wie soziale koloniale Entfremdung. Die Aggression, mit der die Kolonialgewalt gegen diese eigene Entfremdung vorgeht, liest Bhabha (im Gegensatz zu Fanon) als konstitutiven Teil bürgerlicher Autorität.

Daraus resultieren zwei Erkenntnisse: erstens, dass der Fremde dem Selbst inhärent ist: „Die ambivalente Identifikation mit der rassistischen Welt […] basiert auf der Idee vom Menschen als seinem entfremdeten Bild; nicht Selbst und Anderer, sondern die Andersheit im Selbst […]" (Bhabha 2000, S. 65); und zweitens, dass der ‚Schwarze' Objekt des weißen Begehrens ist und mehr noch, in den Worten Fanons: „[D]ie schwarze Seele ist […] häufig genug eine Konstruktion des Weißen" (Fanon nach Bhabha 2000, S. 65). Bhabha unterstreicht Fanons Erkenntnis, dass die Imaginationen des Anderen in das Selbst eingeschrieben sind, wie „das phobische Bild […] des Kolonisierten tief in das psychische Muster des Westens verwoben" ist (Bhabha 2000, S. 94). „Das Subjekt des Diskurses kultureller Differenz", so resümiert Bhabha in seinem Aufsatz „DissemiNation", „ist durch Dialog oder im psychoanalytischen Sinne durch Übertragung charakterisiert. Es konstituiert sich durch den Ort des Anderen, was sowohl bedeutet, daß das Objekt der Identifikation ambivalent ist, als auch, und das ist noch bedeutsamer, daß der aktive Vorgang der Identifikation nie rein oder holistisch ist, sondern immer nur einem Prozeß der Substitution, De-plazierung oder Projektion entsteht" (Bhabha 2000, S. 242).

Differenz-Schreiben

Die Annahme der sprachlichen Verfasstheit kultureller Differenz ist für den Literaturwissenschaftler Bhabha auch (und vermutlich vor allem) auf der Ebene ihrer literarisch-ästhetischen Gestaltung relevant. Hier sieht er die „Macht der Sprache" am Werk und die „Gewalt des poetischen Zeichens", die durch die Artikulation von Differenz entsteht. Im Haus der Fiktion, so führt Bhabha Anfang der 1990er Jahre aus, „you can hear, today, the deep stirring of the ‚unhomely'." (Bhabha 1992b, S. 141) Die Sphären von Vertrautem und Unbekanntem, von Heimlichem und Unheimlichem durchdringen sich in der Literatur, die schockartig neue Räume aufschließt und etwa das Wort „bomb" in Bombay als ein „wonderful image of this city of ‚too-many persons' and too many stories" erkennbar werden lässt (Bhabha 2004a, S. xxiii). Anders gesagt erkennt Bhabha die inhärente Differenz und das Moment der Ambivalenz in ihren vielfältigen Ausprägungen in der Literatur als „Moment der ästhetischen Distanz" (Bhabha 2000, S. 20). Literatur oder „‚unheimliche' Fiktionen" (Bhabha 2000, S. 18) können eine eigene Wirklichkeit in einem Zwischenraum formulieren – Bhabha findet in ihr (hier in einem Text von Naipaul) sogar „my small corner of the world of letters – a postcolonial place" (Bhabha 1992b, S. 142). „Die Stärke der kulturellen Differenz", betont Bhabha, „besteht [...] in der gewaltsamen Verletzung einer bedeutungskonstituierenden *Raumgrenze* [...]. Erst wenn wir die Gewalt *(violence)* des poetischen Zeichens innerhalb der Gefahr politischer Grenzverletzung *(political violation)* ansiedeln, können wir die ganze *Macht* der Sprache verstehen." (Bhabha 2000, S. 88)

Die Wirkungsweise der kulturellen Differenz in der Literatur führt Bhabha im Besonderen seinem Aufsatz „Die Artikulation des Archaischen" (Bhabha 2000, S. 181–206) aus. Dabei zeigt der Untertitel die Perspektive an, die Bhabha einnimmt: „Kulturelle Differenz und kolonialer Unsinn" überschreibt er seinen Beitrag, in dem die Kolonialliteratur einer kritischen Lektüre unterzieht. Überraschenderweise bringt Bhabha jedoch keine Rassismus oder koloniale Gewaltpraktiken entlarvenden Argumente gegen die literarischen Texte in Anschlag, sondern betont die Momente der Unsicherheit und Ohnmacht inmitten der Artikulation kolonialer Macht. Die „Kolonial"-Literatur der frühen Moderne (wie Bhabha selbst in Anführungszeichen setzt) artikuliert nämlich „ein weiteres, ominöses Schweigen, das einer archaischen kolonialen ‚Andersheit' Ausdruck verleiht, in Rätseln spricht und ordnungsgemäße Namen und Orte auslöscht. Dieses Schweigen verwandelt imperialen Triumphalismus in ein Zeugnis kolonialer Verwirrung, und diejenigen, die sein Echo hören, verlieren ihre historischen Erinnerungen." (Bhabha 2000, S. 182) Die komplexe kulturelle Erinnerung wird in diesen Romanen von einer Stimme formuliert, die sich laut Bhabha zwischen der „melancholischen Heimatlosigkeit des modernen Romanciers und der Weisheit des seher-gleichen Geschichtenerzählers" (Bhabha 2000, S. 182) ansiedelt. Unter Bezugnahme auf einige Textpassagen bei Conrad schlussfolgert Bhabha, dass sich in dem Maße, wie sich das unheimliche Schweigen ausbreitet, auch die Zeichen der Identität und Realität auflösen.

Jene Auflösungen macht Bhabha in seinen Textanalysen sichtbar. Das Heulen einer Eule etwa oder das im Sterben ausgespuckte Gestammel eines Kolonisators, wie sie in der Literatur bei Conrad oder Forster zu finden sind, werden radikal umgedeutet und sind nach Bhabha demgemäß nicht die Zeichen einer (primitivistischen) Alterität, sondern die vermittels Sprache formulierte Verhöhnung des kolonialen Unsinns (vgl. Bhabha 2000, S. 183 f.). Koloniale Autorität spricht demnach nicht eine machtvolle und -sichernde Sprache, sondern zeichnet sich durch Differenz aus, die den Sinn zum Unsinn werden lässt: „Sie [die Worte des Todesrufs einer Eule in Conrads *Nostromo,* K. S.] offenbaren die Entfremdung zwischen dem Mythos von der transformierenden Kraft der Kultur als einer universalen und sozial generalisierbaren Sprache und ihrer tropischen Funktion als wiederholte ‚Übersetzung' inkommensurabler Lebens- und Bedeutungsebenen. Die Artikulation von Unsinn ist die Anerkennung eines angstbesetzten, widersprüchlichen Ortes zwischen dem Menschlichen und dem Nicht-Menschlichen, zwischen dem Sinn und Un-Sinn." (Bhabha 2000, S. 184)

Mit einem Seitenblick auf Lacan Bhabha sieht hier etwas am Werke, was er als Arbeit am Wort identifiziert. Dabei stehen Bedeutungskonstitution, Kultur und Differenz in einem immanenten Zusammenhang. Differenz als diskursives Moment funktioniert ohne ein stabiles, mächtiges, eindeutig identifiziertes Subjekt: „Die Frage der Signifikation ergibt sich im kulturellen Da-zwischen, am Punkt der kulturellen Artikulation von Identität und Verschiedenheit. Das ist nicht einfach eine sprachliche Angelegenheit; es ist die Frage danach, wie Kultur Differenz – Sitten, Worte, Rituale, Gebräuche, Zeit – repräsentiert, eine Differenz, die *ohne* ein wissendes transzendentes Subjekt, außerhalb einer mimetischen sozialen Erinnerung und über den [...] Kern des Un-sinns hinweg eingeschrieben wird." (Bhabha 2000, S. 185)

Die Artikulation im Dazwischen zeigt Bhabha auch anhand von Beispielen etwa der indischen Kolonialgeschichte des 19. Jahrhunderts auf. Dort macht er einen „Artikulationsmodus [...] zwischen kulturellem Wissen und den Gepflogenheiten der Macht" aus, der als „diskursive Figur" immer dann zutage tritt, „wenn die Unmöglichkeit, die Differenz der kolonialen Kultur zu benennen", (Bhabha 2000, S. 191) auftaucht. Diese Figuren der Unmöglichkeit – die Unmöglichkeit der autoritären Sprache, der eindeutigen Identifizierung, der Festschreibung des Anderen – stehen im Zeichen der Differenz als Ambivalenz; sie verweisen auf eine Art ‚Kippmoment der Macht'. Bhabha nennt dies die „Aporie in der Einschreibung des Empire" in Texten der indischen Kolonialgeschichte (Bhabha 2000, S. 192). Und dieses aporetische Moment zeigt er im Besonderen in den Zeitstrukturen auf, wenn er in den Texten eine „Spalt-Sekunde *(split-second)*" ausmacht, „jene ambivalente Temporalität" in der Gegenwart, eine „Wende vom Evolutionismus zum Diffusionismus" und damit – in Anlehnung an den Historiographen John Burrow – eine grundsätzliche „Ambivalenz [, die] geradezu repräsentativ für die koloniale Regierungsform" ist (Bhabha 2000, S. 192). Dies zeigt Bhabha anschaulich an der Rolle Indiens, das in gleichem Maße Bestätigung und Einschreibung in das Kolonialsystem ist, wie es sich diesem immer wieder entzieht und die Autorität des kolonialen Diskurses unterläuft (vgl. Bhabha 2000, S. 193). Indien bleibt ambivalent und unentscheidbar und stellt sich auf diese

Weise (und gerade nicht im antikolonialistischen Widerstand) dem Herrschaftssystem entgegen.

Signifikant ist dabei, dass Bhabha diese Widerstandsform der Ambivalenz bereits in Kolonialtexten ausmacht, also nicht erst in chronologisch verstandenen postkolonialen Literaturen, in denen sich der politische Widerstandskampf niedergeschlagen hat. Bhabha kommentiert dies selbst wie folgt: „Ich bin mehr und mehr zu der Überzeugung gekommen, daß die Begegnungen und Verhandlungen differentieller Bedeutungen und Werte innerhalb der ‚kolonialen' Textualität sowie deren staatliche Diskurse und kulturelle Praktiken schon *avant la lettre* viele der Problemstellungen von Signifikation und Urteil vorweggenommen haben, die in der zeitgenössischen Theorie zum Thema geworden sind – wie etwa Aporie, Ambivalenz, Indeterminiertheit, die Frage der diskursiven Abschließung, die Bedrohung der Handlungsfähigkeit, der Status der Intentionalität, die Infragestellung ‚totalisierender' Konzepte, um nur einige wenige zu nennen." (Bhabha 2000, S. 258)

Um zu verdeutlichen, welches spezifische Potenzial Bhabha dieser Unentscheidbarkeit zuschreibt, bedient er sich erneut der Idee der „materiellen Wiederholbarkeit der Aussage" nach Foucault bzw. unterzieht ihn einer Relektüre (Bhabha 2000, S. 194). Hier führt er die Konzeption der Wiederholung als eine Form ein – und diese Funktionsweise ist ja bereits aus den Mechanismen des Stereotyps bekannt –, die mit Entfremdung einhergeht: „Wiederholbarkeit, wie ich sie verstehe, ist immer die Wiederholung im Akt der Äußerung selbst, etwas anderes, ein Unterschied, der so, wie Foucault schließlich die Repräsentierbarkeit der Aussage definiert, etwas Unheimliches an sich hat […]." (Bhabha 2000, S. 194) Und diese Unentscheidbarkeit, die durch die Wiederholung von Gemeinplätzen oder Stereotypen erreicht wird, affiziert immer beiden Seiten des kolonialen Machtverhältnisses. Sie ist dabei kein „Kampf von Widersprüchen" oder „ein Antagonismus dialektischer Gegensätze", die auf eine Anerkennung oder Auflösung hinzielen, „es gibt lediglich den versklavten Herren und den unbeherrschbaren Sklaven." (Bhabha 2000, S. 195)

Unter Bezugnahme auf Fanon entwickelt Bhabha somit seine Idee „der diskursiven und affektiven Ambivalenz", die er dem „archaischen Unsinn der kolonialen kulturellen Artikulation zugeschrieben" hat (Bhabha 2000, S. 195). Dieser Unsinn wird durch eine Verdoppelung oder Spaltung widersprüchlicher, multipler Einstellungen an einem einzigen Ort verursacht. Der koloniale Unsinn kann dabei zwei Konsequenzen haben: Die zahlreichen Überzeugungen können einerseits Zeichen der Angst vor kultureller Differenz sein, die darin aufgefangen werden sollen, produzieren andererseits aber gleichzeitig neue Differenzierungen. Dieses Moment der Spaltung ist für Bhabha „eine Form artikulatorischer, intellektueller Unsicherheit und Angst, die sich aus der Tatsache ergibt, daß es sich bei Verleugnung nicht lediglich um ein Prinzip der Negation oder Elision handelt; sie ist auch eine Strategie der Artikulation widersprüchlicher und nebeneinanderher bestehender Annahmen." (Bhabha 2000, S. 196) Bhabha insistiert unter Rückgriff auf die Psychoanalyse auf dem genauen Verständnis des Konzepts der Verleugnung, denn sie ist nicht Verdrängung. Die Verleugnung ist die affektiv aufgeladene Reaktion auf die Sichtbarkeit der Differenz. Er erläutert, „daß der Prozeß der Verleugnung, selbst wenn er die Sichtbarkeit der Differenz negiert, eine Strategie für die Verhandlung der Kenntnisse der Differenzierung produziert. Diese Kenntnisse verleihen dem Trauma Sinn und bilden einen Ersatz für die Absenz der Sichtbarkeit. Eben dieses Wechselspiel der kolonialen Äußerung der Idee der Kultur, der am Punkt ihrer Auslöschung artikulierten Kultur, läßt die disziplinären Bedeutungen von Kultur überhaupt zu einem Un-sinn werden. Zu einem kolonialen Un-sinn allerdings, der mächtige, wenn auch ambivalente Strategien kultureller Autorität und kulturellen Widerstands produziert." (Bhabha 2000, S. 196)

Als weiteres Beispiel für einen solchen Unsinn inmitten kolonialer Sinnstiftung dienen Bhabha Texte aus der missionarischen Pädagogik der 1830er Jahre, deren Strategie zur Bekehrung nicht die der Überzeugung, sondern die des Zweifels war. Der Zweifel gilt dabei nicht den Inhalten des heidnischen Glaubens; vielmehr wird der Ort des Sprechens selbst für die Kolonisierten problematisch gemacht (vgl. Bhabha 2000, S. 197 ff.). Durch diesen Zweifel wird sogar die Idee jener transzendentalen Wahrheit, welche in metaphysischen Sinnsystemen oder religiösen Weltanschauungen liegt, untergraben. „Was der von der Anomalie der kulturellen Differenz hervorgebrachten intellektuellen Unsicherheit zugrunde liegt, ist eine Frage der De-plazierung der Wahrheit, deren Ort sich sowohl zwischen als auch jenseits der Hybridität von Bildern der Regierungsform […] befindet. Es handelt sich um eine De-plazierung der Wahrheit in der kulturellen Identifikation selbst oder um eine Ungewißheit in der Struktur von ‚Kultur', verstanden als Identifikation einer bestimmten diskursiven menschlichen Wahrheit. Einer Wahrheit des Menschlichen, ihre menschliche Bedeutung, die Autorität ihrer Äußerungsweise bestätigt." (Bhabha 2000, S. 199) „Ich meine, daß das Zwangs-Bild *(coercive image)* des kolonisierten Subjekts einen Verlust – oder ein Fehlen – von Wahrheit produziert, der seinerseits eine unheimliche Wahrheit über die kolonialistische kulturelle Autorität und ihren figurativen Raum des Menschlichen artikuliert." (Bhabha 2000, S. 201) Wichtig ist hier die Unterscheidung, aber simultane Wirkungsweise von Imitation und Identität, die Bhabha differenzierend einführt: „In der modernen *episteme* erfordert kulturelle Autorität zugleich Imitation und Identifikation. [...] Denn im psychoanalytischen Sinne bedeutet ‚Imitieren' Anklammern an die Verleugnung der Grenzen des Ego; ‚Identifizieren' bedeutet Anpassung auf dem Weg über den Konflikt." (Bhabha 2000, S. 202f.) Im Zwischenraum zwischen Identifizierung und Imitation wirkt die koloniale Paradoxie.

Die Ambivalenz inmitten autoritären, kolonialen Sprechens spielt auch in Bhabhas Aufsatz zur „Schlauen Höflichkeit" bzw. „Vorgetäuschten Bürgerlichkeit"[13] eine zentrale Rolle. In diesem Aufsatz geht es zentral um Wirkungsweisen kolonialer Autorität, in diesem Falle um die Bemühungen der kolonialen, britischen Regierung, mittels schriftlicher Anweisungen und Reglementierungen die Kontrolle über die Kolonie Indien zu halten. Eine wichtige Referenz ist dabei John Stuart Mill, der als Mitglied der britischen Kolonialverwaltung in „Britisch-Indien" einerseits die Korrespondenzen überprüfte und damit die Schriftstücke überwachte, in denen koloniale Machtausübungen angewiesen wurden, und andererseits ein Vertreter der eindeutigen Rede war.

John Stuart Mill (1806–1873) ist insbesondere in seiner Doppelrolle für die postkoloniale Theoriebildung interessant: Er war einer der bekanntesten britischen Philosophen und Ökonomen des 19. Jahrhunderts und zudem Verwalter der britischen Kolonie in Indien. Mills Philosophie ist stark durch den Liberalismus (*On liberty* von 1859) und der von ihm maßgeblich entwickelten Ethik des Utilitarismus (*Utilitarism* von 1861) geprägt (vgl. Mill 1986 und 2006). Beiden philosophischen Richtungen ist gemein, dass sie dem individuellen Interesse einen zentralen Stellenwert einräumen: Der Liberalismus toleriert politische Staatsformen nur dann, wenn sie dem individuellen Wohl dienen; der Utilitarismus zielt auf das Glück der Mehrheit ab. Die persönliche Glückssuche endet demnach genau dort, wo andere Individuen konträre Interessen verfolgen. Zur Einführung in das Werk Mills vgl. bspw. Kuenzle und Schefczyk 2009.

---

13 Im Original heißt der Beitrag „Sly Civility", was, so auch die Anmerkungen der Übersetzung, zugleich schlaue Höflichkeit und vorgetäuschte Bürgerlichkeit bedeutet. Den Titel bezieht Bhabha aus einer in diesem Artikel von ihm zitierten Rede des Erzdiakons Pott aus dem Jahr 1818, der vor der verschlagenen und vorgetäuschten Annahme christlicher Vorstellungen durch die Kolonisierten warnt (vgl. Bhabha 2000, S. 146 f.).

Mill vertritt eine die koloniale Autorität prägende Vorstellung von Bürgerlichkeit, die „im beseelten Klang der *vox populi,* [...] in Gestalt des Individuums an der öffentlichen Diskussion [...] teilnimmt." (Bhabha 2000, S. 139) Dass dies keineswegs demokratisch über die Machtgrenzen der Kolonisatoren hinaus gemeint ist, räumt Bhabha unmittelbar ein, denn auch Mill akzeptiert nur eine Einstimmigkeit im Sinne der nationalistischen Ideologie. Damit wird auch deutlich, dass das Prinzip der freien Rede im Sinne einer westlichen, individualistischen Meinungsäußerung in einer (politischen) Öffentlichkeit auch als „Strategie zur Kontrolle des kulturell und ethnisch differenzierten kolonialen Raums" gemeint ist (Bhabha 2000, S. 139). Denn der „unberechenbare Einheimische produziert in den literarischen und juristischen Diskursen ein Problem für die bürgerliche Repräsentation." (Bhabha 2000, S. 147) Nun führt Bhabha eine apologetische Rede von Thomas B. Macauly[14] an, der behauptet, dass die Anordnungen „mit gerechten und humanen Gefühlen" verbunden sind und erst die Interpretation und Umsetzung jener Anweisungen dazu führen, dass die Kolonisatoren „der Vater und der Unterdrücker der Menschen, [...] gerecht und ungerecht" sind (Macauly nach Bhabha 2000, S. 141). Bhabha beschreibt diesen Raum der Interpretation als eine „Landkarte der Fehllektüre, die „[z]wischen dem westlichen Zeichen und seiner kolonialen Signifikation" entsteht, und liest ihn in seiner Logik der grundsätzlichen Ambivalenz in der kolonialen Situation (Bhabha 2000, S. 141). Wieder betont er die „Doppeltheit des kolonialen Diskurses", der sich „nicht einfach [als] die Gewalt einer mächtigen Nation, die die Geschichte einer anderen schreibt" artikuliert, sondern „sowohl den Kolonialherrn als auch den Kolonisierten neu einschreibt." (Bhabha 2000, S. 142)

An dieser Stelle ist zunächst von Bedeutung, dass Bhabha abermals die Bedrohung kolonialer Autorität durch ihre inhärente ambivalente Struktur betont: Vater und Unterdrücker, schreibt Macauly. Dies dient Bhabha als Bild für die gleichzeitige, widersprüchliche Beschaffenheit des Kolonisators, die nicht „in einem dialektischen Spiel der Macht aufgelöst werden kann" (Bhabha 2000, S. 144). Die Autorität selbst nimmt einen transversalen, flottierenden Charakter an: „Zwischen der bürgerlichen Äußerungsrichtung und der kolonialen Signifikation [...] pendelt der Signifikant der Autorität hin und her, auf der Suche nach einer Strategie der Überwachung. [...] Sowohl der Kolonialherr als auch der Kolonisierte befinden sich in einem Prozeß der Verkennung, in dem jeder Identifikationspunkt im-

---

14 Es handelt sich hier um eine 1835 gehaltene Rede vor dem Britischen Parlament zur Bildungsproblematik in Indien. Macauly formuliert das Anliegen, dass man in Indien eine vermittelnde indische Oberschicht ausbilden müsste, die die britische Kolonialmacht in der Regierung des Landes unterstützt (vgl. dazu auch Huddart 2006, S. 61).

mer eine partielle und doppelte Wiederholung der *Andersheit* des Selbst ist – Demokrat und Despot, Individuum *und* Diener, Eingeborener und Kind." (Bhabha 2000, S. 144) Um dieses „und" geht es Bhabha, wenn er den kolonialen Signifikanten als ambivalente Figur beschreibt, die *„weniger als eines und zugleich doppelt (less than one and double)* ist." (Bhabha 2000, S. 144) Bhabha knüpft an die beidseitige Affizierung des Kolonisators und des Kolonisierten nochmals an. Die Kontrolle über die Kolonisierten zwingt sie nicht nur in ein spezifisches Territorium (das Bhabha in einem anregenden Exkurs etymologisch auf „terra", Erde, und „terrere", erschrecken, zurückführt (vgl. Bhabha 2000, S. 147), sondern fordert sie auch auf, die koloniale Autorität anzuerkennen. „[D]ie Kehrseite der narzißtischen Autorität [könnte daher] der Verfolgungswahn der Macht" sein (Bhabha 2000, S. 148). Dieser Verfolgungswahn, oder die Sprache der Paranoia, wie Bhabha sie nennt und damit auf das Eingangszitat von Freud zurückkommt, kann sich eben soweit steigern, dass der Kolonisator nicht nur vom Anderen anerkannt werden, sondern sogar geliebt werden will.

Bhabha wendet schließlich sein Konzept der Differenz als Moment der Ambivalenz, Unsicherheit und Unentschiedenheit, in dem sich Neues zu artikulieren vermag, auch auf theoretische Texte und die postkoloniale Kritik selbst an. In seinem Essay „Frage der Identität" (Bhabha 2000, S. 59–96) etwa legt Bhabha sein Denken kultureller Differenz an das Werk Fanons, der ihm als paradigmatisches Beispiel für die Formulierung postkolonialer Dekonstruktion und für die Verschränkung theoretischer und poetischer Schreibweisen dient. Bhabha unterstreicht jene Passagen im Werk Fanons, in denen Fanon die „Position der Zwischenräume des historischen Wandels", die aus „dem Bereich der Ambivalenz zwischen Rasse und Sexualität, aus einem ungelösten Widerspruch zwischen Kultur und Klasse, aus den tiefsten Tiefen des Kampfes zwischen psychischer Repräsentation und sozialer Realität" (Bhabha 2000, S. 59) erwächst. Immer dann also, wenn Bhabha in Fanons Schreiben eine Unentschiedenheit, eine „Pause" (Bhabha 2000, S. 59) zwischen den Binaritäten entdeckt, ist dies für Bhabhas theoretische Überlegungen zur Dekonstruktion (post)kolonialer Dichotomien besonders fruchtbar. Zudem ist die Fanons Stellung zwischen den theoretischen, wissenschaftlichen Disziplinen so bemerkenswert. Denn Fanons Werk ist „zwischen einer hegelianisch-marxistischen Dialektik, einer phänomenologischen Behauptung des Selbst und des Anderen und der psychoanalytischen Ambivalenz des Unbewußten gespalten." (Bhabha 2000, S. 60) Dementsprechend stellt Bhabha auch das Fanon'sche Schreiben als eines heraus, das theoretische Argumentation mit soziologischen Beobachtung und literarischem Schreiben zu verbinden versteht (vgl. Bhabha 2000, S. 61).

Die Kraft der Fanon'schen Anklagen und Visionen liegt nach Bhabha – neben der dekonstruktivistischen Pause – darin, dass sie sich aus einer Tradition der Unterdrückten speist, die ihre Sprengkraft in zwei zentralen Punkten entfaltet: Einerseits stellt sie die Vorstellung einer teleologischen und linearen Geschichte des Westens radikal in Frage, andererseits greift sie die westliche aufklärerische Idee vom Menschen grundsätzlich an. Der Widerstand oder schlicht nur die antithetische Position ,des Schwarzen' gegenüber der Kolonisation ,des Weißen' führt zu einer grundlegenden Entfremdung, die „soziale und psychische Repräsentation des menschlichen Subjekts" wird grundlegend gestört (Bhabha 2000, S. 61). Bhabha begründet dies zum einen damit, dass sich die Infragestellung der Geschichte und des Menschen nicht einfach auflösen lassen in Vorstellungen eines liberalen Humanismus (im Sinne von Menschenrechten) oder einer generellen Frage nach dem Sein, also dem ontologischen Status des Menschen (vgl. Bhabha 2000, S. 63). Zum anderen macht Bhabha – wie wir gesehen haben – die Problematik in der wechselseitigen Verstrickung ,des Weißen' und ,des Schwarzen' in der kolonialen Situation aus.

Mit dem Differenzbegriff drängt Bhabha auf die konsequente Betonung der Unmöglichkeit, koloniale Dichotomien und Machtverhältnisse als solche zu beschreiben. Stattdessen muss dieser koloniale Un-sinn unter postkolonialen Vorzeichen immer wieder hervorgehoben und damit der Blick auf die Zwischenräume, die Pausen und Störbilder – „jene verborgene Gleichgewichtsstörung" (Bhabha 2000, S. 58) gelenkt werden. „Es geht hier", so konkretisiert Bhabha, „um die performative Natur differentieller Identitäten: um die Regulierung und Verhandlung jener Räume, die sich beständig, *kontingent*, ,nach außen öffnen', welche die Grenzen neu ziehen [...]. Solche Zuweisungen sozialer Differenzen [Klasse, Geschlecht oder Rasse, K. S.] – bei denen die Differenz weder Eines noch das Andere, sondern *etwas anderes daneben, da-zwischen* – ist, finden ihre Handlungsmacht in einer Form der ,Zukunft', in der die Vergangenheit nicht ursprünglich und in der die Gegenwart nicht einfach ein Übergang ist." (Bhabha 2000, S. 327) Jenseits einer hegelianischen Dialektik also bezeichnet diese in sich widerständige, widersprüchliche, ja widerspenstige und ambivalente ,Zone der Differenz' keine Trennlinie sondern einen externen wie internen Grenzraum der Ambivalenz und der kultureller Verschränkungen – ein Prozess, den Bhabha mit dem Begriff Hybridität bezeichnet.

„Im Prozeß der Übersetzung wird ein weiterer politischer und kultureller Kampfplatz im Zentrum der kolonialen Repräsentation selbst aufgeschlossen. Das Wort der göttlichen Autorität wird hier durch das Beharren auf dem einheimischen Zeichen mit einem gravierenden Makel infiziert, während die Sprache des Herrn in der Praxis der Herrschaft selbst **hybrid** wird und nunmehr weder das eine noch das andere ist. Das unberechenbare kolonisierte Subjekt – halb fügsam, halb widerspenstig, aber nie vertrauenswürdig – schafft für die Zielrichtung der kolonialen kulturellen Autorität **ein unlösbares Problem kultureller Differenz**." (Bhabha 2000, S. 51)

Phänomene – Hybridität und Dritter Raum

2.3 Hybridität: „Platz für Differenz ohne eine übernommene Hierarchie"

„The process of cultural hybridity gives rise to something different, something new and unrecognisable, a new area of negotiation of meaning and representation." (Rutherford und Bhabha 1990, S. 211) In dieser kurzen Interviewpassage umreißt Bhabha sein Konzept der Hybridität, das nicht nur in seinen Studien omnipräsent ist und als eigene, neuartige Denkfigur Kulturkontakte auf eine spezifische Weise beschreibbar macht, sondern das darüber hinaus auch in der Rezeption seiner Arbeiten eine herausragende Stellung eingenommen hat. Kulturelle Hybridität ermöglicht nach Bhabha die Entstehung von etwas Differentem und Neuem in der Verhandlung von Bedeutungen; Prozessualität und die oben erwähnte „Zone der Differenz" innerhalb wie zwischen den Kulturen scheinen hier wieder auf, Aushandlungsbewegungen und die Formulierung von bisher nicht Dagewesenem. In der Textpassage wird die Sprache des Herren hybrid, und es stellt sich ein unlösbares Problem kultureller Differenz – es wird sich zeigen, in welcher Form hybridisierende Prozesse gleichzeitig auf Mächtige und Ohnmächtige wirken und für wen sich dies nun als problematisch darstellt. Im Folgenden soll Hybridität, nach einer kurzen terminologischen Einordnung, in ihrer inhaltlichen Gestaltung vorgestellt werden, um anschließend auf die Funktionsmechanismen einzugehen und diese anhand eines von Bhabha gewählten Beispiels zu verdeutlichen.

Mit dem Begriff der Hybridität argumentiert Bhabha auf unterschiedlichen Ebenen: Hybridität ist erstens theoretische Perspektive, zweitens zentrales Merkmal der von Bhabha untersuchten Texte und drittens eigenes Schreibprinzip zugleich. Auf der Ebene der Theorie bezeichnet der Begriff die dekonstruktivistische Verquickung theoretischer Zugänge (und deren politischen Implikationen). Bhabha propagiert in diesem Sinne ein „Lesen gegen den Strich" (Bhabha 2000, S. 260), eine „katachretische Lektüre […], bei der ich zwischen den Zeilen lese" (Bhabha 2000, S. 280), mittels dessen er theoretische Zugänge „für unsere Zwecke neu interpretiert" (Bhabha 2000, S. 222) und eine eigenwillige, also „tendenziöse Rekonstruktion" (Bhabha 2000, S. 194), zu seinem Schreib- und Denkprinzip erhebt. Auf der Ebene der Empirie benennt Bhabha mit Hybridität die (aus seiner spezifischen Perspektive sichtbar werdenden) Phänomene des Kulturkontakts und der

Identitätskonstruktionen in kolonialen wie postkolonialen (literarischen) Texten. Und auf der Ebene des theoretischen Schreibens schließlich führt Hybridität auch zu der Bhabha eigenen Verwischung von Meta- und Objektsprache (vgl. dazu die Ausführungen im einführenden Kapitel sowie den Abschnitten zur Rezeption seines Werks).

Zur Terminologie. Hybridität dient Bhabha zwar als Leitbegriff, tatsächlich entwirft er aber ein ganzes semantisches Feld für die Beschreibung der oben erläuterten Ambivalenzen: Dazu gehören rhetorische Figuren wie Metonymie und Metapher oder Katachrese (diese werden im Kapitel zum Konzept der Mimikry noch ausgeführt), Mimesis, Imitation, aber auch Begriffsmetaphern wie der Dritte Raum (vgl. das entsprechende Kapitel in diesem Buch), der „Zwischenraum" (Bhabha 2000, S. 10), das „Da-Zwischen" (Bhabha 2000, S. 185), das „Darüberhinaus" („beyond"), das „Treppenhaus" (Bhabha 2000, S. 5), die „Unentscheidbarkeit" (Bhabha 2000, S. 191) oder die „De-plazierung" (Bhabha 2000, S. 324), die „„Zwischen'-Zeitlichkeit", „Zwischen-Intimität" (Bhabha 2000, S. 20) oder gar die tautologisch anmutende „Zwischen-Hybridität" (Bhabha 2000, S. 21). Zudem operiert Bhabha mit Termini anderer Autoren, die er in seine Lektüre rekontextualisiert wie etwa mit der „Brücke" nach Martin Heidegger (Bhabha 2000, S. 7) der psychoanalytisch fundierten Wiederholung oder „Iteration" (Bhabha 2000, S. 39), der Fanon'schen „Pause" oder dessen „Störbild" oder etwa mit dem „Unheimlichen" in Anlehnung an Freud. Die argumentative Zielrichtung all dieser Begriffe ist die Beschreibung von Mittel- oder Zwischenpositionen, von Phänomenen, die über Bekanntes hinausgehen und gleichzeitig zwischen allen bisherigen Kategorien liegen. Ein neues Denken von Kulturen und von Differenz wird sprachlich greifbar durch einen Terminus, der das alles auffangen soll: Hybridität.

Der Begriff der Hybridität – soviel sei zum etymologischen Hintergrund des Begriffs erläuternd erwähnt, auch wenn Bhabha selbst der Hybridität wenig sprachgeschichtliches und damit konnotatives Gepäck zugesteht bzw. dies schlicht nicht thematisiert – ist kein Neologismus von Bhabha (vgl. dazu auch Wright und Bhabha 1999, S. 40). Er speist sich einerseits aus einer biolog(ist)ischen und andererseits aus einer literaturwissenschaftlich-ideologiekritischen Debatte. Entstammt der Terminus zunächst der Biologie bzw. der Pflanzenkunde, wo es Kreuzungen aus unterschiedlichen Pflanzen meint, wurde es im 19. und 20. Jahrhundert auf anthropologische Belange übertragen und bekam die pejorative Konnotation des „Bastards" (vgl. zum Überblick Griem 2001, bes. S. 260). Als philologisches Konzept arbeitete Bachtin mit diesem Konzept, um die Vielstimmigkeit und Dialogizität in Texten beschreiben zu können, die sich unter einer vermeintlich dominanten und – wie in Bachtins Fall, der im 20. Jahrhundert unter marxistischen Dogmen und stalinistischer Diktatur litt – ideologisch-totalisierenden Sprache verbirgt.

Michail M. Bachtin (1895–1975) war ein russischer Sprachphilosoph und Literaturwissenschaftler, dessen theoretische Reflexionen vor dem Hintergrund von Marxismus und (durchaus bedrohlichem) Stalinismus entstanden sind. Für Bhabhas Denken ist der Ansatz Bachtins deshalb relvant, da dieser den Roman als grundsätzlich hybrid konzipiert und auf der Ebene des Wortes die Beziehungen zu gesellschaftlichen Diskursen untersucht (vgl. bspw. Bachtin *Die Ästhetik des Wortes*, Original: 1975). Für Bachtin ist Hybridisierung die Vermischung zweier Sprachen, die innerhalb einer Äußerung sichtbar werden und dort als intendiertes künstlerisches Verfahren um Deutungsmacht und Geltungsansprüche kämpfen. Unter dem vermeintlich monologischen Text liegt eine Polyphonie von Stimmen, die innerhalb eines Wortes aufgehoben sind und gleichzeitig in Dialog miteinander treten. Für Bachtin trägt damit jedes Wort nicht nur seine engere Bedeutung in sich, sondern auch jene (diachronen, paradigmatischen) Konnotationen, die Spuren von früheren, insbesondere gesellschaftlich bestimmten Verwendungszusammenhängen sind. Zur Einführung in Bachtins Werk vgl. bspw. die Einleitung von Rainer Grübel im o. g. Werk Bachtins 1979, S. 7–88 sowie Sasse 2010.

Doch während für Bachtin der autoritäre Diskurs einstimmig und damit eindeutig bleiben muss, um seine autoritäre Macht etablieren zu können, siedelt Bhabha den Ort hybrider Artikulationen gerade innerhalb der diskursiven Autorität an. Hybridität ist damit für Bhabha kein Kennzeichnen unterschwelliger Artikulationsmöglichkeiten unterhalb eines dominanten Diskurses, sondern verspricht gerade die Dichotomien von (kolonialer) Macht und Ohnmacht, von Sprechen und Schweigen zu dekonstruieren und inmitten des Kolonialdiskurses Widerstandsmomente aufscheinen zu lassen.

Im Folgenden sollen unterschiedliche Dimensionen der Hybridität systematisch beschrieben werden, auch wenn diese in Bhabhas Lektüren stets ineinandergreifen und sich gegenseitig bedingen. Die Ebenen sind für die folgende Darstellung daher nur zu heuristischen Zwecken getrennt worden; ihre Reihenfolge der Dimensionen spiegelt keine Hierarchie oder Wertigkeit wider. Gleichwohl kann man das Phänomen der Hybridität verstehen in einer strukturellen Dimension – was liegt Hybridität zugrunde? –, in einer inhaltlichen Dimension – was macht Hybridität aus? – und in einer funktionalen Dimension – welche Strategien der Hybridität gibt es? –.

Hybridität oder Hybridisierung ist jener Prozess der Differenzbildung, wie er oben sowohl auf externer als auch auf interner Ebene beschrieben wurde. Zur Erinnerung: Strukturell zeichnen sich hybride Phänomene durch ihre Prozesshaftigkeit, ihre permanente Dekonstruktion von (vermeintlich natürlichen und Machtverhältnisse stabilisierenden, kolonialen) Dichotomien aus. Und die Neukonstruktion (durchaus prekärer) kultureller kollektiver wie subjektiver Identifizierungen hängt damit immanent zusammen.

Hybride Prozesse lassen sich auf unterschiedlichen Ebenen festmachen und akzentuieren damit jeweils andere Aspekte. Hybridität äußert sich in einem

- Misch-Raum: Hybridität als kulturelle Vermischung jenseits der Synthese hegelianischer Dialektik, die gerade keine Wahrheit oder Tiefe mit einer auflösenden Erkenntnis verspricht
- Diskurs-Raum: Hybridität als (viel)sprachiger Raum der Transformation von Symbolen in Zeichen und des Wandels der Nation
- Handlungs-Raum: Hybridität als Handlung und Widerstand jenseits der Antithese hegelianischer Dialektik, in dem historische und zeitliche Brüche auszumachen sind und in dem Handlung innerhalb der Krise kolonialer Autorität möglich ist
- Affekt-Raum: Hybridität als affektive Ambivalenz (im Besonderen mit Blick auf die Politik)

Hybridität als Misch-Raum: jenseits der Synthese

Hybridität ist der Bereich und das Ergebnis von Kulturkontakt, wenn man diesen als Diffusion von Kulturen denkt, die nicht nur in sich brüchig und different sind, sondern deren Vermischungen auch zu Sinn- und Machtverschiebungen führen. Dieser Prozess der Hybridisierung ist eine Konzeption, die sich einerseits gegen die Vorstellung holistischer Kulturen verwehrt, welche durch in der Mischung von zwei oder mehreren Ausgangskulturen zu gemischten Kulturen würden (vgl. auch Huddart 2006, S. 124 f.); andererseits wird sie gegen das klassische dialektische Denken und besonders gegen die Idee einer Synthese in Anschlag gebracht – und das ist ja bereits in der Definition der Bhabha'schen Differenz angelegt. Bhabha konzipiert Hybridität nämlich gerade als eine Denkfigur, die keine Synthese, keinen harmonischen Ausgleich zwischen zwei oppositionellen Kulturen beschreibt. Damit führt sie auf politischer Ebene nicht in einen multikulturellen ‚melting pot' oder wäre in der Sprache des Kulturrelativismus (vgl. Bhabha 2000, S. 168) zu fassen. „Hybridität", so unterstreicht Bhabha, „hat keine derartige Perspektive von Tiefe oder Wahrheit zu bieten: sie ist kein dritter Begriff, der die Spannung zwischen zwei Kulturen [...] in einem dialektischen Spiel der ‚Erkenntnis' auflöst." (Bhabha 2000, S. 168) Hybridität, so ließe sich weiter folgern, ist gerade die vermischte Unauflöslichkeit – keine homogene Masse, die aus der Mischung entsteht sondern eine Art heterogenes Gemisch. Um diese Form der Hybridisierung zu beschreiben, die in keine erlösende Synthese mündet, nutzt Bhabha u. a. das Bild der Verhandlung. „Mittels des Begriffs der Verhandlung", so betont Bhabha, „versuche ich, die Aufmerksamkeit auf die Struktur der *Iteration* zu lenken, welche die Form politischer Bewegungen bestimmt, die versuchen, widerstreitende *(antagonistic)* und einander entgegengesetzte *(oppositional)* Elemente ohne die erlösende Rationalität der Aufhebung oder Transzendenz zu artikulieren." (Bhabha 2000, S. 39) Als Verhandlung ist jener Prozess zu bezeichnen, der innerhalb der Signifikation stattfindet, wie bereits im einführenden Kapitel zum Kulturbegriff erläutert wurde. Das „Außerhalb des Satzes" ist weder zeitlich vorgeschaltet, noch innerhalb als Präsenz gedacht, sondern funktioniert gerade „sowohl räumlich als auch zeitlich ex-zentrisch, unterbrechend, da-zwischen, genau auf der Grenze, das Innere nach außen kehrend" (Bhabha 2000, S. 272). Nach Spivak betont Bhabha in der „‚Verhandlung' der postkolonialen Situation" also die „Umkehrung, De-plazierung und Eroberung des Apparates zur Kodierung von Werten" (Spivak nach Bhabha 2000, S. 274). Und nicht zuletzt nutzt Bhabha den Begriff der Verhandlung auch, um die Binarität seines akademischen Arbeitens, nämlich jene zwischen Theorie und Praxis, zu dekonstruieren (vgl. dazu auch die Erläuterungen im einführenden Kapitel): „Derartige Verhandlungen zwischen Politik und Theorie machen es unmöglich, sich den Ort des Theoretischen als den einer Metanarrative vorzustellen, die eine umfassendere Allgemeingültigkeit beansprucht." (Bhabha 2000, S. 46)

Zurück aber zur Hybridität als Misch-Raum. Bhabha präzisiert den Gedanken der besonderen Mischung zweier Positionen, indem er die Neuartigkeit dessen, was dort entsteht, betont. Zur Verdeutlichung sie hier nochmals die Passage aus dem Interview mit Jonathan Rutherford angeführt: „The process of cultural hybridity gives rise to something different, something new and unrecognisable, a new area of negotiation of meaning and representation." (Rutherford und Bhabha 1990, S. 211) Hier spricht Bhabha zwei wichtige Aspekte an, die schon aus den Erläuterungen der postkolonial gedachten kulturellen Differenz bekannt sind: Hybridität jenseits der Synthese und Hybridität als Raum der sprachlichen Repräsentation. Einerseits betont Bhabha demnach die Neuartigkeit dessen, was durch Hybridisierung entsteht und lehnt somit die Vorstellung ab, dass eine Mischung aus zwei oder mehreren vorgängigen Kulturen entsteht, die weiterhin durch Spuren der Geschichte, Machtverhältnisse etc. zurückzuverfolgen wären. Das „Neue" ist vielmehr „nicht wiederzuerkennen" oder „unkenntlich". Den Aspekt des Neuen, das zwar durch Dekonstruktion entstanden, nicht aber durch Rekonstruktion wieder auf vermeintliche Originale zurückzuführen ist, ist für Bhabha zentral: „But for me the importance of hybridity is not to be able to trace two original moments from which the third emerges, rather hybridity to me is the ‚third space' which enables other positions to emerge." (Rutherford und Bhabha 1990, S. 211) Auf das Konzept des Dritten Raums wird später zurückzukommen sein. In diesem Argument setzt sich Bhabha auch von dem Hybriditätskonzept Bachtins ab. Bachtins Idee, nach der in einer monologischen, autoritativen Sprache des Romans andere Stimmen hörbar werden, also ein Phänomen der Dialogizität und der Polyphonie auftritt, ist für Bhabha zu sehr in binärem Denken verhaftet. In der folgenden, sehr dichten Passage erläutert Bhabha die grundlegenden Prinzipien der dekonstruktivistischen, Handlungsmöglichkeiten eröffnenden und in Form der später noch näher zu erläuternden Mimikry auftretenden Hybridität: „Indeed Bakhtin emphasizes a space of enunciation where the negotiation of discursive doubleness by which *I do not mean duality or binarism* engenders a new speech act. In my own work I have developed the concept of hybridity to describe the construction of cultural authority within conditions of political antagonism or inequity. Strategies of hybridization reveal an estranging movement in the ‚authoritative', even authoritarian inscription of the cultural sign. At the point at which the precept attempts to objectify itself as a generalized knowledge or a normalizing, hegemonic practice, the hybrid strategy or discourse opens up a space of negotiation where power is unequal but its articulation may be equivocal. Such negotiation is neither assimilation nor collaboration. It makes possible the emergence of an ‚interstitial' agency that refuses the binary representation of social antagonism. Hybrid agencies find their voice in a dialectic that does not seek cultural supremacy or sovereignty. They deploy the partial culture from which they emerge to construct visions of community, and versions of historic memory, that give narrative form to the minority positions they occupy; the outside of the inside: the part in the whole" (Bhabha 1996a, S. 58) .

In dieser Textpassage ist noch ein weiterer, wichtiger Aspekt angesprochen, nämlich der der sprachlichen Repräsentation. Hybridität ist damit andererseits nicht schlicht ein Phänomen, das sich „zwischen zwei *differenten* Kulturen" ereignet, sondern das durch seine Diskursivität innerhalb der Kulturen wirkt: „Bei Hybridität haben wir es mit einer Problematik kolonialer Repräsentation und Individuation zu tun, die die Wirkungen der kolonialistischen Verleugnung umkehrt, so daß andere ‚negierte' Kenntnissysteme vom dominanten Diskurs Besitz ergreifen und die Basis von Autorität – seine Erkenntnisregeln – verfremden." (Bhabha 2000, S. 168) Bhabha betont die prozessuale Dynamik der sprachlichen Äußerung, indem er von einem Feld der Verhandlung und Repräsentation so die Diskursivität der Hybridität betont.

Hybridität als Diskurs-Raum: jenseits der Symbole und jenseits der Nation

Bhabhas Idee der Hybridität als Feld der Repräsentation, also als Sprach- oder Diskursraum, gründet auf seiner Vorstellung der diskursiv-semiotischen Dimension kultureller Differenz . Hybridität ist damit ein dekonstruktivistisch gedachter Diskurs-Raum, in dem einerseits kulturelle Bedeutungen stets sprachlich konstruiert und destruiert werden. Damit ist Hybridität, so könnte man zugespitzt formulieren, ein Textphänomen, das sich nur dann in der Bhabha'schen Prägung offenbart, wenn man Texte dekonstruiert und Kulturen gleichermaßen als Texte analysiert.[15] Andererseits ist Hybridität ein Diskurs-Raum, in dem Bedeutungen nicht mehr eindeutig zuzuordnen und greifbar sind, sondern sich permanent verschieben und verstreuen. Der zentrale Mechanismus, so sei erinnert, ist dabei folgender: Die Macht der Sprache der Kolonisatoren wird nicht durch Gegenworte oder eine Gegenrede der unterdrückten Kolonisierten gebrochen, sondern gewissermaßen durch einen semiotischen Ebenenwechsel. Ein koloniales, eindeutiges und Machtverhältnisse festschreibendes Symbol wird nämlich umgedeutet zum Zeichen kultureller Differenz: „Hybridität ist der Name für diese De-plazierung des Wertes vom Symbol zum Zeichen, die zur Aufspaltung des dominanten Diskurses entlang der Achse seines Vermögens führt, repräsentativ, autoritativ zu sein" (Bhabha 2000, S. 168). Wie ist das zu verstehen?

Die diskursiven Strategien der kolonialen Autorität verfahren auf eine spezifische Art und Weise. Autorität muss diskriminieren und differenzieren, um „Un-

---

15 Diese Perspektive auf „Kultur als Text" ist seit den 1980er Jahren in den *Cultural Studies* und der Kulturanthropologie virulent. Zentral sind etwa die Arbeiten von Clifford Geertz, die postulieren, dass kulturelle Phänomene wie Texte lesbar und (hermeneutisch) erschließbar sind. Vgl. dazu den Überblicksartikel von Bachmann-Medick 2003, bes. S. 89–91.

tertanen" zu definieren, „die sichtbare und transparente Markierungen der Macht an sich tragen" (Bhabha 2000, S. 164). Koloniale Macht bewirkt daher „immer einen Prozeß der Aufspaltung als [...] Vorbedingung von Unterwerfung: eine Diskriminierung zwischen Mutterkultur und ihren entarteten Bastarden, dem selbst und seinen Doppeln, wobei die Spur dessen, was verleugnet wird, nicht verdrängt, sondern als etwas *Differentes* [...] wiederholt wird" (Bhabha 2000, S. 165). Das vermeintlich konsensuelle Wissen, das so produziert wird, ist gar nicht mehr ein Machtsystem, dessen Aussagen von allen geteilt werden. Vielmehr ist es in sich gespalten und muss gleichzeitig auf diejenigen ausgeweitet werden, die außerhalb des eigenen stehen (diesen ausgedehnten Raum kolonialer Macht, die einheitlich und ohne eine Spur der Differenz sein sollte, sieht Bhabha u. a. im Denken Lockes, Montesquieus und Grants [vgl. Bhabha 2000, S. 171]). Die Anerkennung dieses Wissens wird problematisch – und hier sieht Bhabha Hybridität am Werke, durch die die effektiv koloniale Autorität, welche ja just auf jenem Wissen gründet und sich dadurch begründet, in die Krise stürzt.

Wichtig ist für Bhabha der Aspekt der Hybridisierung innerhalb der kolonialen, autoritären Strategien, weil sie den Blick für Aspekte öffnet, die nicht bei „der lautstarken Ausübung der kolonialistischen Autorität oder der stillschweigenden Unterdrückung einheimischer Traditionen" (Bhabha 2000, S. 166) stehen bleibt. Erneut ist es das Moment der inhärenten Ambivalenz, die das dichotome Verhältnis von Kolonisator und Kolonisiertem neu zu denken bzw. zu überwinden erlaubt. Das Potenzial der Hybridität als Diskurs-Raum liegt „in der Umwertung des Symbols der nationalen Autorität zum Zeichen kolonialer Differenz" (Bhabha 2000, S. 168). Das bedeutet, dass ein vermeintlich eindeutiges Symbol, das eine einzige, im Sinne der kolonialen Macht formulierte Konnotation trägt, für vielfältige Deutungen und Bedeutungen geöffnet wird, sodass aus dem eindeutigen Symbol ein polysemisches Zeichen wird. Die Ambivalenz etwa im autoritären englischen Kolonialdiskurs ermöglicht also eine Umdeutung: Vom vermeintlich vertrauten, stabilen nationalistischen Symbol verwandelt sich etwa das englische Buch (und in Bhabhas Beispiel ist es, wie bereits oben ausgeführt wurde, sogar die Bibel) in ein Zeichen seiner eigenen Differenz.

Diese Macht der Sprache der Hybridität zeigt sich für Bhabha besonders in der Literatur – im Blickwinkel der Hybridität als Textphänomen. Unter Rückgriff auf das oben beschriebene Unheimliche beschreibt Bhabha: „Obwohl das ‚Unheimliche' eine paradigmatische koloniale und postkoloniale Lage darstellt, ist seine Stimme deutlich, wenn auch unregelmäßig, in Fiktionen zu hören, welche die Macht der kulturellen Differenz in einer Reihe von transitorischen Schauplätzen aushandeln." (Bhabha 2000, S. 14) Hier, in der Literatur, die Bhabha als globales Phänomen begreift – allerdings jenseits von Nationalliteraturen oder einer Universalliteratur wie Goethe sie etwa in seinem Konzept der Weltliteratur propagiert (vgl. Bhabha 2000, S. 18, vgl. zur differenzierteren Auseinandersetzung mit Goethes Weltliteraturbegriff auch Bhabha 1992b, S. 145 f.) –, ist „[...] weder die ‚Souveränität' nationaler Literaturen noch der Universalismus menschlicher Kultur [im Zentrum des Interesses, K. S.], sondern eine Konzentration auf jene ‚verrückten sozialen und kulturellen De-plazierungen', die Morrison und Gordimer in ihren unheimlichen Fiktionen darstellen." (Bhabha 2000, S. 18) Der Korpus, den Bhabha als „Belege für das transnationalere und ‚übersetzbarere' Phänomen der Hybridität imaginärer Gemeinschaften" (Bhabha 2000, S. 7), anführt, ist recht disparat: So wird Bhabha fündig etwa im zeitgenössischen Theater in Sri Lanka, im anglo-keltischen Kanon der australischen Film- und Literaturszene oder im Bereich südafrikanischer Romanliteratur etwa von Gordimer oder Coetzee (vgl. Bhabha 2000, S. 7).

Bhabha dekonstruiert mit seinem Denken kultureller Differenz nicht nur die konventionellen kolonialen Oppositionspaare von Herr und Sklave, ‚weiß' und ‚schwarz', Zentrum und Peripherie, Zivilisation und Barbarei, sondern greift damit auch die ‚großen Erzählungen' der europäischen Moderne selbst an. Eine dieser Erzählungen, die maßgeblich koloniale Expansions- und Ausbeutungsunternehmungen unterfütterten und legitimierten, ist die langlebige Idee der Nation. Das Aufkommen des Nationen-Begriffs hängt für Bhabha unmittelbar mit der Kolonisation durch westliche Mächte zusammen: „An einem Ort brachten sie Staatsbürger hervor, und an einem anderen Ort koloniale Subjekte." (Charim und Bhabha 2007) Die einleitende Argumentation Bhabhas in seinem Aufsatz „DissemiNation", in der er zentral die Konzeption der (modernen) Nation von ihren Rändern her diskutiert, ist für seine Verhältnisse zunächst einmal ungewöhnlich: Bhabha bezieht sich nicht nur – wie so oft – auf Derrida, sondern verweist explizit auf seine eigene Migrationserfahrung. Aus dieser entnimmt er die Beobachtung, dass sich Menschen in der Gegenwart durch Migration zwar zerstreuen, sich aber „in den Nationen anderer" wieder sammeln: in Flüchtlingslagern und Straßencafés, kurz: „am Rand von ‚fremden' Kulturen" (Bhabha 2000, S. 207). Doch das Sammeln findet sich auch in der Zeit, d. h. in den Erinnerungen und Geschichten, die die Menschen in andere Länder mitbringen. Bhabha beobachtet damit eine Zeit „des Sammelns der Vergangenheit in einem Wiederbelebungsritual; des Sammelns der Gegenwart" (Bhabha 2000, S. 207). Damit ist ein zentrales Thema genannt, dem sich Bhabha in diesem Aufsatz widmet und auf das er in seinem Titel der „DissemiNation" anspielt: die Disseminierung, also die zerstreuten Migranten. Gleichzeitig – und dies ist der zweite Teil seines Titels und der zweite zentrale Aspekt seiner Ausführungen – untersucht Bhabha das Konzept der modernen Nation. Ihr Funktion beschreibt er zunächst wie folgt: „Die Nation füllt die Leere, die bei der Entwurzelung von Gemeinschaften und Familien entstand, und sie überträgt diesen Verlust in die Sprache der Metaphern" (Bhabha 2000, S. 208). Es ist die Konzeptmetapher der Nation, die Bhabha in Anlehnung an Eric Hobsbawm „aus der Perspektive der Randpositionen" (Bhabha 2000, S. 208) in den Blick nimmt und zunächst von anderen Konzeptionen abgrenzt: Die Nation als Ort der Kultur ist nicht mit Gemeinschaft oder Gesellschaft, mit Land oder Heimat, mit Staatsräson oder Ideologie, mit Hegemonie, mit Bürger, Subjekt oder Bürgerstatus gleichzusetzen (vgl. Bhabha 2000, S. 208 f.). Bhabha unterscheidet wesentlich zwischen Geschichte und Zeitlichkeit, und spricht sich so vehement gegen den den Nationendiskurs bestimmenden Historismus aus. Statt um die Rekonstruktion einer einheitlichen (oder vereinheitlichenden) Geschichte geht es Bhabha darum, die unterschiedlichen, ambivalenten Zeitlichkeiten innerhalb der Nation aufzuzeigen.

Bhabha zielt darauf ab, „diese kulturelle Konstruktion von nationalem Sein *(nationness)* als eine Form sozialer und textueller Zugehörigkeit" und damit auch „die komplexen Strategien kultureller Identifikation und diskursiver Referenz *(address)*, die im Namen ‚des Volkes' oder ‚der Nation' gebraucht werden", zu beschreiben (Bhabha 2000, S. 209). Und so nimmt er gleich zu Beginn seines Artikels die Antwort auf diese Hypothese vorweg, denn er sieht auch im Konzept der Nation eine Ambivalenz am Werke, die als narrative Strategie funktioniert: „Als Apparat symbolischer Macht bewirkt sie ein andauerndes Flottieren von Kategorien wie Sexualität, Klassenzugehörigkeit, territoriale Paranoia oder ‚kulturelle Differenz' im Akt des Schreibens einer Nation. In dieser De-plazierung und Wiederholung tritt die Nation als Maß der Liminalität der kulturellen Moderne zutage" (Bhabha 2000, S. 209).[16]

Diese innere Brüchigkeit des Nationenbegriffs führt Bhabha weiter aus. Für ihn führt der Charakter der vorgestellten Gemeinschaften (hier entleiht er erneut das Konzept der „imagined community" von Anderson) dazu, dass „der Raum des modernen Nation-Volkes nie einfach horizontal ist" (Bhabha 2000, S. 210; vgl. weiterhin 215). Damit meint Bhabha, dass es nicht nur eine lineare Zeitlichkeit eines Volkes gibt, sondern Menschen mit anderen Geschichten neue Zeitlichkeiten unter das Volk mischen, sich dort hineinstreuen und sich die Zeitlich-

---

16 Der Begriff der Liminalität ist – vereinfacht gesagt – in der postkolonialen Theoriebildung ein Schlüsselbegriff, der den Fokus auf die Grenzbereiche (lat. limes) und Zwischenräume legt (vgl. Ashcroft/Griffiths/Tiffin 2007, S. 117–118).

keiten also überkreuzen. Die Narration (oder Erzähl-Literatur) funktioniert im Hinblick auf die Idee der Nation nicht mehr als Artikulationsort *einer* Nationalsprache, als Archiv *eines* nationalliterarischen Kanons oder als Gegenstand nationalphilologischer Literaturwissenschaft (vgl. Anfeng und Bhabha 2009). „Wir brauchen", so folgert Bhabha, „eine andere Zeit des *Schreibens,* die in der Lage ist, die ambivalenten und chiastischen Überschneidungen von Zeit und Ort zu inskribieren, die die problematische ‚moderne' Erfahrung der westlichen Nation konstituieren" (Bhabha 2000, S. 211). Bhabha interessiert der gleichzeitige Zusammenhalt und das Auseinanderfallen, die er als Dynamiken auch in den Werken Andersons, des postkolonialen Theoretikers Partha Chatterjee sowie des Sozialanthropologen Ernest Gellner (vgl. Bhabha 2000, S. 211f.) entdeckt. Bhabha baut also mit dieser Idee der Dekonstruktion einer stabilen, linearen und teleologischen Geschichtserzählung die Narrationen anderer ein die „ablenkende Präsenz einer anderen Zeitlichkeit, welche die Gleichzeitigkeit der nationalen Gegenwart stört" (Bhabha 2000, S. 214) – und dies können auch Narrationen aus hegemonialer, majoritärer Perspektive sein. Bhabha geht es um die grundsätzliche Ambivalenz innerhalb des vermeintlich monolithischen Nationaldiskurses. „Tatsächlich können Fragen der Nation als Narration nur in der disjunktiven Zeit gesellt werden, wie sie die Moderne der Nation kennzeichnet, als Wissen, das zwischen politischer Rationalität und ihrer Auswegslosigkeit, zwischen den Fetzen und Flecken kultureller Signifikation und den Gewißheiten einer nationalistischen Pädagogik situiert ist" (Bhabha 2000, S. 212). Neben der Diversifizierung von nationalen Geschichtserzählungen weist Bhabha in dieser Passage auf einen weiteren Aspekt hin, dem im Laufe des Artikels eine zentrale Bedeutung beigemessen wird: die (nationale) Pädagogik.

Diese Argumentationsfigur beginnt mit einer näheren Bestimmung dessen, was Bhabha unter Volk versteht. Es ist für ihn eine „komplexe rhetorische Strategie sozialer Bezugnahme", man muss es wiederum „aus der Perspektive der Doppel-Zeit" betrachten: Menschen sind sowohl „die historischen ‚Objekte' einer nationalistischen Pädagogik, die dem Diskurs eine Autorität verleihen, welche auf dem vorgegebenen oder konstituierenden historischen Ursprung in *der Vergangenheit* beruht; die Menschen sind aber ebenfalls die ‚Subjekte' eines Signifikationsprozesses, [...] um die außergewöhnlichen, lebendigen Prinzipien des Volkes als Gleichzeitigkeit unter Beweis zu stellen: als das Zeichen der *Gegenwart,* durch das nationales Leben als reproduktiver Prozeß aufrechterhalten und wiederholt wird" (Bhabha 2000, S. 217). Bhabha benennt hier eine Ambivalenz, die die Grundlage für seine Betrachtung der Zeitlichkeit der Nation darstellt: Die Menschen, das Volk, tragen eine Geschichte, eine Tradition der Nation ebenso in sich, wie sie gleichzeitig Neues gestalten. Hierin liegt der Unterschied zwischen der Pädagogik und dem, was Bhabha als Performativität bezeichnet: Während die nationale Pädagogik rückwärtsgewandt auf Geschichtsbewusstsein, Kontinuität und Linearität abzielt, erlaubt es die performative Dimension, vorwärtsgewandt durch Wiederholungen Verschiebungen und damit Reaktualisierungen zu schaffen. In anderen Worten: Das Pädagogische ist „disciplinary knowledge", das Performative „aesthetic or cultural experience" (Bhabha 2006, S. 1). „Bei der Schaffung der Nation als Narration", führt Bhabha weiter die Rolle dieser beiden Dimensionen aus, „gibt es einen Bruch zwischen der kontinuistischen, akkumulativen Zeitlichkeit des Pädagogischen und der repetitiven, rekursiven Strategie des Performativen" (Bhabha 2000, S. 218). „Das Pädagogische", so stellt Bhabha fest, „gründet seine narrative Autorität auf eine Tradition des Volkes […], [d]as Performative greift in den souveränen Prozeß der Selbsterzeugung ein", indem es durch die verschiebenden Wiederholungen „eine Zeitlichkeit des ,Dazwischen'" einführt (Bhabha 2000, S. 220). Menschen sind damit „der Ausdruck einer doppelten nationalen Referenz […], eine ambivalente Bewegung zwischen dem pädagogischen und dem performativen Diskurs" (Bhabha 2000, S. 223), sie befinden sich in einer „liminalen Lage" (Bhabha 2000, S. 225). Diese fragile Stelle innerhalb der Nation führt dann auch dazu, dass Diskurse von Minderheiten nicht von außen, sondern von innen heraus diesen Spalt aufzustemmen vermögen, und damit Traditionen, Ideologien und Geschichtskonstruktionen, die auf eine essenzialistische Identität der Nation oder des Volkes abzielen, (zer-)stören (vgl. Bhabha 2000, S. 222). Diese Perspektive des „von innen heraus" ist es auch, die Bhabha durch den Verweis auf die Ethnographie in der Tradition Lévi-Strauss' betont. Die Ethnographie nämlich fordert ein, dass der Beobachtende immer Teil der eigenen Beobachtung sein muss, dass er also gleichzeitig Subjekt und Objekt der ethnographischen Analysen sein soll (vgl. Bhabha 2000, S. 224). Denkt man nun kulturelle Differenz analog, so wird zum einen deutlich, dass diese hineingestreuten Minoritäten nicht nur einfach etwas hinzufügen – Bhabha nennt dies supplementär –, sondern dass sie „die Rechnung durcheinanderbringen" (Bhabha 2000, S. 231). Wieder entzieht sich also Bhabha dem Denken einer schlichten Dialektik des Eigenen und des Anderen. „Die Minorität", unterstreicht Bhabha später, „bezieht gegenüber dem pädagogischen oder machtvollen Herren-Diskurs nicht einfach dadurch Stellung, daß sie ihm widerspricht oder ihn verneint. Sie stellt ihr Objekt in Frage, indem […] es selbst in die Referenzbegriffe des dominanten Diskurses eindringt" (Bhabha 2000, S. 232). Damit zielt Bhabha zum anderen darauf, dass kulturelle Differenz nicht mehr ein von außen herangetragenes Problem darstellt, kein „Problem ,anderer' Leute", sondern „zu einer Frage der Andersheit des

Volkes-als-dem-Einen" werden muss (Bhabha 2000, S. 224). Um diese Revision von Geschichtsdenken als doppelte Zeitlichkeit nochmals deutlich zu machen, bedient sich Bhabha dem Beispiel historisch marginaler Gruppen: der Kolonialisierten und der Frauen. Dafür greift Bhabha erneut die Arbeiten Fanons auf, dessen Metapher der *„verborgenen Gleichgewichtsstörung"* (Fanon nach Bhabha 2000, S. 227) Bhabha zur Beschreibung von Performativität dient. Und auch in Kristevas feministisch-psychoanalytischem Denken sieht Bhabha Parallelen zu seinen eigenen Konzeptionen der Marginalisierungen und der Kritik an Essentialismen: „Fanon und Kristeva wollen den symbolischen Prozeß neu definieren, durch den die soziale Fiktion – Nation, Kultur oder Gemeinschaft – zum Subjekt des Diskurses und zum Objekt psychischer Identifikation wird. Diese feministischen und postkolonialen Zeitlichkeiten zwingen uns, das Zeichen der Geschichte *innerhalb* jener [...] Sprachen zu überdenken, die das Volk als ‚das Eine' bezeichnen" (Bhabha 2000, S. 229).

Abschließend stützt Bhabha seine Denkachsen des Pädagogischen und des Performativen noch einmal durch die Arbeiten Andersons (vgl. Bhabha 2000, S. 235 ff.), der die Bewegung zwischen pädagogischem Diskurs und performativer Strategie, die Doppel-Zeit in der Gegenwart, von der Bhabha bisher gesprochen hat, als eine Zeit des „Inzwischen" beschreibt. Wiederum wird hiermit nicht ein Moment in einem zeitlichen, linearen Kontinuum bezeichnet, sondern beschreibt die Bruchstellen und Diskontinuitäten in der Gegenwart selbst, die Bhabha mit Referenz auf Ernest Renan und Benjamin erläutert (vgl. Bhabha 2000, S. 238 f.). Bhabhas Interesse an diesen Prozessen innerhalb der Nation weisen auf eine weitere Ebene des Hybriditätsdenkens hin: Hybride Prozesse stellen für Bhabha nicht bloße Textexperimente dar, sondern sie sind auch als Handlungsoptionen zu verstehen.

Hybridität als Handlungs-Raum: jenseits des antithetischen Widerstands

Hybridität ist kein unmotiviertes oder gar unbeteiligtes Moment in den Texten, welche das Kräftespiel kolonialer Machtansprüche thematisieren. Besonders unter Bezugnahme auf Fanon konturiert Bhabha den Raum der Hybridität als einen Raum der Handlung und des Widerstands: Er ist „der – in den kulturellen Zwischenräumen entstehende – Raum der Intervention, der kreative Erfindung in die Existenz einführt" (Bhabha 2000, S. 12). Diese kreativen Erfindungen macht Bhabha in einer besonderen Art des Widerstands aus, der nicht als bloße Gegenreaktion auf den Diskurs der kolonialen Autorität reagiert, sondern Momente der verstörenden und verschiebenden kulturellen Differenz nutzt. Während Bhabha noch in seinen frühen Arbeiten die Wirksamkeit dieses Handlungsraums der Ambivalenz bezweifelt, „these shifting positionalities will never seriously threaten the dominant power relations" (Bhabha 1983, S. 205), betont er später geradezu die „Handlungsmacht des Aporetischen und Ambivalenten" (Bhabha 2000, S. 272). Konkret sieht Bhabha dies etwa in der Artikulation von Zeiterfahrungen und in der Umschreibung der offiziellen Geschichte.

In seinem Aufsatz „Durch Brot allein" (Bhabha 2000, S. 295–315) etwa untersucht Bhabha einerseits die Funktionsweise der Historiographie und ihrer Bearbeitung in der Fiktion und andererseits die narrative Gestaltung der Zeit unter hybriden Vorzeichen. U. a. anhand der literarischen Texte von Morrison erläutert Bhabha dieses Verhältnis von Fiktion und Historiographie, denn die Autorin setzt sich in ihren Romanen auf eine bemerkenswerte Art und Weise mit dem Erzählen der verdrängten, nicht erinnerten Geschichte der Sklaverei, einem „nicht-da", auseinander. Bhabha macht in ihrem Schreiben eine spezifische Form der „Rememorialisierung" (Bhabha 2000, S. 296) aus. Die verdrängte Geschichte wird nämlich nicht beschwiegen, sondern taucht immer wieder auf: Morrisons „Konzepte der Wiedererschaffung gemeinschaftlicher Erinnerung [...] verwandelt die Gegenwart der narrativen Äußerung in das immerzu wiederkehrende Mahnmal *(memorial)* dessen, was ausgeschlossen, herausgeschnitten und vertrieben worden ist, und wird genau deshalb zum *unheimlichen* Raum für die Verhandlung von Identität und Geschichte" (Bhabha 2000, S. 296). Die Geschichte der Sklaverei ist damit nicht mehr als abgeschlossen erzählbar, sondern sie beeinflusst die Gegenwart der Narration derart, dass sie die (offizielle) Geschichte und damit auch die eigene Identität verunsichert. Die Betonung eines unheimlichen Raums spielt auf zwei Aspekte an: Einerseits weist sie auf die emotionale Betroffenheit der Leserschaft hin (und darauf wird später noch zurückzukommen sein) und andererseits aber auch auf die unsichere Geschichtsschreibung an sich. Da gibt es keine Gegen-Geschichte oder eine Korrektur, sondern die Handlungsmöglichkeit des Widerstands eröffnet sich in der Verunsicherung. All dies sieht Bhabha in der Verwendung eines bestimmten zirkulierenden Zeichens im Roman *Menschenkind* verdichtet, nämlich der Hausnummer „124", in dem sich von Gewalt geprägte Geschichte mit den Spuren der Sklaverei verquickt. An diesem Zeichen sieht Bhabha das Verfahren von Morrison, Geschichte und Zeit zu erzählen, manifestiert. Sie ruft damit gleichzeitig „Erinnerung an Tod, Liebe, Sexualität und Sklaverei" auf, wie sie durch die Wiederholung dieser Geschichten kultureller Differenz eine „Gemeinschaft-in-Diskontinuität, eine historische Re-vision in der Diaspora" evoziert (Bhabha 2000, S. 297). Die narrative Gestaltung der Zeit ist dabei dergestalt, dass sie „die synchrone westliche Auffassung von Zeit und Tradition untergräbt" (Bhabha 2000, S. 297). Diese ästhetische Gestaltung von historischem Wissen, das sich durch seine Grausamkeit und Gewalt (fast) der Sprache entzieht, interessiert Bhabha grundlegend. Ob es nun die traumatische Geschichte der Sklaverei oder etwa der (auch in faktualen Texten artikulierte) Umgang mit der gewaltvollen Geschichte in Ruanda ist: Der „way of remembering barbarism [...], the terror of barbarism and its unrepresentability" treibt Bhabha (ähnlich wie Adorno, auf den er kurz hinweist) um (Byrne und Bhabha 2009, S. 151).

Ein ähnliches Phänomen wie in der Romanwelt Morrisons, die sich in den 1870er Jahren abspielt, sieht Bhabha in den nord- und mittelindischen Romanen der 1860er Jahre am Werk. Er bringt damit die Geschichte der Abschaffung der Sklaverei, wie Morrison sie fiktionalisiert, mit dem Aufstand von 1857 in Indien in Zusammenhang. Den Ort der Rebellion sieht Bhabha im Text als „Ort kultureller Hybridität" manifestiert (Bhabha 2000, S. 307). Bhabha nutzt in diesem Zusammenhang immer wieder die Metapher des Unheimlichen, die er nach Fanon und vor allem Freud, aber auch nach Arbeiten Arendts (vgl. Bhabha 2000, S. 14 f.) konzipiert. „Un*heim*lich ist nicht dasselbe wie ohne Heim", spezifiziert Bhabha (Bhabha 2000, S. 13), und betont damit, dass Hybridität zwar nicht bedeutet, dass Subjekte und Kulturen nun so verstreut und verunsichert scheinen mögen, dass sie gar keinen Halt, keinen Ort mehr haben, aber dass der Moment der Verunsicherung elementarer Bestandteil hybrider Situationen ist. Der Ort der Handlung, der Ort des Widerstands besteht gerade in dem Moment der Verunsicherung und nicht in einer schlicht antithetischen Behauptung des Gegenteils. Bhabha konstatiert, dass die „Kulturen einer postkolonialen *Gegen-Moderne*" nicht einfach nur in einem angrenzenden, widerständigen oder antagonistischen Verhältnis zur Moderne stehen, sondern dass sie vielmehr ihre hybride Grenzlage oder Grenzerfahrungen dafür nutzen, die „Vorstellungswelt der Metropole und Moderne zu ‚übersetzen' und dadurch neu einzuschreiben" (Bhabha 2000, S. 9).

Dass Geschichtsschreibung unterlaufen wird, mutet als Argument für ein Konzept von Hybridität als Handlungsraum zunächst einmal recht abstrakt an. Doch Bhabha spricht ja zugleich von der Verunsicherung der Identität und wendet sich damit auch dem Subjekt selbst zu – und zwar sowohl auf der Ebene der Autorität als auch auf der Ebene des „Untertans". Das Hybride überführt ja Symbole in eine neue Zeichenhaftigkeit und setzt innerhalb des kolonialen Diskurses an der gar nicht mehr so stabilen, sondern vielmehr fragilen Stelle kolonialer Autorität an. „Hybridität", führt Bhabha in diesem Sinne aus, „ist der Name für diese De-plazierung des Wertes vom Symbol zum Zeichen, die zur Aufspaltung des dominanten Diskurses entlang der Achse seines Vermögens führt, repräsentativ, autoritativ zu sein. Hybridität repräsentiert", und hier geht Bhabha explizit auf die Ebene der Subjekte ein, „jene ambivalente ‚Verwandlung' des Untertanen/ Subjektes in das schreckenerregende, entstellte Objekt paranoider Klassifikation – eine beunruhigende Infragestellung der Bilder und Präsenzformen der Autorität" (Bhabha 2000, S. 168). Und mehr noch als eine Infragestellung bewirkt diese Perspektive der Hybridität eine Sicht auf koloniale Macht, die „zu einer Krise für jedes Konzept der Autorität das auf einem Erkenntnissystem basiert" führen muss (Bhabha 2000, S. 168).

Hybridisierungen finden also – und dies ist eine spezifische Akzentuierung von Bhabha, die nicht unwidersprochen geblieben ist (vgl. dazu die Ausführungen im Kapitel zur Rezeption) – durch die Verunsicherung bei allen Beteiligten des kulturellen Kontakts statt. Für die Seite der kolonialen Autorität bedeutet dies, dass sie destabilisiert wird, „Hybridität ist das Zeichen der Produktivität der kolonialen Macht, ihrer flottierenden Kräfte und Fixpunkte", führt Bhabha dazu aus (Bhabha 2000, S. 166). Die koloniale Autorität erlangt durch die wiederkehrende Unterdrückung des Anderen und die Selbstvergewisserung gerade keinen festen Boden unter den Füßen. „Hybridität ist die Umwertung des Ausgangspunkts kolonialer Identitätsstiftung durch Wiederholung der diskriminatorischen Identitätseffekte. Sie offenbart die notwendige Deformation und De-plazierung sämtlicher Orte von Diskriminierung und Beherrschung. Sie entthront die mimetischen und narzißtischen Forderungen der kolonialen Macht, führt ihre Identifikationen aber in Strategien der Subversion wieder ein, die den Blick des Diskriminierten zurück auf das Auge der Macht richten. Denn das koloniale Hybride ist die Artikulation des ambivalenten Raumes, in dem der Ritus der Macht am Ort des Begehrens inszeniert wird, wodurch seine Objekte zugleich disziplinär und disseminierend […] werden" (Bhabha 2000, S. 166).

Hybridität als Affekt-Raum: jenseits der Sicherheit

Jene hybriden „Grenzerfahrungen" erscheinen bisher beinahe neutral; zwar verunsichernd, aber nicht emotional besetzt. Bhabha betont jedoch, dass durchaus konfliktäre Situationen des Kulturkontakts – und besonders augenfällig ist dies in der Kolonialgeschichte – immer affektiv aufgeladen sind. Die oben ausgeführten Momente der Unentscheidbarkeit werden mit Gefühlen des Un-heimlichen im alltagssprachlichen Sinne, der Panik und der Unsicherheit konnotiert, was sich besonders in den literarischen Texten niederschlägt (vgl. Bhabha 1997a, S. 442 f.).

Dabei ist festzuhalten, dass diese Emotionen keinesfalls nur aufseiten der Ohnmächtigen auftauchen, sondern – ganz im Sinne der oben beschriebenen doppelten Wirkungsweise der Differenz – alle Akteure affizieren: „Panik [...] hält die Einheimischen nicht einfach nur zusammen, sondern bindet sie auch – durch den Prozeß der Projektion – affektiv an ihre Herren, auch wenn dies in antagonistischer Form geschieht" (Bhabha 2000, S. 303). Doch diese Panik hat nun zwei Seiten, die überraschend sind: Einerseits ergreift sie Kolonisierte wie Kolonialherren gleichermaßen und als wechselseitige Objekte der Panik sind sie andererseits wechselseitig aneinander gebunden. Darüber hinaus sieht Bhabha auch die Rezipienten emotional affiziert: Morrison wirft die Leserschaft in eine unheimliche, ihm vollkommen fremde und zunächst nicht zu entziffernde/deutende Welt (Bhabha 2000, S. 297 ff.).

Die „hybriden Grenzlagen oder Grenzerfahrungen" sind mit existenziellen Emotionen aufgeladen, was sich nicht nur in der kolonialhistorischen Rezeption ablesen lässt, sondern besonders brisant in der Gegenwart der Anschläge vom 11. September zu diskutieren ist (vgl. Bhabhas Stellungnahme im „Ausblick"-Kapitel dieses Bandes). Besonders nach den Anschlägen erfährt die postkoloniale Theorie kritische Angriffe – nicht zuletzt auf der Grundlage der Argumentationsfigur des „Kampfes der Kulturen", wie Samuel Huntington sie lanciert und populär gemacht hat (vgl. Huntington 2002) und gegen die Bhabha selbst Stellung bezieht in einem Artikel, den er kurz nach den Anschlägen veröffentlicht (vgl. Bhabha 2001a). Dabei sieht sich die „Kampf-These" ja bekanntlich darin bestätigt, dass sich monolithische kulturelle Blöcke gegenüberstehen – West und Ost (bzw. „the west and the rest"), Christentum und Islam – und kulturell bzw. religiös motivierte Konflikte blutig ausgetragen werden. Für Bhabha bedeutet dieses zeithistorische Ereignis kein Scheitern seiner Hybriditätstheorie – die ja auch nicht harmonisch und als freundlich-friedliche kulturelle Synthese ausgelegt ist –, sondern stellt für ihn die Gelegenheit dar, „mehr über kulturelle Übersetzung und kulturelle Hybridisierung nachzudenken.." (Charim und Bhabha 2007). Wieder weist er auf die Situation kulturellen Kontakts im Sinne der Hybridität hin, indem er betont, dass migrationspolitische Bestrebungen der Assimilation nicht zu einer schlichten, freundlich-harmonischen Angleichung an die vermeintlich homogene, majoritäre Kultur führen können. Assimilation ist laut Bhabha nämlich keine „Einbahnstraße [..., sondern] eine mehrspurige Autobahn" (Charim und Bhabha 2007). Hier argumentiert Bhabha wieder sehr deutlich gegen eine kulturelle Synthese oder die Überzeugung einer homogenen einheitlichen Identität. Für Bhabha liegt die Problematik darin, dass politische Emotionen in den Situationen der Assimilation und Integration zu wenig Beachtung finden und in der Folge Gefühle der Nichtzugehörigkeit und der Entfremdung durch extremistische Einstellungen kompensiert werden (vgl. Charim und Bhabha 2007).

Bhabhas jüngste Beschäftigungen mit den Zeugnissen der gewaltvollen Geschichte in Ruanda betonen nochmals das Moment der entsetzten Sprachlosigkeit über das Geschehene und dessen Gestaltungsformen im Text. Die Artikulation von Unartikulierbarem sieht Bhabha dabei nicht als ein unbewusstes Verstummen, sondern als ambivalenten Raum von klarem Wissen und schmerzhafter Sprachlosigkeit: „What is so interesting is not the newness of knowledge, not the proposition of what happened", betont Bhabha im Hinblick auf die Zeugnisse der Menschen in Ruanda, „[…] it's not that it ist he unconscious inarticulacy of trauma. Although that too exists, what is interesting is the conscious production of a form of speech which at one level knows exactly the history and its causes and explanations but at another level almost cannot articulate them …" (Byrne und Bhabha 2009, S. 153).

Formen der Hybridität

Auf der funktionalen Ebene formuliert Bhabha eine Reihe von Formen der Hybridität, die die oben genannten Aspekte hervorbringen und die z. T. schon vorgestellt wurden: Deplatzierung, Verschiebung, Verstreuung/Dissemination, Wiederholung und Verdoppelung, Verleugnung etc. und die in den späteren Kapiteln als spezifische Strategien in Form der Übersetzung oder Mimikry noch näher ausgeführt werden. Als Beispiel für die Funktionsweise der Hybridität soll hier das Beispiel des Gerüchts nachvollzogen werden, wie Bhabha es in seinem Aufsatz „Durch Brot allein" (Bhabha 2000, S. 295–315) ausführt.

In Bhabhas Lektüren werden koloniale Diskurse nicht nur als Symbole in Zeichen umgewandelt und damit mehrdeutig, undeutlich oder gar unleserlich, sondern jene Zeichen – wie etwa Morrison sie beschreibt oder die textuellen Zeugnisse des Aufstands in Indien von 1857 belegen – dienen auch der Solidarisierung. Die Zeichen kursieren nämlich in den Texten, in denen „die soziale Solidarität durch die Krisen und Kontingenzen des historischen Überlebens geschmiedet wird" (Bhabha 2000, S. 297).

Ein Verfahren, das einen solchen sozialen Zusammenhalt herbeiführt und in dem die politische Revolte gleichzeitig an Unkontrolliertheit, Panik, Wiederholung und Strategie gekoppelt ist, ist das Gerücht. Bhabha erläutert dies anhand der Weitergabe von Chapatis, d. h. ungesäuerten Fladenbroten, die in Indien kurz vor der Revolte von Dorf zu Dorf getragen wurden. Die Übergabe war stets mit dem geheimen Informationsaustausch der Menschen untereinander verbunden, sodass sie, so Bhabha, als stille und dem Kolonialherren unverständliche Zeichen fungierten, mittels derer sich die Menschen gegenseitig informieren und ggfs. warnen konnten (vgl. Kaye nach Bhabha 2000, S. 300 f.). Bhabha zeigt, wie das – wenn auch übertriebene oder ungenaue – Gerücht dazu führt, dass Kontiguität entsteht, d. h. ein historisches Ereignis, das nicht mehr kausal aus den Begebenheiten der Kolonialgeschichte abgeleitet werden kann. Das Brot ist damit nicht mehr nur ein indigenes Nahrungsmittel, sondern funktioniert als Weitergabe für die koloniale Autorität diffus erscheinender, unverständlicher Informationen. Nach Bhabha ist es indeterminiert, affektgeladen und funktioniert gemeinschaftsbildend: „Die Indeterminiertheit des Gerüchts konstituiert seine Bedeutung als sozialer Diskurs. Seine intersubjektive kommunale Bindekraft liegt in seiner Äußerungsform. Die performative Macht seiner Zirkulation resultiert im ansteckenden Charakter seiner Verbreitung […]" (Bhabha 2000, S. 299). Bhabhas Argument ist nun, dass sich Revolte und Widerstand gerade aus der Indeterminiertheit des Gerüchts bilden, welches umso wirkungsvoller ist, als sich in ihm die Zirkulation der Zeichen mit Affekten wie Panik verbinden und, wie oben schon ausgeführt, die Verbreitung und die affektgeladene Form des Zeichens zu sozialem Zusammenhalt führt. Die Zeit spielt dabei wiederum eine entscheidende Rolle, genauer gesagt die beschleunigte Zeit der Panik und der Zirkulation der Zeichen. Denn: „Die semiotische Situation von Ungewißheit und Panik wird erzeugt, wenn ein altes und vertrautes Symbol (Chapati) durch eine Transformation der Zeitlichkeit seiner Repräsentation eine ungewöhnliche soziale Bedeutung als Zeichen erhält. Die performative Zeit der Signifikation des Chapati, seine Zirkulation als ‚Verschwörung' und/ oder ‚Aufruhr' wechselt vom Gebräuchlichen und Gewöhnlichen ins Archaische, Ehrfurchtgebietende, Schreckenerregende" (Bhabha 2000, S. 301 f.). Bhabha betont damit, dass die „historische Handlungsmacht nicht weniger effektiv [ist], nur weil sie auf der disjunktiven oder de-plazierten Zirkulation von Gerücht und Panik basiert" (Bhabha 2000, S. 310).

Die Effektivität des Gerüchts lässt sich sogar in der offiziellen Geschichtsschreibung der britischen Kolonialherren ablesen, denn die Geschichtsschreibung – so zeigt Bhabha anhand einer historischen Quelle – zeugt auch 100 Jahre nach dem Aufstand noch von diesem Ereignis. Das Zirkulieren der Chapatis wird dort zwar als erregendes und Unsicherheit auslösendes Moment beschrieben, der genaue Funktionsmechanismus kann aber nicht erklärt werden (vgl. Bhabha 2000, S. 300 f.). Bhabha zeigt auf, dass in den Beschreibungen und in den verzweifelten Interpretations- und Erklärungsversuchen des britischen Kolonialherren, der sich am Ende nicht für eine Deutung entscheidet und das Unverständnis offen zugibt und als solches stehen lässt, Panik erkennbar wird (vgl. Bhabha 2000, S. 303 f.).

Unter Bezugnahme auf Lacan, nochmaligem Verweis auf Morrisons traumatisches „nicht-da" und den Moment des Nichtwissens bei Kaye resümiert Bhabha, dass hier die Wiederholung des Gerüchts und das Tempo der Panik Merkmale einer kulturellen Hybridität sind (er spricht gar von einem „Rand der Hybridität", Bhabha 2000, S. 309), in der sich die konfligierenden Partner berühren, sich ihre Dichotomien auflösen und beide Seiten wechselseitig im Moment der Panik berühren und durchdringen. Die einheimischen Zeichen, wie hier das Chapati-Brot, werden im Inneren deplatziert und im Äußeren Teil einer englischen Panik. Diese artikuliert sich in der offiziellen Geschichtsschreibung des Kolonialherrn, obwohl sie nicht manifest ist, in der Sprache der Undeutbarkeit, der Unentschiedenheit und des Nicht-Wissens über dieses Brot. Und sogar das Chapati selbst ist durch Gerüchte deplatziert, etwa wenn die Behauptung kursiert, dass Knochenmehl zum Backen verwendet wurde (vgl. Bhabha 2000, S. 309).

Bhabha kommt nochmals auf die erfolglosen Deutungsversuche des Chapatibrots zurück, um die Verbindung zwischen der Zirkulation des Zeichens mit dem Moment des (affektbeladenen) historischen Widerstands zu verbinden:

„Sie [die Passagen in Kayes Bericht über das Chapatibrot, K. S.] nehmen in seiner Erzählung einen Raum ein, in dem die Bedeutung unentscheidbar und das ‚Subjekt' des Diskurses zwischen dem einheimischen Informanten und dem kolonialen ‚Äußerer' gespalten und verdoppelt ist. Was auf der Ebene des Inhalts oder der Propositionalität *(énoncé)* als Panik des Einheimischen repräsentiert und fixiert ist, ist auf der Ebene der narrativen Propositionalität *(énonciation)* die sich ausbreitende, unkontrollierte Furcht und Phantasie des Kolonialherrn. Eine kontingente Grenzerfahrung öffnet sich *zwischen* Kolonialherrn und Kolonisiertem. Es ist dies ein Raum kultureller und interpretativer Unentscheidbarkeit, der in der ‚Gegenwart' des kolonialen Moments produziert wird. Ein solches ‚außerhalb' ist auch in meinem beharrlichen Hinweis darauf sichtbar, daß die Bedeutung des Chapati als Zirkulation nur in der Zeitdifferenz, dem zeitlichen Bruch, zwischen seiner sozial-symbolischen Ordnung und seiner iterativen Wiederholung als Zeichen des Unentscheidbaren, des Schreckenerregenden entsteht" (Bhabha 2000, S. 308).

Hier greift Bhabha auf die Idee der Spaltung des Subjekts innerhalb der Äußerung zurück und betont zudem, dass das Hybride gerade nicht als neue Wahrheit, als – auch emotional erlösende – Synthese funktioniert. Bhabha unterstreicht die unsichere Situation zwischen Sicherheit und Unsicherheit, Entscheidungs- und

Deutungsoptionen, um die Effektivität der Hybridität zu verdeutlichen. Auf der Ebene des Subjekts gibt es nach Bhabha keine Identität sondern Möglichkeiten der Identifikation. Unter Hybridität versteht er die Identifikation im psychoanalytischen Sinne als Prozess der Identifikation mit anderen und durch andere Objekte. Der Agens, also das Subjekt, ist dabei durch eine immanente Ambivalenz gekennzeichnet, die es durch die Identifikation mit dem Anderen konstitutiv in sich trägt: „I try to talk about hybridity through it psychoanalytic analogy, so that identification is a process of identifying with and through another object, an object of otherness, at which point the agency of identification – the subject – is itself always ambivalent, because of the intervention of that otherness". (Rutherford und Bhabha 1990, S. 211) Hybridität funktioniert auf dieser Ebene als der „zwischenräumliche Übergang zwischen festen Identifikationen", der „die Möglichkeit einer kulturellen Hybridität" eröffnet, „in der es einen Platz für Differenz ohne eine übernommene Hierarchie gibt" (Bhabha 2000, S. 5). Und für jenen zwischenräumlichen Übergang erfindet Bhabha eine Konzeptmetapher, die synonym für seinen Begriff der Hybridität ist und für die Bhabha mindestens ebenso berühmt wurde: der Dritte Raum.

„Im Prozeß der Übersetzung wird ein weiterer **politischer und kultureller Kampfplatz im Zentrum der kolonialen Repräsentation selbst aufgeschlossen**. Das Wort der göttlichen Autorität wird hier durch das Beharren auf dem einheimischen Zeichen mit einem gravierenden Makel infiziert, während die Sprache des Herrn in der Praxis der Herrschaft selbst hybrid wird und nunmehr weder das eine noch das andere ist. Das unberechenbare kolonisierte Subjekt – halb fügsam, halb widerspenstig, aber nie vertrauenswürdig – schafft für die **Zielrichtung der kolonialen kulturellen Autorität ein unlösbares Problem** kultureller Differenz." (Bhabha 2000, S. 51, Hervorhebung K. S.)

2.4 Dritter Raum: „Das Hin und Her des Treppenhauses"

Ein Kampfplatz im Zentrum des Kolonialdiskurses, ein unlösbares Problem für eine autoritäre Zielrichtung: Die Metaphern von Platz, Zentrum und Zielrichtung deuten bereits an, dass Bhabha für die Konkretion seines abstrakten Hybriditätsbegriff auf eine räumliche Semantik zurückgreift. Diese räumliche Metaphorik ist ja bereits in den Ausführungen zur Hybridätt und zur kulturellen Differenz aufgetaucht in Begriffen wie „Da-zwischen", „beyond" oder dem „Zwischen-Raum". Für diese Denkfiguren von Differenz, die prozessual und als Übergangsmoment, die unvorhersehbar und postdialektisch funktionieren, wird der Dritte Raum synonym eingeführt. Die folgenden Erläuterungen zum Dritten Raum werden in vielen Aspekten also an die Funktionsweisen und Dimensionen von Hybridität erinnern, wie sie im vorangegangenen Kapitel bereits vorgestellt wurden. Dass dem Dritten Raum dennoch ein eigenes Unterkapitel in dieser Einleitung gewidmet wird, liegt darin begründet, dass das Konzept von Bhabha als spezifischer Terminus ausgewiesen wird und dass es als metaphorische Konkretion von Hybridität eine nahezu überwältigende Rezeption erfahren hat (vgl. dazu das Kapitel zur Rezeption).

Zunächst zur Genese des Begriffs. Das Konzept des Dritten Raums ist in Bhabhas Arbeiten aus zwei Quellen inspiriert: einer theoretischen, marxistisch-philologischer Provenienz und einer künstlerischen, aus dem Bereich der bildenden Kunst. Bhabha entwickelt in seinen Arbeiten eine Denkfigur, die sein dekonstruktivistisches Denken der Differenz zu veranschaulichen erlaubt. Eine solche Konzeptmetapher bietet sich ihm in der kritischen Fortschreibung des gleichnamigen Konzepts des Dritten Raums von Frederic Jameson an (vgl. Bhabha 1994, S. 217 ff.).

Fredric Jameson (*1934) ist einer der einflussreichsten marxistischen Literaturwissenschaftler in den USA, wo er als Professor für Komparatistik und Romanistik an der Duke Universität tätig ist. Für Bhabhas Theoriebildung ist er zentral, da er einerseits die Konzeption des Dritten Raums vorschlägt und da er andererseits aus marxistischer Sicht den Zusammenhang von Literatur und Kultur (unter Einbeziehung strukturalistischer und poststrukturalistischer Denkansätze) in den Blick nimmt; so etwa in: *Das politische Unbewußte. Literatur als Symbol sozialen Handelns* (Original: 1981), *Spätmarxismus. Adorno oder Die Beharrlichkeit der Dialektik* (Original: 1990) oder *Mythen der Moderne* (Original: 2004), vgl.

Jameson 1988, 1992 und 2007. Die Prämisse seines Denkens ist der Marxismus, der allen theoretischen und methodischen Ansätzen der Literaturwissenschaft vorausgeht und deren „Horizont" ausmacht. So untersucht er auch rezente Phänomene der Postmoderne unter dem Blickwinkel des „Spätkapitalismus".

Das Konzept des Dritten Raums führt Jameson vor dem Hintergrund marxistischer Gesellschafts- und Klassentheorie ein, um dialektische Verhältnisse in diesen Machtstrukturen neu zu denken. Bhabha schreibt nun die Konzeption des Dritten Raums kritisch fort, denn an Jamesons Begriffsdefinition erkennt er zwar den postdialektischen Zug an, verweist aber auf eine weiterhin bestehende essenzialisierende und reduktionistische Grundierung. Bhabha kritisiert zwei für ihn wesentliche Aspekte: die Beibehaltung von Dichotomien und die Verengung auf die Kategorie der Klasse. Bhabha greift Jamesons Argumentation (auch wenn er selbst einräumt, der Komplexität von Jamesons Ausführungen damit nicht ganz gerecht zu werden, vgl. Bhabha 2000, S. 333) also einerseits in dem Punkt an, dass diese zwar mittels eines Dritten Raums die herkömmlichen Kategorien zu überschreiten versucht, aber in einer alten, marxistischen Dichotomie bzw. einer Grundkategorie gefangen bleibt, nämlich in der Dichotomie von Basis und Überbau (vgl. Bhabha 2000, S. 328 f.). Bei Jameson wird ein dritter Repräsentationsraum doch wieder „von der Basis-Überbau-Aufteilung resorbiert" (Bhabha 2000, S. 330), er ist „ein Symptom der Unfähigkeit Jamesons [...] über die binäre Dialektik von innen und außen, von Basis und Überbau hinauszugehen" (Bhabha 2000, S. 331). Andererseits reduziert Jameson aus Bhabhas Sicht seinen Blick auf die Differenzkategorie der Klasse und definiert diese als grundlegend. Damit macht Jameson es „unmöglich, Formen der kollektiven sozialen Identität zu entwerfen, die nicht schon zuvor als eine Form der Klassenidentität benannt worden wären. Die Klassenidentität ist autoreferentiell [...]." (Bhabha 2000, S. 332) Bhabha folgert, dass es Jameson – durch den „Wert, den er der sichtbaren Klassendifferenz beimißt" – nicht gelingt, „den gegenwärtigen Moment als die Anzeichen für andere zwischen-räumliche Einschreibungen kultureller Differenz zu konzipieren" (Bhabha 2000, S. 333). Dieser anderen zwischenräumlichen Konzeptionen aber bedarf es, um Phänomene kultureller Differenzierung vor dem Hintergrund der postmodernen Globalisierung und im Sinne eines neuen internationalen Raums zu verstehen. Sie sind gerade nicht auf jene marxistischen Denkfiguren rückführbar, wie Bhabha im Besonderen in „Wie das Neue in die Welt kommt" (Bhabha 2000, S. 317–352) ausführt.

Konkret und quasi in materieller Gestalt sieht Bhabha seinen Dritten Raum – und damit kommt die zweite Inspirationsquelle für das Konzept ins Spiel – in der künstlerischen Arbeit von Green. Es handelt sich dabei um eine Installation der afro-amerikanischen Künstlerin mit dem Titel *Sites of Genealogy*. In diesem Kunstwerk, das 1990 am *Institute of Contemporary Art*, New York, installiert wurde, nutzt Green das gesamte Gebäude für eine Inszenierung der identitätsstiftenden Binaritäten oben und unten, ‚schwarz' und ‚weiß', Himmel und Hölle. Im Mittelpunkt der Ausstellung steht dabei das Treppenhaus als der gleichermaßen konstituierende, wie dazwischenliegende Bereich. Die Installation ist für Bhabha die künstlerische Repräsentation des liminalen Raums und des Da-zwischen:

> „Das Treppenhaus als Schwellenraum zwischen den Identitätsbestimmungen wird zum Prozeß symbolischer Interaktion, zum Verbindungsgefüge, das den Unterschied zwischen Oben und Unten, Schwarz und Weiß konstituiert. Das Hin und Her des Treppenhauses, die Bewegung und der Übergang in der Zeit, die es gestattet, verhindern, daß sich Identitäten an seinem oberen und unteren Ende zu ursprünglichen Polaritäten festsetzen." (Bhabha 2000, S. 5)

Bhabha sieht in Greens Installation dialektische Denkmuster umgewandelt in ambivalente Raumbewegungen: ein Schwellenraum zwischen festen Identitätskonstruktionen, eine Bewegung des Hin und Her, ein Übergang zwischen Polaritäten, der überdies auch noch das Denken von Ursprünglichkeit, Vorgängigkeit und Hierarchisierungen hinter sich lässt. Und damit wird auch deutlich, dass es Bhabha hier nicht um einen konkreten, veritablen Raum geht – und schon gar nicht um einen Ort – sondern um eine spatial semantisierte, theoretische Konzeption. Hier handelt es sich nicht um einen stabilen alternativen Ort als Auflösung zwischen etwa oben und unten, also nicht um eine Synthese zwischen antithetisch gedachten Kulturen. Mittels des Dritten Raums visiert Bhabha vielmehr den Übergang zwischen den Binaritäten an und damit die bereits erwähnte Zone der kulturellen Differenz. In einem neueren Text verknüpft Bhabha seine Idee des Dritten Raums unmittelbar mit der der kontextualisierten, ‚lokalen' kulturellen Übersetzung (vgl. Bhabha 2009, S. ix). Dabei betont Bhabha im Besonderen die dialogische Fundierung seines Konzeptes, die Aushandlungssituation, die sich inmitten eines hegemonialen Diskurses entfaltet – und Bhabha erwähnt hier als Beispiel Ruanda, auf das im letzten Kapitel noch zurückzukommen sein wird – und im Moment des Dialogs den Herrschaftsdiskurs seiner Autorität „entkleidet" (Bhabha 2009, S. x).

Dieser Dritte Raum als Konzeptmetapher der Hybridität erlaubt es Bhabha, seine Konzeption der Hybridität auf unterschiedlichen Ebenen bildlich zu fassen:

erstens auf der Ebene der Prozessualität, zweitens auf der Ebene der Zeit- bzw. Geschichtskonstruktionen und drittens auf der Ebene der Ausbildung von Gemeinschaften, der Identifikationen und (sozialen) Handlungsmacht der Subjekte.

Zum Ersten. Dass der Dritte Raum für einen Übergang, eine Bewegung steht, ist im obigen Zitat schon explizit formuliert worden. Der Gedanke der Prozessualität ist für Bhabha aus dem Grunde so fundamental, weil er jegliches Denken von Stabilität und eindeutiger Abgrenzbarkeit, von Essenzialismus und Kulturen, die sich gegenüber- oder nebeneinander stehen, vermeiden will. Grundlegend dafür ist Bhabhas Annahme, wie schon zu seinem Kultur- und seinem Differenzbegriff erläutert, dass sich die Prozesse auf der diskursiv-semiotischen Ebene abspielen und nur dort beschreibbar werden. Er geht mit Derrida davon aus, dass bedeutungsgenerierenden Prozesse immerwährend ablaufen. Im Dritten Raum werden eindeutige Symbole zu polysemischen Zeichen umkodiert: „Eben jener Dritte Raum", konstatiert Bhabha, „konstituiert, obwohl ‚in sich' nicht repräsentierbar, die diskursiven Bedingungen der Äußerung, die dafür sorgen, daß die Bedeutung und die Symbole von Kultur nicht von Anfang an einheitlich und festgelegt sind und daß selbst ein und dieselben Zeichen neu belegt, übersetzt, rehistorisiert und gelesen werden können." (Bhabha 2000, S. 57).

So sind weder die Festlegung eines Sinns möglich noch die Festschreibung einer Kultur. Ebensowenig ist dabei ein schlichtes Modell von spiegelnder Mimesis denkbar: Hier greift Bhabha die Idee von einem vorgängigen Original (etwa die Realität) und einer nachgängigen Repräsentation (etwa der Text) an. Wenn dies nun nicht mehr in dieser Form auftrennbar ist, dann folgt daraus auch für die Geschichtsschreibung, dass diese keine eindeutige Linearität mehr behaupten kann. In Bhabhas Worten: „Das Dazwischentreten des Dritten Raums der Äußerung, das die Struktur von Bedeutung und Referenz zu einem ambivalenten Prozeß macht, zerstört diesen Spiegel der Repräsentation, der kulturelles Wissen gemeinhin als integrierten, offenen, sich ausdehnenden Code zeigt. Die Einführung dieses Raumes stellt unsere Auffassung von der historischen Identität von Kultur als einer homogenisierenden, vereinheitlichenden Kraft, die aus der originären Vergangenheit ihre Authentizität bezieht und in der nationalen Tradition eines Volkes am Leben gehalten wurde, sehr zu Recht in Frage" (Bhabha 2000, S. 47).

Zum Zweiten. Damit ist bereits die Dimension der Geschichtsschreibung und der Zeitkonzeptionen angesprochen. Bhabha geht ja, wie im Kapitel zur Hybridität und Differenz erläutert wurde, davon aus, dass eine Hybridisierung und eine interne Differenz gerade auch innerhalb des vermeintlich stabilen, autoritären, eindeutigen autoritären (Kolonial-)Diskures aufzufinden sind. Der Versuch einer stabilisierenden, oftmals nationalistischen Geschichtsschreibung ist demnach als ein Versuch der Stabilisierung und Vereindeutigung zu verstehen. Gleichwohl ist diese Historiographie auch zum Scheitern verurteilt, denn die inhärente kulturelle Differenz und die Präsenz von Minderheiten, die ihre eigenen Geschichtsschreibungen und Zeitwahrnehmungen in den hegemonialen Diskurs einschreiben, machen dieses homogenisierende, essenzialisrende Unterfangen unmöglich. Die Historiographie kann demzufolge weder eine Eindeutigkeit in Form einer linearen Geschichte behaupten noch einen Wahrheitsanspruch postulieren. Eine teleologische (Entwicklungs-)Geschichte kann damit keine ‚wahrheitsgemäße' Wiedergabe der Machtgeschichte behaupten und vielmehr noch: Sie wird viel grundsätzlicher gestört, indem die Abfolge von Vergangenheit, Gegenwart und Zukunft problematisiert wird. Dies liegt nicht nur darin begründet, dass der Kolonialdiskurs in sich brüchig ist, sondern auch darin, dass unterschiedliche kulturelle Zeitlichkeiten – und dies wurde bereits im Kapitel zur kulturellen Differenz ausgeführt – aufeinander treffen.

Diese Überlagerungen unterschiedlicher Zeitkonzeptionen und Geschichtsschreibungen artikuliert sich in der unauflöslichen Spannung des Dritten Raums: „Die nichtsynchrone Zeitlichkeit globaler und nationaler Kulturen", schreibt Bhabha, „eröffnet einen kulturellen Raum – einen dritten Raum –, in dem die Verhandlung inkommensurabler Differenzen eine Spannung schafft, wie sie für Existenz(weis)en an der Grenze typisch ist" (Bhabha 2000, S. 326). Damit wird auch deutlich, dass die Raum-Metapher weniger zur Lokalisierung und zur Betonung von Orten dient, sondern dass durch die Ausdehnung als Raum auch Aspekte von Dynamik und damit im Besonderen auch von Zeitlichkeit betont werden können.

Zur Illustration der Verhandlung inkommensurabler Differenzen führt Bhabha etwa die Arbeiten des an der US-mexikanischen Grenze lebenden Performancekünstlers Guillermo Gomez-Peña an (vgl. Bhabha 2000, S. 326 f.). Bhabha leitet aus seinen Arbeiten für Raum-, Zeit- und Geschichtskonzeptionen recht poetisch ab: „Im Bereich des darüber Hinausgehenden zu sein heißt also, [...] einen Zwischenraum zu bewohnen. Aber im ‚Darüber Hinaus' zu wohnen heißt auch, [...] an einer re-visionären Zeit teilzuhaben, an einer Rückkehr in die Gegenwart, um unsere kulturelle Gleichzeitigkeit neu zu beschreiben; um unsere menschliche, geschichtliche Gemeinsamkeit neu einzuschreiben; *die Zukunft auf der uns zugewandten Seite zu berühren.*" (Bhabha 2000, S. 10).

Zum Dritten. Dass der Dritte Raum nun ephemer und in sich nicht repräsentierbar ist, bedeutet nicht – und hier betont Bhabha die Ebene der Identifikationen und der Handlungsrelevanz für die Subjekte –, dass er soziokulturell wirkungslos oder allein im Ästhetischen zu finden ist. Im dritten Raum werden neue

Formen von Gemeinschaft denkbar, die sich durch eine spezifische Solidarität auszeichnen, zu einem Gemeinschaftskonzept führen, das Ideen von Nation oder Volk transzendiert und die im Zuge einer spezifischen Minoritarisierung eine eigene Art der Handlungsmöglichkeiten ausbilden.

Der Dritte Raum hat demnach eine sozialisierende Funktion für (nicht nur minoritäre) Gemeinschaften. Bhabha geht der Frage nach, wie sich ohne den konzeptionellen Zusammenhalt durch Konzepte der Klasse oder der Binarität Basis-Überbau minoritäre Gruppen denken lassen und wodurch diese ihre Bindung(skraft) erhalten. Die „Bande der Solidarität", so erklärt Bhabha, „werden durch die ambivalenten Artikulationen im Bereich des Ästhetischen, des Phantasmagorischen, des Ökonomischen und des Politischen geknüpft: eine Zeitlichkeit der sozialen Konstruktion und Kontradiktion [...], ein Alltag, der die synchrone Gleich-Zeitigkeit der Moderne hinterfragt" (Bhabha 2000, S. 344). Dieser Aspekt der Solidarität führt Bhabha zu einem spezifischen Denken von Gemeinschaft, das er auch in Anlehnung an Chatterjee (und dessen Rekurs auf Hegel) entwickelt (vgl. Bhabha 2000, S. 345) Fluchtpunkt seiner Überlegungen sind dabei die narrative Dimension von Gemeinschaft (vgl. dazu auch die Erläuterungen zu Bhabhas „Right to narrate" im letzten Kapitel dieses Bandes), die in ihrer differentiellen Anlage neue Formen der minoritären Artikulation innerhalb eines majoritären Diskurses ermöglicht: „Gemeinschaft stört die große globalisierende Narrative des Kapitals, de-plaziert die privilegierte Rolle der Produktion in der Kollektivität der ‚Klasse' und bricht die Homogenität der erfundenen Gemeinschaft der Nation auf. Die Narrative der Gemeinschaft verleiht der kulturellen Differenz Substanz [...]." Bhabha interessiert das Konzept der Gemeinschaft, „insofern durch sie die Idee der Gesellschaft in der praktischen Politik der Kultur ‚minoritär' wird. Gemeinschaft ist das antagonistische Supplement der Moderne: im metropolitanen Raum ist sie das Territorium der Minorität, das die Forderungen der Bürgerlichkeit bedroht; in der transnationalen Welt wird sie zum Grenz-Problem des in der Diaspora Lebenden, des Migranten, des Flüchtlings. [...] Denn schließlich geht es beim Diskurs von Minoritäten um die Schaffung von Handlungsmacht durch inkommensurable (nicht einfach nur multiple) Positionen hindurch" (Bhabha 2000, S. 346).

Bhabha verfolgt anhand einiger exemplarischer Analysen von Gedichten Derek Walcotts – und hier lässt sich kritisch anmerken, dass der Bereich des Ästhetischen doch der aussagekräftigste zu sein scheint –, wie eine „Poetik der ‚zwischenräumlichen' Gemeinschaft aussehen könnte (Bhabha 2000, S. 346, zu den Analysen vgl. Bhabha 2000, S. 346 ff.). „Diese ‚Zwischen'-Räume stecken das Terrain ab, von dem aus Strategien – individueller oder gemeinschaftlicher – Selbstheit ausgearbeitet werden können, die beim aktiven Prozeß, die Idee der Gesellschaft selbst zu definieren, zu neuen Zeichen der Identität sowie zu innovativen Orten der Zusammenarbeit und des Widerstreits führen" (Bhabha 2000, S. 2). Das verbindende Element in diesem solidarischen Innovationsraum der Gemeinschaft bildet dabei die Hybridität. Hier verbindet Bhabha sein theoretisches Denken der kulturellen Differenz mit einem politischen Ansatz auf kollektiver, wie auf subjektiver Ebene (und spielt zudem am Ende dieses Zitats auf Kristevas Identifizierungskonzeption an):

> „Denn eine Bereitschaft, in jenes fremde Territorium, in das ich den Leser geführt habe, hinabzusteigen, könnte den Blick dafür freimachen, daß die theoretische Anerkennung der Gespaltenheit des Äußerungsraumes den Weg zur Konzeptualisierung einer *inter*nationalen Kultur weisen könnte, die nicht auf der Exotik des Multikulturalismus oder der *Diversität* der Kulturen, sondern auf der Einschreibung und Artikulation der *Hybridität* von Kultur beruht. Dabei sollten wir immer daran denken, daß es das ‚inter' – das Entscheidende am Übersetzen und Verhandeln, am Raum da-zwischen – ist, das den Hauptanteil kultureller Bedeutung in sich trägt. [...] Und indem wir diesen Dritten Raum erkunden, können wir der Politik der Polarität entkommen und zu den anderen unserer selbst werden" (Bhabha 2000, S. 58).[17]

Diese Artikulationsmöglichkeiten auf einer globalen, politischen Ebene in einem Dritten Raum nimmt Bhabha in einem aktuelleren Aufsatz nochmals expliziter in den Blick (und vermutlich gegen den Vorwurf der Ästhetisierung), wenn er die dichotome (mit Donald Winnicott psychoanalytisch gedachte) Trennung von Subjekt und Kontext bzw. Umwelt in den Mittelpunkt stellt und nochmals betont, dass sein Interesse an politischen Spielräumen nicht aus der Literatur, sondern aus dem politischen Diskurs inspiriert ist:

> „Contiguity, Winnicott suggests, explores a third area of life, between the individual and the environment. It is an intermediate ‚area', a potential space between subject and object in which cultural experience is located. An area of ‚intermediate living' is, in Winnicott's words, a third space of psychic and social ‚variability', whose agency and creativity lie in experiences that constellate or ‚link the past, present and the future'. [...] My interest in the ‚intermediate life' of the global experience – that ‚third' space

---

17 Weitere Beispiele dafür sind neben Green und Gomez-Peña die hybride Chicano-Ästhetik, „nuyoricanische", also New-York-puertoricanische Kunstwerke oder die Photographie des amerikanischen Photographen Alan Sekura (vgl. dazu etwa Bhabha 2000, S. 10 ff.)

somewhere between the old and the new – did not start with art or literature or even philosophy. It was through my reading of economic and legal debates about ‚global citizenship' and ‚cultural rights' that I became aware of a kind of contiguous, double horizon that hovered over the global discourse" (Bhabha 2003, S. 32).

Das Konzept des Dritten Raums ist, so lässt sich zusammenfassend festhalten, in mehrfacher Hinsicht eine Herausforderung: Es ist der ästhetische, ephemere Ausdruck kultureller Differenz, es ist die Grenzerfahrung des Subjekts, es ist postkoloniale Dekonstruktion und überdies ein theoretischer Begriff, der sich jeglicher Definition und Konkretion auf der theoretischen Ebene entzieht. „The third space", führt Bhabha jüngst aus, „is a challenge to the limits of the self in the act of reaching out to what is liminal in the historic experience, and the cultural representation, of other peoples, times, languages, and texts" (Bhabha 2009, S. xiii).

Der Kampfplatz, von dem oben im leitenden Zitat die Rede ist, ist damit ein kultureller und ein politischer zugleich. Er entsteht nicht gegen den hegemonialen Diskurs kolonialer Autorität sondern in seinem Zentrum, und lenkt hier die Zielrichtung um: gegen sich selbst, gegen den im Eigenen wohnenden Fremden, gegen vermeintliche Ränder und Grenzen. Die Hybridisierungen und die Öffnungen des Dritten Raums geschehen dabei auf der Ebene des Diskurses in unterschiedlichen Strategien: Im Folgenden sollen exemplarisch das agonistische Denken der Übersetzung und die verunsichernde und höchst effektive Strategie der Mimikry näher erläutert.

„Im **Prozeß der Übersetzung** wird ein weiterer politischer und kultureller Kampfplatz im Zentrum der kolonialen Repräsentation selbst aufgeschlossen. **Das Wort der göttlichen Autorität wird hier durch das Beharren auf dem einheimischen Zeichen mit einem gravierenden Makel infiziert,** während die Sprache des Herrn in der Praxis der Herrschaft selbst hybrid wird und nunmehr weder das eine noch das andere ist. Das unberechenbare kolonisierte Subjekt – halb fügsam, halb widerspenstig, aber nie vertrauenswürdig – schafft für die Zielrichtung der kolonialen kulturellen Autorität ein unlösbares Problem kultureller Differenz." (Bhabha 2000, S. 51, Hervorhebung K. S.)

Strategien – Übersetzung und Mimikry

2.5 Übersetzung: ein „Kampfplatz im Zentrum der kolonialen Repräsentation"

Sprachvermischungen, Bedeutungsverschiebungen, Machtdurchdringungen: All diese Phänomene erfasst Bhabha, wenn er die verschiedenen Dynamiken der kulturellen Hybridität analysiert. Während Hybridität und Dritter Raum als Kategorien zu betrachten sind, die die spezifischen internen wie externen kulturellen Mischprozesse als Phänomene zu beschreiben erlauben, schafft Bhabha für die Funktionsweisen oder die Strategien der Hybridität Konzepte wie Übersetzung oder Mimikry.

„Im Prozeß der Übersetzung", so heißt es oben im Zitat, wird das Wort der (sogar göttlichen) Autorität infiziert; es ist mit einem Makel behaftet, wird damit selbst hybrid und verliert sogar seine Identität, indem es schließlich weder das eine noch das andere ist. Die Vorstellung von Übersetzung, die Bhabha hier formuliert, weicht entscheidend ab von einem konventionellen Verständnis, demzufolge in einer Übersetzung von einem Original in eine Zielsprache übersetzt wird, dass dieses Original unangetastet bleibt und die Transformation schlicht in der anderen Sprache stattfindet. Im Übersetzungsprozess wird gekämpft, infiziert, Identitäten verschieben sich, und es werden prinzipiell stabile Machthierarchien hinterfragt.

Mit Übersetzung bezeichnet Bhabha einen grundlegenden, kulturellen Mechanismus der Hybridität. Er entwickelt dieses Konzept wiederum auf der Grundlage seines semiotisch-diskursiven Kultur- und Differenzkonzepts und seiner Lektüren literarischer Texte, besonders prominent etwa Rushdies Roman *Die Satanischen Verse*. Zentral sind dabei mehrere Aspekte: die Idee, dass durch Übersetzungsprozesse im Inneren der Kulturen Selbstentfremdungseffekte auftreten, die zu Hybridisierungen führen; die Annahme, dass bei Übersetzungsprozessen alle beteiligten Komponenten beeinflusst werden und nicht zuletzt auch der von Benjamin ausgehend entwickelte Gedanke der Unübersetzbarkeit.

Denkt man an kulturelle Kontaktsituationen und kulturellen Austausch, so liegt die Idee von sprachlichen Vermischungen und Übersetzungen auf der Hand.

Situationen des Verstehens und der Missverständnisse, sprachliche Verwechslungen oder Neuschöpfungen sind immer Teil dieser inter-kulturellen Dynamiken. Bhabha betont dabei immer wieder, dass er nicht von kulturellen Entitäten ausgeht, die zwischen sich einen Bereich etablieren, sondern dass er das Präfix „inter" konzipiert als „das Entscheidende am Übersetzen und Verhandeln, am Raum dazwischen – [...], das den Hauptteil kultureller Bedeutung in sich trägt" (Bhabha 2000, S. 58).

Doch diese Übersetzungsmechanismen stehen noch über die Ebene der Sprache hinaus für die De- und Rekonstruktion von Bedeutung in den hybriden Sphären innerhalb und an den Rändern kultureller Formationen. Wie schon im Kapitel zu Bhabhas Kulturkonzept deutlich geworden ist, geht Bhabha dabei davon aus, dass Kulturen nach außen an ihren Rändern, aber auch nach innen in den eigenen Signifikationsprozessen von permanenten Hybridisierungen geprägt sind. Kulturen sind, so hat Bhabha ausgeführt, nicht nur als transnational, sondern – hier kommt das Übersetzungskonzept ins Spiel – auch als translational zu verstehen (vgl. die Ausführungen im Kapitel zum Kulturbegriff). Das Translationale bezeichnet dabei den permanenten Prozess der Hybridisierung, in dem das Fremde im Eigenen auftaucht und damit das bereits beschriebene ‚Unheimliche' inmitten des Vertrauten seinen Platz einnimmt. Im Fokus auf Phänomene der Übersetzung treten Erfahrung des Befremdens oder des Sich-Selbst-Fremdwerdens in den Vordergrund: „By translation I first of all mean a process by which, in order to objectify cultural meaning, there always has to be a process of alienation and of secondariness in relation to itself. In that sense there is no ‚in itself' and ‚for itself' within cultures because they are always subject to intrinsic forms of translation" (Rutherford und Bhabha 1990, S. 210).

Jene intrinsischen Formen der Übersetzung innerhalb eines Subjekts, aber auch innerhalb kultureller Formationen, bilden erneut Bhabhas zentrales Argument gegen holistische, essenzialistische Vorstellungen. Bedeutungen (und Wertvorstellungen, Machtrelationen etc.) sind jenen internen Übersetzungsprozessen unterworfen, die immer etwas Fremdes in das Eigene integrieren. „Im Akt der Übersetzung wird der ‚gegebene' Inhalt fremd und verfremdet", so schreibt Bhabha Benjamin im Sinne einer Theorie der kulturellen Differenz fort (Bhabha 2000, S. 244). Als erster Aspekt ließe sich also festhalten, dass kulturelle Übersetzung nicht nur zwischen Kulturen stattfindet, sondern vielmehr innerhalb einer (nicht mehr als „eine" zu bezeichnende) Kultur zu Entfremdungseffekten führt – und nicht zuletzt auch alle stabilen kulturellen Elemente, wie etwa kulturelle Normen, in translationale Prozesse involviert und damit dynamisiert (vgl. etwa Bhabha 1999b, S. 39). Die Betonung der Selbstentfremdung und Neuartikulierung weist dabei auf den bekannten, zentralen Gedanken in Bhabhas Übersetzungskonzeption hin: In der Übersetzung sind immer alle Seiten affiziert und mit veränderbar.

Ein zweiter, sich anschließender Aspekt ist, dass Übersetzung nicht als Angleichung im Sinne von Assimilation oder von Mimesis verstanden werden darf. Übersetzung stellt laut Bhabha keinen ‚Imitationsprozess' dar, denn es handelt sich nicht um eine schlichte Nachahmung eines Originals. Durch die Idee der Selbstentfremdung ist die Annahme einer Spiegelung eines stabilen Originals unhaltbar, denn dieses ist durch Übersetzungsprozesse ja schon in sich instabil, prozessual, unheimlich. Es handelt sich vielmehr um ein nicht fixiertes Original, das sich durch das imitierte Bild selbst komplettiert. Damit sind auch dichotome Konzeptionen von Original und Übersetzung oder Quell- und Zielsprache unhaltbar.

Bhabha geht durch die psychoanalytischen Analogien mit dem Unheimlichen und der Selbstentfremdung noch einen Schritt weiter: Er betont, dass Identifikationen oder Subjektkonstruktionen nur durch die Interdependenz mit dem Anderen funktionieren, sich sogar nur durch den Anderen komplettieren können (vgl. dazu die Ausführungen im Einleitungsteil dieses Bandes zum Lacan'schen Spiegelstadium). Eine konventionelle Vorstellung von Mimesis als Repräsentation könnte nur die Reproduktion von Bedeutungen und Machtverhältnissen in den Blick nehmen, und die von Bhabha anvisierten Zwischenräume und Deplatzierungen würden nicht artikuliert. Für Bhabha ist Übersetzung daher immer eine Neueinschreibung (vgl. Bhabha 2000, S. 363). Unter Übersetzung versteht Bhabha also nicht eine schlichte Übertragung sondern eine Art ‚Trans-formation'. „Der transformatorische Wert der Veränderung", so Bhabha, „liegt hier in der Neuartikulierung – oder Übersetzung – von Elementen, die *weder das Eine [...] noch das Andere [...]* sind, sondern *etwas weiteres neben ihnen,* das die Begriffe und Territorien von beiden in Frage stellt" (Bhabha 2000, S. 42).

Die Etablierung einer Alternative, die wie im obigen Zitat ‚danebensteht' oder die mittels der rhetorischen Figur eines ‚weder-noch' beschrieben wird (diese wird noch eine zentrale Rolle in der Strategie der Mimikry spielen, vgl. dazu das entspr. Unterkapitel in diesem Band), bedeutet, dass die die Ausgangselemente, „Begriffe und Territorien", verändert werden. Diese Alternative ist dabei weder als kultursynthetische noch als kulturrelativistische dritte Position zu verstehen. Hier wird ein dritter Aspekt deutlich, nämlich Bhabhas Denken der Hybridität jenseits einer harmonisierenden, translatorischen Synthese liegt. Bhabha vertritt nicht die Auffassung, dass nun alles in eine einheitliche Globalsprache oder -kultur mündet. Sein Übersetzungskonzept unterstreicht keine derartige Komplexitätsreduktion, sondern betont gerade eine Komplexitätssteigerung. Die Sperrigkeit von kultureller Differenz, der Bhabha innerhalb des Übersetzungsprozesses als konstitutiv setzt, kann gar nicht zu einer globalen, womöglich noch einheitlichen übersetzten Kultursituation führen. Kulturelle Übersetzung ist für Bhabha folglich „a way of understanding the world, not to reduce it to one language, but to understand the world by understanding translation, giving any particular cultural tradition or cultural text its own space" (Anfeng und Bhabha 2009).

Auch kulturrelativistische Folgerungen schließt Bhabha aus: „Die Macht der postkolonialen Übersetzung der Moderne", unterstreicht Bhabha das Potenzial jener Neuartikulierung, „beruht auf ihrer *performativen, deformativen* Struktur, die nicht lediglich die Inhalte einer kulturellen Tradition umwertet oder die Werte ‚von Kultur zu Kultur' überträgt" (Bhabha 2000, S. 362). Vielmehr betont Bhabha in Anlehnung an die Arbeiten von Jameson, C. L. R. James oder Said den „Prozess kultureller Übersetzung *(translation)* und Umwertung *(transvaluation)*", welche gerade in der Struktur kolonialer Wissens- und Machtkonstruktionen ansetzt (Bhabha 2000, S. 259).

Ihr Potenzial entfaltet die Übersetzung nämlich in der bereits erläuterten Verschiebung vom autoritären, kolonialen Symbol zum polysemischen, subversiven Zeichen. „Im rastlosen Streben nach kultureller Übersetzung treiben hybride Orte der Bedeutung eine spaltende Öffnung in die Sprache der Kultur [...]. Dieses disjunktive Spiel von Symbol und Zeichen [wird] [...] zu einem Beispiel für den Grenzcharakter der Übersetzung", führt Bhaha in diesem Sinne aus und kommt dann zu einem dritten zentralen Aspekt seines Übersetzungskonzepts, nämlich Benjamins Idee eines unübersetzbaren Kerns (Bhabha 2000, S. 243).

Beispielhaft erläutert Bhabha jene Zeichenneuschreibung und den Selbstentfremdungseffekt etwa in seinen Lektüren von Conrad und Morrison. Zu Beginn seines Aufsatzes „Wie das Neue in die Welt kommt" (Bhabha 2000, S. 317–352) fragt Bhabha nach der Langlebigkeit der Rezeption des Romans *Herz der Finsternis* von Conrad. Hier widmet sich Bhabha der zentralen Passage des literarischen Texts, in der der Protagonist die Verlobte des verstorbenen Kurtz belügt. Die emblematischen Worte „das Grauen, das Grauen!", die Marlow der jungen Frau verschweigt und die unterschiedliche Interpretationen zulassen, stehen für Bhabha für eine „Unlesbarkeit", die über sich hinausweist. Hier wird eine „Poetik der Übersetzung" inszeniert, „die die Grenze zwischen der Kolonie und der Metropole (be)setzt. Indem er den Namen einer Frau – der Zukünftigen – verwendet, um das dämonische ‚Wesen' des Kolonialismus zu maskieren, verwandelt Marlow die brütende Landschaft einer politischen Katastrophe – das Herz der Finsternis – in ein melancholisches Denkmal [...]. Zwischen der schweigenden Wahrheit Afrikas und der hervorsprudelnden Lüge gegenüber der metropolitanen Frau kehrt Marlow zu der Erkenntnis zurück, mit der er begann: die Erfahrung des Kolonialismus ist das Problem des Lebens", und hier zitiert Bhabha nochmals Conrad, „inmitten des Unverständlichen"' (Bhabha 2000, S. 318). Auch im Werk Morrisons sieht Bhabha jene „Unbegreiflichkeit [...] inmitten der Äußerungsformen der Kolonisation" am Werke (Bhabha 2000, S. 319). So wie das Grauen „die Struktur der Erzählung" durchdringt, wird die „alltägliche Realität der westlichen Metropole jetzt durch den Schleier der kolonialen Phantasmagorie" erfasst (Bhabha 2000, S. 319). Anhand von Morrison illustriert Bhabha seinen Gedanken der Selbstentfremdung, denn es tritt innerhalb der westlichen Metropole eine Art kolonialer Verfremdungseffekt ein: Das Bild der ‚weißen' Frau wird durch das der ‚schwarzen' überlagert, der Herzschlag durch das Schlagen afrikanischer Trommeln. Kurz: Vertraute alltägliche Dinge werden postkolonial markiert (vgl. Bhabha 2000, S. 319 f.), sie sind Zeugen einer „Verdoppelung im Zentrum des metropolitanen Lebens" (Bhabha 2000, S. 320). Bhabhas Interesse gilt also jenen Narrativen, „bei denen Doppelleben in der postkolonialen Welt mit ihren Migrationsreisen und ihren Aufenthalten in der Diaspora geführt werden" (Bhabha 2000, S. 320). Und damit begründet er auch die Relevanz und den langen Nachhall des *Herz der Finsternis:* Es erscheint wie eine Warnung, sich nicht zu sehr auf lokalen Sicherheiten und einer alltäglichen westlichen Realität auszuruhen, wenn doch Migranten ein anderes, und hier besonders: ein koloniales Wissen ins Spiel bringen (vgl. Bhabha 2000, S. 320). Damit unterstreicht Bhabha sein Verständnis von Kulturkontakt bzw. Hybridität, den bzw. die er nicht als einen konträren Gegen-Diskurs der Migration auffasst, sondern als einen diskursiven Effekt, der von innen heraus den majoritären Diskurs affiziert.[18]

Das Konzept der Übersetzung wird für die Subjekte insofern relevant, als es eine Möglichkeit darstellt, ihre narrativen Selbstkonstruktionen, etwa als Minoritätendiskurse, selbst zu beschreiben. Zur Entwicklung dieser Idee führt Bhabha *Die Satanischen Verse* von Rushdie an. Mittels der erzählerischen Ausgestaltung seiner Protagonisten kann Rushdie die, so Bhabha, „Liminalität der Erfahrung der Migranten" darstellen, welche „in ebenso hohem Maß ein Phänomen des Übergangs wie eines der Übersetzung" darstellt, „beide Situationen [sind] im ‚Überleben' des Migrantenlebens ambivalent miteinander verschränkt" (Bhabha 2000, S. 335). Dabei wirkt der Übersetzungsprozess nicht nur für die Subjekte identifizierend, sondern schafft auch – ähnlich den bereits erläuterten Mechanismen

---

18 In diesem Zusammenhang nennt Bhabha auch die einzigen für ihn produktiven Debatten nach der Fatwa, die von britischen Frauengruppen ausgingen, welche auf die Relevanz für das „daheim", also für Großbritannien selbst, hingewiesen haben (vgl. Bhabha 2000, S. 342 f.).

der Hybridität – Solidarität: „Denn dadurch, daß wir an der Grenze von Geschichte und Sprache leben, an den Grenzen von Rasse und Geschlecht sind wir in der Lage, die Unterschiede zwischen ihnen in eine Art Solidarität zu übersetzen" (Bhabha 2000, S. 253).

Wesentlich ist für Bhabha in diesem Zusammenhang ein vierter Aspekt, der bereits angeklungen ist: Es geht ihm im Besonderen um die Unübersetzbarkeit, um einen widerständigen unübersetzbaren Kern. Dabei spricht Bhabha nicht (nur) von literarischen Texten und ästhetischen Transformationen, sondern er meint konkrete Lebensumstände und Überlebensstrategien von Minderheiten. Die Unübersetzbarkeit und die hybride Situation der Migranten in den Zwischen-Räumen sieht Bhabha aufs Engste miteinander verbunden:

„Die Migrantenkultur der ‚Zwischenzone', die Position der Minorität, setzt das Wirken der Nichtübersetzbarkeit der Kultur dramatisch in Szene; und genau dadurch treibt sie die Frage der Aneignung der Kultur über den Traum des Assimilationisten oder den Alptraum des Rassisten […] hinaus und zu einer Begegnung mit dem ambivalenten Proßeß der Spaltung und Hybridität, der die Identifikation mit der Differenz der Kultur kennzeichnet" (Bhabha 2000, S. 335). Diese Unübersetzbarkeit prägt auch Bhabhas Denken von Gemeinschaft und von den Konfliktsituationen an den Rändern von Gemeinschaften und Kulturen: „Der Konflikt der Kulturen und Gemeinschaften […] ist in erster Linie in räumlichen Begriffen und geopolitischen Polaritäten repräsentiert worden […]. Dies verstellt jedoch den Blick auf die Angst vor dem unauflöslichen Grenzcharakter der hybriden Kultur, die ihre Identifikationsprobleme und ihre diasporische Ästhetik in einer unheimlichen, disjunktiven Zeitlichkeit artikuliert, welche zugleich die *Zeit* der kulturellen De-plazierung und der *Raum* des ‚Unübersetzbaren' ist" (Bhabha 2000, S. 336).

Ganz konkret bedeutet dies die sprachliche Transformation von Inhalten, Werten oder aber auch Glaubenssätzen und Ideologien. Bhabha erläutert dies erläutert dies anhand der lebensgefährdenden Rezeption von Rushdies *Satanischen Versen*. Einer der zentralen Anklagepunkte von Rushdies Werk war ja der Tatbestand der Gotteslästerung, der Blasphemie. Bhabha versteht indessen unter Blasphemie eine Loslösung von der (ursprünglichen, essentialistischen) Tradition, die, wie im Falle Rushdies, dann „durch eine Poetik der Neuverortung und Neueinschreibung" ersetzt wird. Damit lässt sich Blasphemie als Akt kultureller Übersetzung beschreiben (Bhabha 2000, S. 337). Diese kulturelle Übersetzung findet dabei weniger auf inhaltlicher Ebene statt, also auf der Ebene dessen, was das Werk erzählt, sondern ist für Bhabha eher im Formal-ästhetischen zu suchen. Bhabha geht nämlich davon aus, dass Rushdies Text im Besonderen wegen des Genrebruchs im translatorischen Sinne zu verstehen ist, indem Rushdie als Medium

Kontext, d.h. als Antwort auf Macaulys Aussagen zur Reform des Bildungssystems in Indien. Dies ist für Bhabha zum einen der Beweis dafür, dass auch vermeintlich europäisches Gedankengut stets im Austausch mit nicht-europäischen Positionen im Dialog entsteht und in Mills Fall ganz konkret „a profound and problematic conversation with India in the colonial period" ist (vgl. Çakmak und Bhabha 2008, S. 2). Zum anderen führt für Bhabha die diskursive Formulierung aber darüber hinaus dazu, dass sich beide Positionen in Bewegung setzen. „Der textuelle Prozeß des politischen Antagonismus setzt einen widersprüchlichen Prozeß des Lesens zwischen den Zeilen in Gang; der Agent des Diskurses wird, noch während er seine Äußerung hervorbringt, seinerseits zum verkehrten, projizierten Objekt der Argumentation, die auf dieses Objekt selbst zurückgewendet wird" (Bhabha 2000, S. 36f.).

Im leitenden Zitat findet die wechselseitige Affizierung ihren Ausdruck im Begriff der Prozessualität der Übersetzung, die einen Kampfplatz eröffnet; es zeigt sich im Bild der Infektion des autoritären Diskurses der Kolonialmacht durch die einheimischen Zeichen. Denn diese bewirken in einer translatorischen Dynamik den beschriebenen Effekt des „weder das Eine noch das Andere" – für Bhabha eine Strategie, die er Mimikry nennt.

„Im Prozeß der Übersetzung wird ein weiterer politischer und kultureller Kampfplatz im Zentrum der kolonialen Repräsentation selbst aufgeschlossen. Das Wort der göttlichen Autorität wird hier durch das Beharren auf dem einheimischen Zeichen mit einem gravierenden Makel infiziert, während die Sprache des Herrn in der Praxis der Herrschaft selbst hybrid wird und nunmehr **weder das eine noch das andere ist**. Das unberechenbare kolonisierte Subjekt – **halb fügsam, halb widerspenstig, aber nie vertrauenswürdig** – schafft **für die Zielrichtung der kolonialen kulturellen Autorität ein unlösbares Problem** kultureller Differenz." (Bhabha 2000, S. 51, Hervorhebung K. S.)

der Kritik ausgerechnet den Roman und gerade nicht die im Islam gängige Poesie wählt (vgl. Bhabha 2000, S. 337). Diese Art der Übersetzung ist nach Bhabha das tatsächliche ‚Verbrechen', das man Rushdie vorwirft (vgl. Bhabha 2000, S. 338).

An diesen Akt der Übersetzung ist ein fünfter Aspekt gekoppelt, der bei Rushdie, aber auch in der alltäglichen Lebenssituation der Migranten eine wesentliche Rolle spielt: das Überleben. Durch die Übersetzung wird etwas wiederholt, neuformuliert und kann damit Bisheriges überleben. Bhabha versteht das „Über-leben […] als den Akt, sein Leben auf der Grenze zu leben […]. Rushdie übersetzt dies in den Traum des Migranten vom Überleben: einen *initiatorischen* Zwischenraum; eine machtverleihende Situation der Hybridität; ein Hervortreten, das ‚Wiederkehr' in Neueinschreibung oder Neubeschreibung verwandelt; eine Wiederholung, die nicht verspätet, sondern ironisch aufrührerisch ist. […] Dabei kommt es zentral auf die Herstellung der Verknüpfungen durch die instabilen Elemente von Literatur und Leben – das gefährliche Rendezvous mit dem Unübersetzbaren – an, nicht darauf, bei gebrauchsfertigen Namen anzukommen" (Bhabha 2000, S. 339). Hier macht Bhabha nochmals explizit, dass es sich bei der Übersetzung um eine inhärente Umschreibung von Kultur handelt, die, obwohl sie kein offensichtlich widerständiger Gegen-Diskurs zu sein scheint, mit Subversionspotenzial ausgestattet ist und Migranten eine durchaus nicht ohnmächtige Position im Diskurs zuweist.

An dieser Stelle wird auch deutlich, wie nach Bhabha das dem Beitrag titelgebende „Neue in die Welt" kommt. Dieses Zitat von Rushdie denkt das Neue weder als Teil einer Weiterentwicklung (weder chronologisch noch teleologisch) noch als einen neuen Gegen-Diskurs. Vielmehr ist es das, was sich der Dialektik von Original und Kopie in der Übersetzung widersetzt: im Besonderen im Moment der Unübersetzbarkeit oder mit Benjamin in der „Fremdheit der Sprachen" (Benjamin nach Bhabha 2000, S. 339). Als performativer Akt schafft die Übersetzung ein Moment, das fremd und unübersetzbar bleibt, und in der Momenthaftigkeit, im Zwischenräumlichen entsteht (vgl. Bhabha 2000, S. 340 f.). Damit ist das Neue in der Welt, das durch den Einfluss der globalen Migration in Peripherie und Zentrum entsteht. Um es nochmals deutlich zu sagen: Das Neue ist kein quasi externes alternatives oder supplementäres Element, sondern entsteht im Inneren des (Kolonial-)Diskurses durch Verschiebungs- und Übersetzungsprozesse – im Zentrum der majoritären Gemeinschaften.

In der Betonung von minoritären, translatorischen Diskurstransformationen in der Literatur, aber auch gekoppelt an ein existenzielles Überleben, wird deutlich, dass Bhabha in seinen Ausführungen auch die Grenze zwischen Theorie und politischer Praxis zu überschreiten sucht. Der Fokus auf der Zeitlichkeit der Verhandlung oder Übersetzung, wie sie hier skizziert wurde, hat für Bhabha zwei zentrale Vorteile. „Erstens erkennt dies die historische Verbundenheit zwischen dem Subjekt und dem Objekt der Kritik an, so daß es keinen Platz für eine simplifizierende, essentialistische Gegenüberstellung von ideologischer Verkennung der Realität und revolutionärer Wahrheit geben kann. [...] Wenn man sich dieses heterogenen Entstehens (und nicht Ursprungs) der radikalen Kritik bewußt ist, dann wird – und dies ist mein zweiter Punkt – die Funktion der Theorie innerhalb des politischen Prozesses zu etwas Zweischneidigem. Sie macht uns bewußt, daß unsere politischen Bezugspunkte und Prioritäten – das Volk, die Gemeinschaft, der Klassenkampf, der Antirassismus, die Geschlechterdifferenz, das Einnehmen einer antiimperialistischen, schwarzen oder dritten Perspektive – nicht in irgendeinem ursprünglichen, naturalistischen Sinn gegeben sind und auch kein einheitliches oder homogenes politisches Objekt widerspiegeln" (Bhabha 2000, S. 39 f.).

Ein Beispiel für ein politisch-soziales Auftauchen des Neuen in der Welt stellt für Bhabha die Rolle der Frauen innerhalb des Arbeiterkampfes der Bergarbeiter Mitte der 1980er Jahr in Großbritannien dar. Hieran zeigt Bhabha auf, dass sich die Situation der Frauen weder aus rein klassenpolitischen Motivationen noch aus feministischen Beweggründen adäquat beschreiben lässt. Hier wird eine Neuartikulation sichtbar, eine weitere Position neben und innerhalb der bekannten und benannten. „Hier findet", so Bhabha, „eine Verhandlung zwischen Geschlecht und Klasse statt, bei der jede Formation den de-plazierten, differenzierten Grenzen ihrer Gruppenrepräsentation und Äußerungsorte begegnet, an denen sie in einer agonistischen Beziehung auf die Schranken und Beschränkungen sozialer Macht stößt (Bhabha 2000, S. 42–43).

Durch die spielerische und kämpferische Formulierung, durch Übersetzungs- und Verhandlungsprozesse werden Artikulationen kolonialer Macht und kolonialer Verunsicherung möglich. „The right to narrate", nennt Bhabha diese Form der Agenz (vgl. Kerry und Bhabha 2001), die einen zentralen Teil seiner Überlegungen zum Weltbürgertum ausmacht (vgl. dazu Huddart 2006, S. 44 ff. sowie die Ausführungen im letzten Kapitel dieses Bandes). Die politische Relevanz des Übersetzungskonzepts liegt für Bhabha auf der Hand; und dies erläutert er mit einem überraschenden Beispiel. Mit Mill betrachtet Bhabha politisches Schreiben als eine spezifische Form der Debatte oder des Dialogs, in dem man nicht einfach die Position des Gegenübers einnimmt oder sich antagonistisch zu ihr verhält. Dies ist eine recht ungewöhnliche Sichtweise auf Mills Texte, räumt Bhabha in einem späteren Interview ein, scheint dieser Text doch genuin europäisch zu sein. Mill vertritt europäische Werte und einen europäischen Liberalismus, der zunächst einmal eurozentrischer nicht sein könnte. Doch Bhabha betrachtet ihn in seinem

2.6 Mimikry: „fast, aber doch nicht ganz dasselbe"

„Weder das eine noch das andere, [...] halb fügsam, halb widerspenstig": So bezeichnet Bhabha die hybride Sprache des Herrn und bringt damit zum Ausdruck, dass der koloniale, mächtige Diskurs doch nicht so monolithisch und stabil ist, wie er zu sein scheint. Die Formulierungen des ‚weder-noch' und des ‚halb-halb' spiegeln dabei jene Differenz und Hybriditätsvorstellung wider, die bereits erläutert wurde: In der Hybridität gibt es keine Zuordnungen zu der einen oder anderen (geschlossenen) Kultur, keine fügsame Unterordnung, aber auch keinen schlichten, ‚widerspenstigen' Gegen-Diskurs. Diese gleichzeitig bezugnehmende und sich abgrenzende Zwischenstellung beschreibt Bhabha mit dem Begriff der Mimikry – „eine der schwersten zu fassenden und gleichzeitig effektivsten Strategien der kolonialen Macht und des kolonialen Wissens" (Bhabha 2000, S. 126). Bhabha verkehrt hier die literarische Auseinandersetzung mit der Position der Kolonisierten im Kolonialdiskurs im Werk von Naipaul ins Gegenteil. Während Naipaul davon ausgeht, dass der Kolonisierte sich schlechterdings nur angleichen kann an die Machtdiskurse, diese nie erreichen wird und damit ohnmächtig und defizitär als „mimic man" zurückbleibt, geht Bhabha davon aus, dass gerade in der Idee der Mimikry Subversions- und damit Machtpotenzial steckt. Mit einer ironischen Strategie der Mimikry passen sich die Kolonisierten nur scheinbar dem autoritären Diskurs an, tatsächlich zeichnen sie sich aber weiterhin durch kulturelle Differenz aus und nutzen diese in ironisch-distanzierender Weise, um eine agonistische (antagonistische) Position innerhalb des Machtdiskurses einzunehmen.

Die terminologische Ähnlichkeit mit dem Hybriditätskonzept ergibt sich schon durch die biologische Provenienz der Termini. Mimikry bezeichnet in der Fauna die äußerliche Nachahmung von bestimmten Tieren. Dadurch werden natürliche Feinde getäuscht, die ihre Beute für gefährlicher halten, als sie eigentlich ist. Diese Art der optischen Täuschung, die realiter mehr der Warnung denn der Tarnung dient, nutzt Bhabha nun dazu, Phänomene der Hybridität bzw. subversive Strategien beschreibbar zu machen.

Er leitet den Begriff allerdings nicht aus der Biologie her, sondern entwickelt das Konzept der kulturellen Mimikry einerseits in Anlehnung an Lacan und Fanon und andererseits an die Figur des „mimic man" bei Naipaul. Bhabha betrachtet Mimikry als eine performative Verfahrensweise, in der kulturelle Differenzen nicht camouflageartig angeglichen werden, sondern sich vielmehr weiterhin durch Differenz auszeichnen (vgl. Bhabha 1994, S. 126). Mimikry produziert somit ebenso Ähnlichkeiten und Angleichungen wie Unähnlichkeiten und Unterschiede – und ist damit eine paradigmatische Denkfigur und konkrete Umsetzung dessen, was Bhabha als Idee der Ambivalenz in seinen Konzepten der kulturellen Differenz und der Hybridität postuliert. In den literarischen Texten, die Bhabha als Konkretisierung und als Inspiration für seine Ausführungen dienen, zeigt sich ein *„fast dasselbe, aber nicht ganz [...] fast dasselbe, aber nicht weiß"* (im Englischen wesentlich melodischer: *almost the same but not quite [...] almost the same but not white"*) (Bhabha 2000, S. 132), etwas *„das fast, aber doch nicht ganz dasselbe ist."* (Bhabha 2000, S. 126). Und die Denkfigur des weder-noch oder almost-the-same bildet das Zentrum des Mimikry-Konzepts.

Der Aufsatz „Von Mimikry und Menschen" (vgl. Bhabha 2000, S. 125–136) ist im Besonderen der Entwicklung dieses Konzepts gewidmet, das Bhabha ausgehend von einer dem Aufsatz vorangestellten Passage bei Lacan entwickelt. Dort spricht Lacan explizit von Mimikry als eine spezifische Form der Tarnung, die er nicht als bloße Angleichung an einen Hintergrund, sondern als einen Prozess der Transformation beschreibt (vgl. Lacan nach Bhabha 2000, S. 125). Bhabha nutzt diesen Gedanken der Transformation und wendet ihn auf die Funktionsweisen des englischen Kolonialismus-Diskurses nach der Aufklärung an – und zwar sowohl auf der Seite der Kolonisatoren als auch (und hier in deutlicherer Austheoretisierung) auf der der Kolonisierten. Bhabha konstatiert zunächst, dass die Kolonialmacht einen Text produziert, der immer wieder die koloniale Autorität unterstreichen und bestätigen muss. Dies produziert zwangsläufig Figuren der Wiederholung, die in seinem Blickwinkel allerdings keine Stabilisierung bewirken, sondern „Figuren der Farce" sind: Der Diskurs wiederholt sich und ahmt sich damit stetig nach, was einen „komischen Umschlag der hehren Ideale der kolonialen Imaginationen in die Niederungen ihrer mimetischen literarischen Effekte" zur Folge hat (Bhabha 2000, S. 126). Dieser Gedanke baut auf der bereits erläuterten Vorstellung Bhabhas auf, dass im Akt der Äußerung ambivalente Momente auftauchen, die gleichzeitig für Selbstversicherung und für Verunsicherung und Unentschiedenheit sorgen. Wiederum entsteht hier kein identifizierbarer Aspekt, der sich gegen den herrschenden Diskurs stellt, sondern der im Moment der Täuschung Sinnzuschreibungen in der Schwebe hält. Die *„Ambivalenz der Mimikry (beinahe dasselbe, aber nicht ganz)"* zerreißt damit nicht nur den Diskurs, sondern wird in eine Ungewissheit verwandelt (Bhabha 2000, S. 127). Ideen von Authentizität und Essenzialität werden als reine Illusionen entlarvt.

Mimikry wirkt auf der Ebene des Diskurses in einer doppelten Weise: Einerseits werden spezifische Aspekte des mächtigen Anderen täuschend ähnlich zu den eigenen gemacht; andererseits bleibt – ähnlich wie bei der Übersetzung – immer ein unerreichbarer Rest übrig, der sich im „aber doch nicht ganz" oder im „fast dasselbe" ablesen lässt. Damit bleibt ein ungreifbares Moment der Differenz stehen, das dem mächtigen Diskurs nicht selbstbewusst als das Eigene übrig bleibt, sondern das ihm gerade den Spiegel vorhält und die eigene Diskursivität geradezu vorführt. In Bhabhas Worten: „Mimikry ist also das Zeichen einer doppelten Artikulation, eine komplexe Strategie der Reform, Regulierung und Disziplin, die sich den Anderen ‚aneignet' (‚appropiates'), indem sie die Macht visualisiert. Die Mimikry ist jedoch auch das Zeichen des Un(an)geeigneten *(inappropriate)*, eine Differenz oder Widerspenstigkeit, die die dominante strategische Funktion der kolonialen Macht auf sich konzentriert, die Überwachung intensiviert und für normalisierte Arten des Wissens und disziplinäre Mächte eine immanente Bedrohung darstellt" (Bhabha 2000, S. 126 f.). Die Schlagkraft der Mimikry liegt darin, dass sie auf die „Autorität des kolonialen Diskurses eine ebenso tiefgreifende wie verunsichernde Wirkung" hat (Bhabha 2000, S. 127). Auf den Punkt gebracht ist „Mimikry Ähnlichkeit und Bedrohung in einem" (Bhabha 2000, S. 127). Wenn hier die Rede von Bedrohung ist, betont Bhabha damit auch die affektive Seite jener Ambivalenz oder Hybridität, die die Strategie der Mimikry nutzt. Sie wirkt bedrohlich, arbeitet mit Hohn und Spott, nimmt eine partielle Angleichung vor und versetzt damit „die Autorität mit der *Tücke* der Anerkennung, ihrer Mimikry, ihrem Hohn in Schrecken" (Bhabha 2000, S. 171). Diese koloniale Mimikry beschreibt Bhabha als „den Affekt der Hybridität – als Modus sowohl der Aneignung als auch des Widerstands, vom Disziplinierten zum Begehrenden" (Bhabha 2000, S. 178).

Die partielle Angleichung, die nur Teile übernimmt, aber nicht in einer vollständigen Assimilation mündet, bildet die Grundlage für Bhabhas explikatives Beispiel. Konkrete Anwendung findet Bhabhas Mimikry nämlich etwa in einem Artikel von Charles Grant aus dem 19. Jahrhundert, in dem Missionsbemühungen Großbritanniens in Indien problematisiert werden. Aus Angst vor massiven Widerständen der indischen Bevölkerung nämlich plädiert Grant interessanterweise nur für eine Verbreitung des partiellen Christentums, denn nur die partielle Verbreitung bestimmter moralischer Vorstellungen würden die „geeignete Form kolonialer Subjektivität" aufbauen (Bhabha 2000, S. 128). Grant zufolge ist es also ratsamer, mit einer modifizierten, partiellen Form des Christentums zu operieren, als ein gesamtes, den Indern fremdes, aber in sich konsistentes religiöses System zu implementieren. Grant zielt auf eine Vereinbarkeit christlicher Lehren mit dem Kastensystem, um Aufstände und soziale Unruhen zu vermeiden. Damit aber verändert bzw. reinterpretiert er maßgeblich das Missionarswesen, das normalerweise nicht durch die „partielle Reform' zur *Imitation* der englischen Sitten" (Grant nach Bhabha 2000, S. 129) führen soll, sondern dessen Grundgedanke ja gerade ist, dass heidnische Religionen nicht toleriert werden.

Mit dem Verweis auf den Sklavereigegner Macauly und auf Anderson wechselt Bhabha unmerklich mit seinen Analysen auf die Seite der Kolonisierten. Er zitiert Macauly, der sich über die Bemühungen europäischer Bildung in Indien lustig macht. Diese führen nur zur Selbstironisierung und produzieren lediglich Übersetzer und Dolmetscher, die äußerlich indisch und innerlich englisch seien. Am „Schnittpunkt von europäischer Pädagogik und kolonialer Macht" steht demnach ein „menschliches Chamäleon *(mimic man)*", welches auch Anderson in literarischen Werken ausmacht (Bhabha 2000, S. 129) und das das Ergebnis einer kolonialen, nicht ganz geglückten Mimesis ist. Durch die Wiederholung der partiellen Präsenz der Autorität werden „Störfaktoren der kulturellen, ethnischen und historischen Differenz artikuliert, die die narzißtische Forderung nach der kolonialen Autorität bedrohen" (Bhabha 2000, S. 131).

Im literarischen Schreiben sieht Bhabha die vermeintliche Angleichung an die Macht und die gleichzeitige Differenzierung in der Strategie der Ironie und in der rhetorischen Figur d Metonymie besonders augenfällig am Werke. „Die Figur der Mimikry", so knüpft Bhabha an die Idee der Bedrohung von Kolonialmacht und Nationenparadigma an, „problematisiert die Zeichen des ethnischen und kulturellen Vorrangs, so daß das ‚Nationale' nicht mehr naturalisierbar ist. Was zwischen Mimesis und Mimikry erscheint, ist ein *Schreiben,* eine Form der Repräsentation, die die Monumentalität der Geschichte, beiseiteschiebt und sich über ihre Macht, Modell zu sein, jene Macht, die sie angeblich imitierbar macht, ganz einfach lustig macht. Mimikry *wiederholt,* statt zu *re-präsentieren* [...]" (Bhabha 2000, S. 129).

Bhabha führt einige literarische Beispiele an (etwa aus Werken von Naipaul und Conrad) , um diese These des *mimic man* zu verdeutlichen, verweist aber auch erneut auf die Arbeiten Fanons, der sich ja mit dem narzisstischen und vergeblichen Assimilations- und Identifikationsbegehren des ‚schwarzen' Mannes beschäftigt hat. „Die Mimikry verbirgt keine Präsenz oder Identität hinter ihrer Maske", greift Bhabha das Bild Fanons auf und macht damit das Moment der verfremdenden Mimesis, der ironisierenden Wiederholung des kolonialen Vorbilds deutlich (Bhabha 2000, S. 130). Bhabha sieht gemäß Fanon in der Mimikry eine dritte Möglichkeit, sich der weißen Mehrheitskultur zu stellen, nicht nur selbst weiß werden oder verschwinden, sondern eben sich zu tarnen, eine weiße Maske auf einer ‚schwarzen' Haut zu tragen (vgl. Bhabha 2000, S. 178).

Für deutsche Verhältnisse denkt Bhabha dies anhand der Präsenz der Türken im deutschen Diskurs. Durch sein Schweigen und seine verfehlten Nachahmungen von Gesten und Mimik, so Bhabhas Beispiel, kann der Türke „den Beginn einer anderen Geschichte der deutschen Sprache" bewirken, kann die Fremdheit der Sprache, wie bei Rushdie, die Vorbedingung für „neue Lebens- und Schreibformen" werden (vgl. Bhabha 2000, S. 248).

Mimikry setzt, um es pointiert zu formulieren, am Punkt der kulturellen Differenz als Ambivalenz an. Es ist weder Negation noch Affirmation des Diskurses, sondern es zeigt die innere Brüchigkeit, die inhärenten Ambivalenzen auf und wirkt daher so effektiv und bedrohlich. „Das *Bedrohliche* an der Mimikry besteht in ihrer *doppelten* Sicht, die durch Enthüllung der Ambivalenz des kolonialen Diskurses gleichzeitig deren Autorität aufbricht. Und diese doppelte Vision ist ein Resultat dessen, was ich als die partielle Repräsentation/Anerkennung des kolonialen Objekts beschrieben habe." (Bhabha 2000, S. 130) Durch die Implementierung des Anderen in das Eigene – und im Kolonialdiskurs in beide Richtungen gedacht – ist abermals die Frage nach einem Denken von Subjekten und dem Konzept einer souveränen, essenzialistischen und stabilen Identität aufgeworfen. Mimikry als Form der partiellen Repräsentation untermauert für Bhabha abermals, dass der „gesamte[...] Begriff der *Identität* neu artikuliert und Essenz entfremdet" wird und werden muss (Bhabha 2000, S. 131). Dies belegt Bhabha zum einen mit dem Bild des Blickes, der den Überwachten und Überwachenden machtasymmetrisch mehr verbindet als trennt; zum anderen illustriert er seine Konzeption der Mimikry unter Hinzuziehung der der Trope der Metonymie in Anlehnung an Freud.

Die Begriffe **Metapher und Metonymie** entstammen der literaturwissenschaftlichen Terminologie, wo sie den Tropen zugerechnet werden. Tropen sind rhetorische Mittel, in denen semantische Verschiebungen stattfinden, d. h. wo bildliche Ausdrücke das Gemeinte ausdrücken. Diese Tropen beruhen (nach Roman Jakobson, 1986–1982) auf zwei Beziehungen, die die Metapher von der Metonymie abgrenzen.

Metaphern resultieren aus Similaritätsbeziehungen. Damit wird eine Begriff oder ein Teil eines Wortes durch ein anderes ersetzt, das von (partieller) semantischer Ähnlichkeit ist. So kommt es zu einem TischBEIN, zu einem BuchRÜCKEN oder einem FlussARM. Aus den dem Begriff ähnlichen Wörtern wird eine Metapher also herausgesucht – die Bildung von Metaphern resultiert also aus einer Operation der Selektion.

Metonymien nun resultieren aus Kontiguitätsbeziehungen, die auf semantischer „Berührung" beruhen. Hier wird ein Begriff nicht durch einen ihm ähnlichen ausgetauscht sondern durch einen, der zwar semantisch keinen Zusammenhang, aber mit dem Begriff in einem real-pragmatischen Zusammenhang steht. So kann man in einem „Grass" lesen, Frankreich kann Erklärungen abgeben etc. Hier geht es also nicht um eine Selektion, sondern um eine Operation der Kombination von kontextuell sich berührenden Begriffen.

Freud beschreibt die „Mischlinge menschlicher Rassen" als Menschen, die zwar weitestgehend dem weißen Menschen ähneln, aber durch „den einen oder anderen auffälligen Zug" ihre „farbige Abkunft" verraten (Freud nach Bhabha 2000, S. 132). Und hier sieht Bhabha eine Analogie zu seiner Idee des *„fast dasselbe, aber nicht ganz".* Bhabha unterstreicht mit Freud das Moment des Begehrens der kolonialen Mimikry, dessen Ziele Bhabha in der „Metonymie der Präsenz" sieht (Bhabha 2000, S. 132). Für diesen Begriff fasst Bhabha nochmals seine Beispiele zusammen: Es geht darin um die Differenz zwischen Anglisiertsein und Englischsein; um Identität zwischen Stereotypen, die durch Wiederholungen voneinander abweichen können; um diskriminatorische Identitäten und um das Bild des „affenartige[n] Schwarze und de[s] verlogene[n] Asiate[n]" (Bhabha 2000, S. 133).

Dies sind, so Bhabha, die diskursiven Strategien des Begehrens, die jedoch nicht mit einer Wiederkehr des Verdrängten (also im psychoanalytischen, Freud'schen Sinne) oder einer kathartischen Wirkung, wie Fanon sie beschrieben hätte, einhergehen. Bhabha geht es hier vielmehr um die „nicht-verdrängenden Produktionen widersprüchlicher und multipler Überzeugungen", um eine „strategische Vermischung der metaphorischen und metonymischen Achse der kulturellen Produktion von Bedeutung" (Bhabha 2000, S. 133).

So spricht Bhabha unverwandt von: „Bei der Mimikry wird die Repräsentation von Identität und Bedeutung entlang der Achse der Metonymie reartikuliert" (Bhabha 2000, S. 133). Dies wird deutlich, ruft man sich nochmals das dem Aufsatz vorangestellten Motto von Lacan Erinnerung. Für Lacan (und damit für Bhabha) ist Mimikry als Tarnung nicht Unterdrückung einer Differenz, also keine Assimilation, sondern eine Form von Ähnlichkeit. Und diese Ähnlichkeitsform stellt gleichzeitig die Angleichung wie die Abweichung zur Schau.

Die Problematik kolonialer Subjektivation und das Moment der Ambivalenz lassen sich aus der Perspektive der Mimikry beschreiben als „ein[...] koloniale[s] Aufeinandertreffen zwischen der weißen Präsenz und ihrem schwarzen Widerschein" (Bhabha 2000, S. 133). Der Clou dabei ist, dass sich dieser „schwarze Widerschein" nicht einfach in einem kolonialistischen Hierarchiesystem unterordnet, sondern durch die Mimikry eben jene Machtverhältnisse erschüttert. Durch das Zurschaustellen der Differenz innerhalb der Metonymie oder Imitation wird die koloniale Autorität gerade nicht bestätigt, sondern im Anblick des nichtperfekten, anormalen Kolonisierten erschüttert. Diese Affizierung beschreibt Bhabha plakativ am Ende seines Aufsatzes und greift damit die Ansätze Fanons (wenn ohne expliziten Hinweis) wieder auf: „Die schwarze Haut spaltet sich unter dem Blick des Rassisten, de-plaziert zu Zeichen von Bestialität, Genitalien, Groteske, die den phobischen Mythos der undifferenzierten Ganzheit des weißen Körpers enthüllen" (Bhabha 2000, S. 136). Durch die gleichzeitige (trügerische) Ähnlichkeit und die Demonstration der Differenz wird die koloniale Autorität unterwandert: „Unter dem Schutz der Tarnung ist die Mimikry, wie der Fetisch, ein Teil-Objekt, das die normativen Systeme des Wissens über die Priorität von Rasse, Schreiben, Geschichte radikal umwertet" (Bhabha 2000, S. 134).

Zusammenfassend lässt sich Mimikry als eine Strategie beschreiben, die besonders effektvoll und effektiv koloniale Autorität unterminiert. Bhabha zeigt in seinen Beispielen anhand von Mittlerfiguren bzw. Kollaborateuren auf, dass diese im kolonialen Mächtespiel zwar die Kolonialmacht vertreten und deren Interessen formulieren. Bhabhas Analysen aber zeigen, dass sich diese Figuren den Kolonisatoren fast zu sehr angleichen, so dass sie einen Zweifel an der Autorität und Überlegenheit der Kolonisatoren säen. Damit machen sie die innere Brüchigkeit, die inhärente Differenz der kolonialen Autorität sichtbar und höhlen den machtvollen Kolonialdiskurs aus. Dies führt wiederum dazu, dass eine stabile Identität als illusorisch entlarvt wird. Wird durch Mimikry eine Ähnlichkeit, aber keine Identität hergestellt, so stellt dies auch generell essenzialistische Konzeptionen von Identitäten in Frage. Die stabile, homogene, essenzialistische Identität des Kolonialherrn wird verunsichert und zutiefst erschüttert durch die Konfrontation mit einem „mimic man", der nur „fast", aber eben doch nicht ganz derselbe ist. Diese Verunsicherung ist es, die Bhabha als widerständige Strategie versteht. Und damit ist ein weiteres Paradoxon aufgerufen: Mimikry ist keine intendierte Widerstandsform, sondern eine Art unbewusste Verunsicherung. Doch auch wenn sie unbewusst hergestellt wird, stellt sie eine basale Möglichkeit der Agenz für das kolonisierte Subjekt dar.

3 Rezeption – Jubel und Kritik. „Don't mess with Mister In-Between"

Die Arbeiten von Homi Bhabha haben nachhaltige Debatten innerhalb der *Postcolonial Studies* und weit darüber hinaus ausgelöst. Kaum ein Theoretiker hat wie „Mister In-Between" (Höller und Bhabha 1998a) in diesem Bereich für eine intensivere Rezeption – sei sie nun kritisch oder affirmativ – gesorgt. „It was our dream to get Homi Bhabha", jubiliert etwa der Chairman des Afro-Amerikanischen Departments in Harvard; „he doesn't have anything to say" lautet das vernichtende Urteil der emeritierten Englischprofessorin Marjorie Perloff aus Stanford (Eakin 2001). Und auch über die engen Zirkel der *academia* hinaus sind Bhabhas Arbeiten wahrgenommen worden. Seine Begriffe der Hybridität oder des Dritten Raums sind besonders seit den späten 1990er Jahren omnipräsent und werden in akademischen, feuilletonistischen, in kulturellen, wirtschaftlichen oder politischen Debatten über Integration und Migration immer wieder angeführt. Bhabha ist überdies ein gefragter Experte bei Kunstausstellungen, Podiumsdiskussionen, als Jurymitglied und in beratender Funktion tätig: Er ist etwa im Beirat mehrerer namhafter Museen (bspw. des *Institute of Contemporary Arts* in London, des *Whitney Museum of American Art* und der *Rockefeller Foundation*), er ist Mitglied des *Asian Art Council* im Guggenheim Museum in New York, Berater des *Contemporary and Modern Art Perspectives Project* am *Museum of Modern Art* in New York, Jurymitglied des Aga Khan Architektur-Preises, Trustee des UNESCO World Report zum Thema „Cultural Diversity", Juror der Biennale und seit Jahren Fachberater des *World Economic Forum* in Davos. 1999 wird er gar von der *Newsweek* zu einem der „100 Americans for the Next [21st] Century" gekürt (vgl. Huddart 2006, S. 149).

An Bhabhas theoretischen Arbeiten, seinem Schreiben und seinen Konzeptionen entzünden sich immer wieder engagiert geführte Debatten: Während es einerseits begeisterte Anhänger gibt, die Bhabhas spezifischen Ansatz im postkolonialen Denken feiern und wissenschaftliches Schreiben und Analysieren durch seine Konzepte geradezu revolutioniert sehen, müssen sich Bhabhas Ansätze andererseits einer harschen Kritik unterziehen lassen, die bis zu einer scharfen Ablehnung und Abwertung reicht. Sogar die englischsprachigen Einführungsbände zu Bhabhas Theorie sowie andere Überblicksartikel scheinen sich in diesem Spektrum anzusiedeln, denn die Einführungen von Eleanor Byrne (vgl. Byrne 2009) und David Huddart (vgl. Huddart 2006) lesen sich im Großen und Ganzen wie eine Hommage an Bhabhas Arbeiten. Huddart ergreift bspw. in seinen Ausführungen zur kritischen Rezeption Bhabhas immer wieder für ihn Partei (vgl. bspw. seine Replik auf die Kritik von Aijaz Ahmad Huddart 2006, S. 153); Byrne beweist anhand intensiver, ergänzender Textlektüren die Fruchtbarkeit und Plausibilität der Bhabha'schen Konzepte.

Im Folgenden möchte ich hingegen das gesamte Spektrum in der (vornehmlich deutschsprachigen) Rezeption, die Bhabhas Theoriebildung erfahren hat, anhand inhaltlicher Zusammenhänge nochmals nachzeichnen und systematisch-thematisch aufbereiten. Zu diesem Zweck werden zwei thematische Zugänge zur Rezeption Bhabhas gewählt: Zum ersten soll die Rezeption der theoretischen Anlage und des Schreibprojekts von Bhabha im Allgemeinen beleuchtet und zum zweiten die Rezeption seiner spezifischen Konzepte nachvollzogen werden, deren Systematisierung wiederum analog zum zweiten Kapitel angelegt ist. Der Überblick über die Rezeption von Bhabhas Arbeiten wird damit von einer sehr allgemeinen Ebene zu detaillierteren Auseinandersetzungen führen. Eine derartige Aufbereitung der Bhabha-Kritik ermöglicht es, in der Systematik dieses Einführungsbandes zu bleiben und die inhaltlichen Auseinandersetzungen mit Bhabhas Theoriebildung, mit seinem Schreibprojekt und seinen konzeptuellen Denkmodellen in den Blick nehmen zu können.[19] Gleichzeitig bedeutet dies aber auch, dass die Rezeption weder chronologisch – also etwa nach der Kritik der 1980er, 1990er, 2000er etc. –, noch geographisch – also etwa als Unterscheidung in die US-amerikanische, anglophone, frankophone, asiatische oder indische Rezeption – entwickelt wird, noch wird die Kritik entlang der Positionen konkreter Personen rekapituliert (vgl. dazu etwa die Systematik von Huddart 2006, S. 149–169). Ebenso wenig wird hier der Versuch unternommen, die von der Rezeption in Bhabhas Werk ausgemachten Phasen nachzuzeichnen, wie etwa die von Moore-Gilberts heuristische Einteilung Bhabhas Schaffen in eine Phase kolonialer Diskursanalyse von 1980–88 und eine darauffolgende postkolonial-poststrukturalistische (vgl. Moore-Gilbert 1997). Die von mir gewählte thematische Vorgehensweise be-

---

19 Damit wird auch die Systematisierung von Childs und Williams verändert und ausdifferenziert, welche die Bhabha-Kritik in den drei Bereichen Anwendung der Konzepte, psychoanalytischer Zugang und Begriff des kolonialen Subjekts ansiedeln (vgl. 1997, S. 143 ff.). Eine äußerst hilfreiche, da kommentierte Bibliographie über Bhabhas Werk von 1983 bis 2005 findet sich bei Huddart (vgl. 2006, S. 171–183).

gegnet zudem der Problematik, dass die gesamte globale und interdisziplinäre[20] Bhabha-Rezeption nahezu unüberschaubar ist und zudem – wenn man jeder Position gerecht werden wollte – immer in ihren Entstehungskontext einzubetten wäre. Um es kurz anzudeuten: Die (überdies gigantische) Rezeption in den USA, wo die *Postcolonial Studies* seit Langem in der *academia* verankert sind, findet selbstverständlich vor einem anderen theoretischen und institutionellen Hintergrund statt als dies etwa in Großbritannien, in Indien oder Deutschland der Fall ist. In Deutschland ist die postkoloniale Theorie anders verankert und salonfähig (vgl. dazu etwa die Ausführungen in Castro Varela und Dhawan 2005, bes. S. 8f.), und zudem schlägt man sich hierzulande mit dem Problem der zeitlichen Verzögerung durch die Übersetzung herum: Bhabhas *Verortung der Kultur* liegt erst sechs Jahre nach der Erstveröffentlichung in der deutschen Übersetzung vor.[21]

Gleichwohl sind Bhabhas Arbeiten auch im deutschsprachigen Raum intensiv diskutiert worden, zumal Bhabha selbst immer wieder Gast auf Buchmessen, an Universitäten und im Besonderen an der Freien Universität Berlin ist, die ihm 2012 die Ehrendoktorwürde verlieh. Als einführende, deutschsprachige Texte in Bhabhas Theorie sind im Besonderen das hervorragende Kapitel „Homi K. Bhabha – Von Mimikry, Maskerade und Hybridität" von Castro Varela und Dhawan (vgl. 2005, S. 83–109) zu nennen, die Einführungsartikel von Cornelia Sieber (vgl. 2012) sowie Jochen Bonz und mir (vgl. 2006), das Vorwort zu deutschen Ausgabe der *Verortung der Kultur* von Elisabeth Bronfen (vgl. 2000, S. IX–XIV) sowie in Doris Bachmann-Medicks Aufsatz zum „postcolonial turn" die Passagen zu den Konzepten der Hybridität, des Dritten Raums und der Übersetzung (vgl. 2006, bes. S. 197–206).

---

20 Obwohl die interdisziplinäre Rezeption von Bhabhas Arbeiten enorm ist, sind einführende Monographien in sein Werk selten (eine Ausnahme bildet der Einführungsband im Bereich der Architektur von Felipe Hernández, vgl. Hernández 2010). Die Rezeption der Bhabha'schen Konzepte findet in der Regel in mehr oder weniger verstreuten Aufsätzen statt (vgl. etwa zur filmtheoretischen Rezeption Pisters 2009); hier bildet wiederum der Sammelband zur Fruchtbarkeit des Bhabha'schen Dritten Raums unter der Herausgabe von Ikas/Wagner 2009 eine Ausnahme. Ich werde mich auf die Aufnahme seiner Arbeiten im Umfeld der *Postcolonial* und *Cultural Studies*, der deutschsprachigen Soziologie und Politikwissenschaft und der Literaturwissenschaften konzentrieren.

21 Diese Zeitverschiebung ist in anderen Sprachräumen noch gravierender (und dem liegen jeweils spezifische wissenschafts- und gesellschaftspolitische Gründe zugrunde): Die französische Übersetzung der *Verortung der Kultur* erscheint sogar erst im Jahr 2007.

3.1 Bhabhas postkoloniales Theorie- und Schreibprojekt in der Rezeption

Bhabhas theoretische Ansätze, seine spezifischen Lektüren literarischer Texte und nicht zuletzt – und vielleicht sogar am deutlichsten – sein Schreiben haben starke Reaktionen ausgelöst. Die Kritik gilt dabei häufig Aspekten, die weniger spezifisch Bhabhas Arbeiten betreffen, als vielmehr im Allgemeinen den poststrukturalistischen Einfluss in der postkolonialen Theorie. Im Zentrum der Kritik stehen dabei oftmals Fragen nach der angemessenen Berücksichtigung von konkreten Lebenssituationen in Bhabhas Theorie. Es geht um eine Art Ausgewogenheit zwischen theoretischer Abstraktion und praktischer Lebenswelt; um den im Eingangskapitel zur postkolonialen Theoriebildung erwähnten Balanceakt zwischen Theorie und Praxis/Politik nochmals anzusprechen. In der Bhabha-Kritik wird der Vorwurf laut einer inflationären „postkoloniale[n] Theorieindustrie", einer problematischen „Politik der Verortung" als theoretischer Kampfplatz zwischen „‚Dritter-Welt-Marxismus' kontra ‚Erste-Welt-Postmodernismus'"; es werden grundsätzliche „Leerstellen: Geschlecht und Sexualität" ausgemacht und die Frage nach „Postkoloniale[n] Utopien" gestellt, um hier die thematischen Schwerpunkte von Castro Varela und Dhawan zu übernehmen (Castro Varela und Dhawan 2005, S. 111, 115, 120, 122, 137).

Die Auseinandersetzungen mit den Arbeiten Bhabhas fokussieren

1. seine poststrukturalistisch inspirierte postkoloniale Theorie: Ästhetisierung vs. Apolitisierung und Dekontextualisierung
2. seine akademische Position des Theoretikers: Institutionalisierung vs. Elitevorwurf
3. die interdisziplinäre und metatheoretische Anlage von Bhabhas Arbeiten: methodenpluralistische Öffnung vs. Eklektizismus
4. das dekonstruktivistisch-postkoloniale Schreiben Bhabhas: luzide vs. obskure Sprache

Zum Ersten liegen Lob und Kritik an Bhabhas Arbeiten bereits in ihrer Anlage als poststrukturalistisch inspirierte postkoloniale Studien begründet. Dies betrifft einerseits das bereits erwähnte Spannungsfeld zwischen Theorie und Politik, in das sich die postkoloniale Kritik einschreibt, andererseits um die sprachphilosophische Prägung des Poststrukturalismus vornehmlich französischer bzw. europäischer Provenienz.

Zum einen fordert die Rezeption postkolonialer Studien von deren Autoren und Autorinnen ein explizites Bekenntnis zur engagierten Theoriebildung oder andersherum zum theoretisch unterfütterten politischen Engagement. Bhabha selbst hat sich in seinen Arbeiten ja mehrfach zu diesem theoretischen Engagement geäußert und sich in diese Tradition politisierter Theorie gestellt, die postmarxistisch und dekonstruktivistisch an der theoretischen Beschreibung kultureller Kontaktphänomene interessiert ist. Bhabhas Theoriebildung wird dementsprechend gerade gewürdigt als ein Ansatz, der zum einen Schreiben und Handlungsmacht unmittelbar miteinander verknüpft („writing and agency" führen zu einer „critical literacy", vgl. Olson und Worsham 1998, S. 361). Zum anderen erlaubt dieser Zugang, nicht mehr in politischem Aktionismus steckenzubleiben, sondern theoretisch innovativ zu sein und in ein neues Denken zu führen. Dichotomien können damit aufgebrochen werden, jeglicher hegemonialer Diskurs kann als inhärent differentiell beschrieben und damit von innen heraus ausgehebelt werden. Bhabha erwartet, so pointiert Kirsten Dallmann, „von der Begegnung verschiedener Kulturen in erster Linie Differenz." (Dallmann 2011, S. 36) Die diskursive und semiotische Anlage seiner Konzepte von kulturellen Verhandlungen erlaubt es, die narrativen und sprachlichen Aspekte kolonialer Machtasymmetrien zu sehen und von dort aus neu zu denken – „Bhabha wendet", so fasst es Dirk Hohnsträter zusammen, „das semiologische Theorem ins ideologiekritisch-politische." (Hohnsträter 1996, S. 66). Darüber hinaus – und besonders, wenn man sich Bhabhas Ausführungen zum theoretischen Engagement in Erinnerung ruft – bedeutet diese diskursiv-semiotische Grundlage, dass Bhabha keinen Unterschied zwischen theoretischen und politischen Diskursen macht, dass es für ihn, um mit Oliver Marchart zu sprechen, „keinen *ontologischen* Unterschied zwischen den beiden Sphären [Theorie und aktivistischer Praxis, K. S.] des Diskurses" gibt (Marchart 2007, S. 78).

Des Weiteren verortet Bhabha Handlungsmöglichkeiten nicht nur auf der Seite der kolonialen Macht, des autoritären Diskurses. Die vermeintlich ohnmächtige Minorität formuliert nach Bhabha eigene ‚Überlebensstrategien' als Übersetzer und Trans-formatoren. Unter dem Blickwinkel der Mimikry etwa wird ihre Position aufgewertet und als Widerstandsform denkbar gemacht, welche sich nicht in einem lautstarken Gegen-Diskurs äußern muss. Bhabha schlägt damit auch einen Weg ein, der sich jenseits von Ethnozentrismus und Kulturrelativismus bewegt. So lobt Hohnsträter die konsequente Beleuchtung des *In-Between*, die mit dem Reiz von Bhabhas Schriften in ihrer „Frische, Intelligenz und dem sympathischen Lebensgefühl, das aus seinen Texten spricht" einhergeht (Hohnsträter 1996, S. 64). Die Rezeption siedelt die politische Schlagkraft von Bhabhas Studien gerade auf der Ebene der Theorie und nicht auf der Ebene der sozialen Praxis an. Bhabha geht zwar (um die Antwort auf Endre Hárs' Frage zu liefern, ob der Postkolonialismus allein Arbeit am Text ist) seinem Beruf als Literaturwissenschaftler nach, gleichwohl ist Postkolonialismus „in diesem Sinne *nur Arbeit am Text und verspricht trotzdem Erkenntnisgewinn.* Wenn nicht für die Politik, so doch für die Wissenschaft – und gar für eine, der als historischer Wissenschaft mehr am Verstehen als am (politischen) Handeln liegt" (Hárs 2004, S. 129).

Viele Kritiker ließen und lassen sich mit diesem Argument sicherlich nicht überzeugen. Sie bemängeln die hypertheoretische Anlage von Bhabhas Arbeiten in dem Sinne, als diese gerade wegführt von politischen Positionierungen und sich vor allem jeglicher Operationalisierbarkeit entzieht: „[A]n den Klippen des Konfliktfalles scheitert die Konzeption der liminalen Kontakte" (Hohnsträter 1996, S. 67). Dieser Vorwurf der Apolitisierung gründet zum einen darauf, dass Bhabha keine konkreten Handlungsanweisungen oder -möglichkeiten für identitätspolitische Problemstellungen der Migranten formuliert, über die er Aussagen trifft und für die er Denkmodelle vorschlägt. Zum anderen aber, so fasst Moore-Gilbert aus einer materialistisch-historischen Perspektive zusammen, müsste Bhabha der materialistischen Blindheit angeklagt werden. Denn Bhabha macht sich schuldig „of minimizing the material realities of (neo-) colonial oppression and, conversely, of discounting the effectiveness of directly oppositional forms of resistance, such as armed movements for decolonization" (Moore-Gilbert 2000, 462, vgl. zu diesem Punkt weiterhin ders. 1997, S. 139 sowie Eagletons Anklage, mit Bhabha dürfe man nur kulturelle Differenz untersuchen, nicht aber ökonomische Ausbeutung, vgl. Eagleton nach Moore-Gilbert 1997, S. 148). Katharyne Mitchell argumentiert in eine ähnliche Richtung. Sie betont, dass die Rede von Liminalität und Hybridität zwar durchaus subversives Potenzial beinhalten kann, aber einerseits immer auch von ökonomischen Machtinteressen beeinflusst ist, was Bhabha ausblendet. Ihr Plädoyer gilt daher einer Theoriebildung, die nicht verfrüht Hybridität feiert, sondern ökonomische Bedingungen reflektiert: „In-between spaces and subject positions are produced in the context of economic as well as cultural processes and must be theorized in tandem" (Mitchell 1997, S. 551). Andererseits bezweifelt sie, dass Hybridität immer politisches Potenzial beinhalten muss, also automatisch Subjekte mit einer politisch progressiven Agenda hervorbringt (vgl. Mitchell 1997, S. 533).

Diese politische Subjektposition nimmt auch Robert J. C. Young ins Visier, wenn er anklagt, dass Bhabha den Leser im Unklaren darüber lässt, „what political status can be accorded the subversive strategies" (Young 2004, S. 192). Ihm zufolge kann dieser Subversionsgedanke auf zweierlei Weise formuliert werden: eine posthume oder eine unbewusste. Einerseits suggeriert Bhabha, dass die subversiven Strategien innerhalb des kolonialen Diskurses nur von einem anderen (späteren, wissenschaftlichen) Standpunkt aus erkannt werden kann; andererseits ist Subversion schon immer im historischen Moment des Kolonialdiskurses präsent und konnte unbewusst genutzt werden konnten (vgl. Young 2004, S. 193). Young liest Bhabhas Analysen als solche, die jene zweite Position favorisieren und damit zu einer – nicht ganz ungefährlichen, weil Machtasymmetrien und damit Unterdrückung geduldeten oder sogar verschuldeten – Reinterpretation der Geschichte führen könnten (vgl. Young 2004, S. 196).

Arif Dirlik formuliert (wenn auch in einer Fußnote) eine der schärfsten Kritiken an Bhabhas Arbeit: „Bhabha's work, however, is responsible for more than the vocabulary of postcolonialism, as he has proven himself to be something of a master of political mystification and theoretical obfuscation, of a reduction of social and political problems to psychological ones, and of the substitution of poststructuralist linguistic manipulation for historical and social explanation – all of which show up in much postcolonial writing, but rarely with the same virtuosity (and incomprehensibleness) that he brings to it" (Dirlik 1994, S. 339).

Die Apolitisierung wird über diesen Vorwurf der Abstraktion hinaus durch den der Ästhetisierung bzw. des Textualismus begründet. Während es von einigen Rezipienten durchaus begrüßt wird, dass Bhabha sich literarischen, historiographischen aber auch künstlerischen Gegenständen zuwendet, gilt gerade Bhabhas Untersuchungsgegenständen harsche Kritik. Der Vorwurf lautet: Die künstlerischen Texte sind allesamt der Hochkultur entnommen und damit elitistisch und realitätsfern, also nicht auf soziale, politische Gegebenheiten übertragbar. So erscheint einigen Kritikern die Beleg- bzw. Beweiskraft der Analysegegenstände nicht überzeugend genug. Sie werfen Bhabha vor, dass er anstelle einer viablen, und vor allem empirisch gestützten Hybriditätstheorie eher eine große Theorie entwirft, die sich eines gewissen Schematismus – wer überall Hybridität vermutet, der findet sie auch – nicht entledigen kann. Für Perloff bspw. zeigt sich an der für sie implausiblen Arbeit an den Untersuchungsobjekten, dass Bhabhas Ansätze „a theoretical rather than an empirical construct" und ein „more manifesto than reasoned argument, more pathos than dianoia" darstellen (Perloff 1998). Marchart differenziert die Schlagkraft der Bhabha'schen Theoriebildung nach ihrer Anwendbarkeit auf einer Mikro- und Makroebene gesellschaftlich-politischer Prozesse. Er konstatiert, dass sich Bhabhas Arbeiten im Mikropolitischen durchaus als fruchtbar erweisen, jedoch hier verhaftet bleiben und sich nicht in makropolitische Dimensionen übersetzen lassen. Da sich Bhabha gerade nicht den konventionellen, sichtbaren Strategien des antikolonialen Widerstands gegen die Kolonial- oder Hegemonialmacht widmet – dies wäre die makropolitische Ebene –, ist seine Perspektive nur probat für die diskursiven, mikropolitischen Strategien.

Bhabha fokussiert „mehr auf ‚Subversion' als auf Dissidenz oder Protest" (Marchart 2007, S. 91). Der Apolitizismus begründet sich nun nach Marchart nicht in Bhabhas Elitenzugehörigkeit, sondern „vielmehr in Bhabhas Fokussierung auf das Mikropolitische im Gewand ‚des Literarischen'" (Marchart 2007, S. 92). Marchart gesteht Bhabha zwar zu, dass er das Soziale als „Raum der Textualität und Diskursivität" begreift und diesen „zum Terrain von politischer (wie theoretischer Aktion)" erhebt (Marchart 2007, S. 79). Allerdings wird das „Problem des Politischen bei Bhabha immer wieder nur gestreift und nicht austheoretisiert" (Marchart 2007, S. 80). Eine weitaus schärfere Kritik behauptet sogar, dass dieses mangelnde Austheoretisieren intentional ist: San Juan etwa unterstellt Bhabha, politischen Widerstand für seine literaturwissenschaftlichen Analysen nachgerade auszubeuten und zu banalisieren (vgl. San Juan nach Castro Varela und Dhawan 2005, S. 107).

Die Debatten zeigen deutlich, dass Bhabhas Arbeiten durchaus polarisieren und Anlass bieten, engagierte Debatten über die Angemessenheit von Theoriebildung und Gegenstandsanalysen zu führen. Des Weiteren hat insbesondere der Import französisch-poststrukturalistischer Theorien und Bhabhas Denken von Machtverhältnissen und Widerstand zu kontroversen Reaktionen in der Rezeption geführt.

Die Bhabha zugewandte Rezeption nimmt begeistert die Verbindung von *différance*-Denken nach Derrida, mit Identifizierungsmechanismen nach Lacan, Funktionsweisen des rassistischen Stereotyps nach Fanon und Freud sowie Foucault'scher Diskursanalyse auf. Byrne rekonstruiert in ihrem Einführungsband nicht nur die Theoriebildung von Bhabha, sondern plausibilisiert sie überdies noch, indem sie exemplarische Analysen literarischer Texte mit dem Bhabha'schen Begriffsinstrumentarium vorstellt (vgl. Byrne 2009). Bhabhas Verdienst wird in der hohen Anschlussfähigkeit an aktuelle postkoloniale literaturwissenschaftliche (vgl. dazu etwa Hofmann 2006), vor allem aber sprachphilosophische und psychoanalytische Diskurse gesehen. Bhabha schreibt demnach die französischen Poststrukturalisten, „das Nonplusultra der zeitgenössischen Kulturphilosophie des Westens" um, wenn er etwa aus Derridas „Dissemination" eine „DissemiNation" macht, wie Kien Nghi Ha 2004 noch durchaus angetan ausführt (Ha 2004, S. 150). Die Vorteile eines konsequent dekonstruktivistischen Denkens der herkömmlich als homogen und dialektisch gedachten Kolonialverhältnisse liegen auf der Hand: Bhabha bleibt nicht mehr in binärem Denken verhaftet und kann so der konzeptuellen Sackgasse entgehen, dass Widerstandsmomente gegen den herrschenden Diskurs nur in der antithetischen und damit den gleichen diskursiven Regeln gehorchenden Position bestehen. Zudem schafft sich Bhabha Gehör und Anschlussfähigkeit erst durch die Einbeziehung westlicher Theorien in den postkolonialen Diskurs; um mit dem Bhabha-Kritiker Dirlik zu sprechen, kann man behaupten, dass das Postkoloniale erst in dem Moment beginnt, wo es in die westliche *academia* eintritt (vgl. dazu Dirlik 1994, S. 328 f.).

Die Kritiker dieser theoretischen Referenzen führen einen Transfer-, einen Kontextualisierungs- und einen Universalisierungs-Einwand an. Ihnen zufolge ist es zum einen fraglich, ob französische Theoriebildung eigentlich auf postkoloniale Gegenstände zu übertragen ist. Denn nicht nur wiederholt sich dadurch auf einer wissenschaftlichen Ebene nur die Suprematie des Westens („Bhabha is exemplary of the Third World intellectual who has been completely reworked by the language of First World cultural criticism", Dirlik 1994, S. 334) und hiermit wird der schwerwiegende Vorwurf der „eurozentrischen Theoriebildung" formuliert (Castro Varela und Dhawan 2005, S. 100). Vielmehr nimmt Bhabha eine Dekontextualisierung der konkreten, historischen Situationen in Kauf (vgl. bspw. Young 2004, S. 186: „Chronology – or, for that matter – history in general seem to be of little interest to Bhabha"), konzidiert Perloff in diesem Zusammenhang (Perloff 1998). Mit der Dekontextualisierung geht eine kritisch zu beurteilende Universalisierung einher. Mit der Anwendung der Dekonstruktion zeigt sich ein allgemeingültiger, universalistischer Anspruch der Theorie, wenn Bhabha über historische und geographische Kontexte hinweg davon ausgeht, dass alle Kulturen hybrid sind. „[D]ann fragt es sich", bemerken Castro Varela und Dhawan, „von welchem Nutzen Vorstellungen von ‚Dritten Räumen', ‚Dazwischen' und ‚Hybridität' sind" und inwiefern diese dann noch als „spezifisch postkoloniale Formen oder Räume kultureller Intervention" bezeichnet werden können (Castro Varela und Dhawan 2005, S. 101). Und auch Moore-Gilbert weist darauf hin, dass ein auf dem *différance*-Gedanken fundiertes Denken von Sinn verschiebenden und differentiellen Kulturen und Widerständigkeit programmatisches, postkoloniales Handeln unmöglich macht (vgl. Moore-Gilbert 1997, S. 137 f.).

Daran schließt sich die kritische Frage an, ob die Dekonstruktion bzw. die koloniale Diskursanalyse nicht generell dazu führt, dass diese Perspektive auf das Verhältnis Kolonisator-Kolonisierter zu einer Verschleierung der Machtproblematik und Gewaltsamkeit der Kolonialmacht führt. Für Peter Childs und Patrick Williams „[Bhabha] seems to downplay the violence of colonialism" (Childs und Williams 1997, S. 134). Der Kerngedanke, dass Widerstand nicht in einem antikolonialen Kampf (souveräner Subjekte) gegen die koloniale Herrschaft zu machen ist, sondern sich – mehr oder minder subjektlos (vgl. dazu auch McClintock 1995, S. 63) – innerhalb eines Diskurses als ambivalentes Moment zeigt, kann, so Benita Parry, bei politischen Akteuren im antikolonialen Kampf nur Skepsis hervorrufen (vgl. Parry 2004, S. 43). Anders gesagt: „By subsuming the social to the textual representation, Bhabha represents colonialism as transactional rather than conflictual" (Parry nach Childs und Williams 1997, S. 145).

Die Problematik der Macht zeigt sich dabei noch an einem anderen Punkt: an dem der Handlungsmacht des Subjekts. Bhabhas semiotisch-diskursives „agency"-Konzept ist ja ausschließlich im Reich der sprachlichen Zeichen und des Textes angesiedelt und gleichzeitig als eine wirkmächtige Strategie konzipiert. Durch die Anlage des Widerstandsmoments innerhalb des Kolonialdiskurses und mehr noch: durch die konsequente Beleuchtung beider Seiten kolonialer Verhandlungsprozesse ist die Handlungsmacht als aktiver Prozess nicht mehr deutlich sichtbar. Denn während Bhabhas Analysen der Ambivalenz innerhalb des Kolonisator-Kolonisierter-Verhältnisses durchaus begrüßt werden (bspw. als fruchtbare Verbindung der Arbeiten von Said, welcher sich mit den Machtmechanismen auf Kolonisatorenebene beschäftigt hat, mit jenen Studien von Fanon, in deren Zentrum Prozesse aufseiten des Kolonisierten standen, vgl. Moore-Gilbert 1997, S. 116), ruft dieser Doppelblick auch einige Kritik auf den Plan (vgl. Young 2004, S. 186). Moore-Gilbert schreibt dazu sehr deutlich: „Bhabha fails to clarify the degree to which various kinds of resistance which he describes are in fact ‚transitive' or ‚intransitive', active or passive." (Moore-Gilbert 1997, S. 132 f.) Diese Unklarheit ist nicht der mangelnden Positionierung Bhabhas geschuldet sondern in seiner ambivalenten Anlage des Subjekts- und damit auch des Handlungskonzepts. Das Oxymoron des unbewussten Widerstandes oder der intentionalen Ohnmacht macht auf diesen strittigen Aspekt aufmerksam (vgl. Moore-Gilbert 1997, S. 133), nicht zuletzt auch aus dem Grund, dass Bhabha den empirischen Nachweis schuldig bleibt, wie etwa Moore-Gilbert betont (vgl. Moore-Gilbert 2000, S. 459). Zumal – und hierin formuliert sich eine noch grundlegendere Kritik an Bhabhas Studien – Bhabha selbst seinen dekonstruktivistischen Ansprüchen nicht genügt: Die Anklage lautet, dass Bhabha mittels der Dekonstruktion zwar behauptet, Binaritäten abbauen und postdialektisches Denken einführen zu wollen, tatsächlich aber unentwegt argumentativ mit Dichotomien arbeitet (vgl. dazu etwa die Ausführungen von Young 2004, S. 192 sowie von Moore-Gilbert 1997, S. 129).

Zum Zweiten. Ein zentraler Kritikpunkt an Bhabhas Arbeiten gilt seiner persönlichen sozioökonomischen wie akademischen Position als prägender Theoretiker postkolonialer Studien. Bhabha wird dabei auf der einen Seite wahrgenommen als ein ‚authentischer' Wissenschaftler, der als Mitglied der Parsen persönliche Migrationserfahrungen von Indien über Großbritannien in die USA gemacht hat und diese Erlebnisse den Hintergrund für seine Arbeiten bilden. Die persönlichen Erfahrungen im ‚Zwischenraum' und die literaturwissenschaftlichen

Lektüren postkolonialer Autoren authentifizieren und legitimieren seine Studien auf eine besondere Art und Weise (vgl. bspw. Byrne 2009, S. 5–13).

Seine Kritiker hingegen betonen Bhabhas Platz innerhalb einer westlichen Bildungselite. So klagt etwa Ahmad an, einer der dezidiertesten Bhabha-Kritiker marxistisch-literaturwissenschaftlicher Provenienz, dass Bhabha seine poststrukturalistische Sichtweise auf den überkommenen Nationalismus nur formulieren kann, weil er selbst als arrivierter Wissenschaftler materiell abgesichert und intellektuell in einem ‚geschützten' Rahmen agiert (vgl. Ahmad 1992, S. 68 f.). Daran schließt sich auch die Kritik an, ob die Theoriebildung aus der westlichen Wissenschaft heraus eigentlich angemessen ist – zu dieser Situierung innerhalb der westlichen *academia* äußert Bhabha sich nicht, so Castro Varela und Dhawan (vgl. 2005, S. 118). Der Elitevorwurf bezieht sich neben dem Angriffspunkt der akademischen und sozio-ökonomischen Position der Theoretiker und Theoretikerinnen postkolonialer Theorie auch, wie bereits ausgeführt, auf die Empirie. Bhabha beleuchtet ausschließlich ‚hochkulturelle' literarische Texte, künstlerische Artefakte, kanonisierte historische Quellen, die Zweifel an der Anwendbarkeit auf minoritäre Diskurse im Kulturbetrieb aufkommen lassen. (Bhabhas) postkoloniale Theorie darf sich daher über die spezifische, politische wie lokale Situation der beforschten Gegenstände nicht hinwegsetzen und muss eindeutiger kontextualisiert werden (vgl. Loomba 1998, S. 180 f.).

Zum Dritten ist Bhabhas interdisziplinäre oder metadisziplinäre Arbeitsweise in der Rezeption intensiv diskutiert worden. Bhabha hat für seine Arbeiten auf eine einzigartige und hochkomplexe Weise theoretische Konzepte und Ansätze unterschiedlichster disziplinärer Provenienz zusammengefügt und neu kombiniert. Während in der Rezeption also einerseits Bhabhas analytisches Vorgehen als eine seinem Untersuchungsgegenstand angemessene Form postkolonialer Subversion beurteilt wird, als eine Art „‚re-citing' and ‚re-siting'" (Moore-Gilbert 1997, S. 115), wird andererseits beklagt, dass Bhabha seine Quellen inadäquat, tendenziös und bis an den Rand der Unwissenschaftlichkeit nutzt. Ahmad etwa beschreibt recht polemisch, dass Bhabha Jamesons Analysen für seine Theorie als postkoloniale Lektüren verwendet, die – mit Sicherheit zur Überraschung von Jameson selbst – nie als solche intendiert waren (vgl. Ahmad 1995, S. 8). Dabei wird schon Bhabhas theoretischer Ausgangspunkt sehr unterschiedlich angesiedelt: Mal sind es die Auseinandersetzungen mit Saids *Orientalism,* mal sind es die poststrukturalistisch-semiotischen Prämissen des Literaturwissenschaftlers (vgl. bspw. Göhlich 2010, S. 318, 323 f.), mal sind es psychoanalytische Modelle, die Bhabhas Arbeiten inspirieren. Die interdisziplinären Verquickungen haben in jedem Falle zu einer interdisziplinären Erweiterung der theoretischen Bezugsrahmen geführt – literaturwissenschaftliche, philosophische, historische, psychoanalytische Ansätze sowie solche aus den *Cultural Studies* –, die die postkolonialen Studien weit über das Feld der Literaturwissenschaft hinaus geführt hat. Zudem hat Bhabha selbst eine massive Erweiterung der Untersuchungsgegenstände vorgenommen, die zwar weiterhin als textuelle bzw. diskursive Phänomene analysiert werden, aber nicht mehr bei literarischen oder historiographischen Texten verharren.

Die Kritiker sehen aber just in der Pluralisierung der Perspektive und der Gegenstände die Schwachstelle Bhabhas und bemängeln gerade die interdisziplinären Anleihen und theoretischen Grenzgänge – Kalpana Seshadri-Crooks fragt Bhabha daher auch (wenn auch sehr freundlich) nach seiner *„theoretical correctness"* (Seshadri-Crooks und Bhabha 2000, S. 377). Bhabhas zahlreiche theoretische Referenzen, die selten kontextualisiert sondern oftmals nur andeutungsweise eingeführt werden, sind der Beweis für eine eklektizistische Metatheorie.[22] Die Kritik wertet dieses Verfahren als Verschweigen oder Verschleiern von Quellen und als überstilisierte, gewaltsame Dekontextualisierung: „Bhabha's methodological eclecticism [...] Bhabha often bends his sources – at times radically – to his own particular needs and perspectives. [...] Moreover, Bhabha is not above rewriting his sources for the purposes of advancing his own argument" (Moore-Gilbert 1997, S. 115). Zahlreiche Kritiken diskutieren detailliert Bhabhas Verwendung spezifischer Theoretiker und problematisieren Bhabhas Verwendung theoretischer Referenzen. Moore-Gilbert etwa spricht von der Möglichkeit Bhabhas, Fanon-Lektüren sowohl als ein „remembering" wie als ein „dismembering" Fanon zu betrachten (Moore-Gilbert 1997, S. 138, vgl. weiterhin zu Bhabhas Fanon-Lektüren die Kritik von Henry Louis Gates 1991, bes. S. 460 ff.); Neil Lazarus klagt Bhabha einer verzerrenden Rezeption Fanons und der Geschichte überhaupt an (vgl. Lazarus nach Huddart 2006, S. 156 f.). Bhabhas Konzepte sind laut Kritik darüber hinaus selbst nicht trennscharf formuliert, wird die Beziehung und die unterschiedliche Aussagekraft zwischen ihnen von Bhabha doch an keiner Stelle geklärt, so Young (vgl. Young 2004, S. 186 f.).

Daran schließen sich noch zwei weitere, zu kritisierende Dimensionen an, die in Bhabhas interdisziplinärer Arbeitsweise und der Berücksichtigung bzw. Ignoranz spezifischer Theoriekomplexe bestehen. Zum einen geht es dabei um die Implementierung psychoanalytischer Ansätze in Bhabhas postkolonialer Theo-

---

22 Ein Kritikpunkt, der auch andere postkoloniale Theoretiker und Theoretikerinnen wie bspw. Spivak trifft, wie Moore-Gilbert ausführt, vgl. Moore-Gilbert 2000, S. 451.

rie und zum anderen um die Relevanz von Gender-Aspekten in seinen Ausführungen.

Die Befürworter von Bhabhas Theorien und seinen Anleihen bei Freud, Lacan oder auch Fanon begrüßen Bhabhas Ansätze als Möglichkeit, auch in den Fragen der Subjektivierung bzw. der Identitätskonstruktion konsequent die Relation und die wechselseitigen Bedingungen mit dem Anderen in den Blick zu bekommen. Ein Erkenntnisgewinn der Anwendung psychoanalytischer, besonders an Freud geschulter Perspektiven auf (post)koloniale Phänomene liegt im Umgang mit Machthierarchien. Gegen die Annahmen Foucaults in Anschlag gebracht, kann Bhabha mit Freud den vermeintlich unterdrückten Kolonisierten in seiner destabilisierenden Ambivalenz zwischen Paranoia und Begehren beschreiben. Damit werden die Foucault'schen Diskurstheorien durch Ideen des Stereotyps als Fetisch oder der ambivalenten Herrschaftsbeziehungen entscheidend erweitert (vgl. dazu Young 2004, S. 184 f.).

Bhabhas Kritiker hingegen zielen insbesondere auf die Übertragung psychoanalytischer Konzeptionen in zweierlei Hinsicht – wenn sie nicht auf mehreren Ebenen als grundsätzlich problematisch betrachtet werden wie etwa bei Monika Fludernik (1998b, S. 30 ff.) –: Zum einen ist unklar, ob Bhabha psychoanalytische Ansätze als Analogien zu Prozessen kultureller Differenz begreift – und damit universalistisch argumentiert – oder ob er sie als dem Kolonialdiskurs inhärent betrachtet – und damit eurozentristisch denkt. Auch Young weist darauf hin, dass die psychoanalytischen Kategorien transzendental wirken und der historischen Situation des Kolonialismus damit nicht gerecht werden (vgl. Young 2004, S. 184, 194) und damit auch im Gegensatz zu den psychoanalytischen Lektüren Fanons stehen (vgl. Young 2004, S. 195). Auf der Ebene des Subjekts, so klagt etwa Abdul JanMohamed, verschmilzt bzw. analogisiert Bhabha unzulässigerweise die psychische Verfasstheit von Kolonisator und Kolonisiertem, sodass die unterschiedlichen materialistischen Bedingungen beider vollkommen nivelliert werden (vgl. JanMohamed nach Moore-Gilbert 2000, S. 463).

Zum anderen problematisiert Bhabha ihnen zufolge nicht die eurozentristische und spezifisch historische Provenienz der psychoanalytischen Theorien, wie bspw. Moore-Gilbert kritisch anmerkt (vgl. Moore-Gilbert 1997, S. 141 ff. und ders. 2000, S. 462 f.). Diese Dekontextualisierung zieht eine Konsequenz nach sich, die Bhabhas Thesen grundlegend zuwider läuft, denn sie suggeriert Universalismus in der Anwendung der Theorie und in der Konzeption des Menschen. Durch den unreflektierten Transfer auf postkoloniale Gegenstände „Bhabha tends to imply that the models of psychoanalytic dynamics provided by Freud and Lacan have ‚universal' application, thus unwillingly reinscribing the figure of ‚Man'" (Moore-

Gilbert 2000, S. 463). Young stellt sogar fest, dass Bhabhas Analysen zu Widerstandsstrategien (dies macht Young an seinen Auseinandersetzungen mit Bhabhas Hybriditäts- und Mimikrybegriff fest) die psychoanalytische Fundierung seiner Theorie gänzlich obsolet werden lassen: „the more that Bhabha claims resistance, the less need there is for his psychoanalytic schema of fantasy and desire" (Young 2004, S. 192).

Des Weiteren setzt eine vehemente Kritik vonseiten feministisch geschulter postkolonialer Kritik an, die bei Bhabha einen blinden Fleck für die spezifische Situation ‚schwarzer Frauen' bzw. für Gender-Fragen ausmacht. In der Art, wie Bhabha materialistische Voraussetzungen und damit aus einer marxistischen Perspektive gesehen Klassenunterschiede übersieht, stellen auch Geschlechterdifferenzen für Bhabha kein spezifisches Thema für Identifikations- und Subjektivierungsprozesse dar. Seine, so die Kritik, universalisierende und homogenisierende Anlage des Kolonisators übersieht die Gender-Ebene (vgl. Moore-Gilbert 1997, S. 149) und bettet diese unhinterfragt in heterosexuell-normative Horizonte ein (vgl. Young 1995, S. 26) sowie zur feministischen Kritik an der psychoanalytischen Anlage Bhabhas Denkens vgl. Castro Varela und Dhawan 2005, S. 108 f.). Holmlund bescheinigt Bhabha im Gegensatz zu Said zwar, dass er Geschlechterdifferenzen in seinem Konzept kultureller Differenz berücksichtigt, allerdings betrachtet er diese analog und verkennt damit die spezifischen Implikationen (vgl. Holmlund 1991, 1 f.).

Zum Vierten ist direkt mit diesem Pluralismus/Eklektizismus die heftige Debatte um Bhabhas Schreibprojekt und damit in Bezug auf den dekonstruktivistischen Duktus seiner Texte verbunden. In der Kritik stehen seine, wie Bronfen und Marius recht diplomatisch schreiben, „in wildem Theorie-Kauderwelsch gewonnenen prägnanten Formulierungen" (Bronfen und Marius 1997, S. 7). Bhabhas Befürworter verstehen sein wissenschaftliches Schreiben als dem Gegenstand angemessen: Demnach werden Bhabhas Verwischung zwischen Meta- und Objektsprache und seine eher analogisch denn kausal-logisch aufgebauten Argumentationen verstanden als die adäquate Umgangsweise mit dem Problem, nicht von einer vorgängigen Theorie und einem nachgängigen, illustrativen Untersuchungsgegenstand auszugehen. Bhabha untersucht nicht nur das iterative Moment im Kolonialdiskurs, er selbst spiegelt in seinem wiederholenden Schreiben auch diesen Aspekt (vgl. Hárs 2002 und 2004, 122 ff.). Und Birgit Wagner bezeichnet Bhabhas Vorgehen pointiert als „intentional auf Unschärfe ausgelegt" (Wagner 2009, S. 3). Michael Göhlich betont, dass eben diese Unschärfe der Begriffe in Zeiten von Globalisierung und Ungewissheiten nur angebracht ist (vgl. Göhlich 2010, S. 329). Young nimmt weniger die Unschärfe als die Vielzahl von Bhabhas

Konzepten in den Blick, wenn er konzidiert, dass diese notwendigerweise so diversifiziert sein müssen, da jeder Aufsatz lediglich jeweils eine Facette eines komplexen, vielschichtigen Moments im Kolonialdiskurs herausarbeiten kann (vgl. Young 2004, S. 187). „The ambivalence", so fährt Young fort, „means that by definition it cannot be approached in terms of a single illuminating concept" (Young 2004, S. 187). Bhabha produziert mit seiner „difficulty of his texts, his oxymoronic phrases and indirect allusions" (vgl. Young 2004, S. 197) eine Verunsicherung des Lesers, der analog zur Unpositionierbarkeit des kolonialen Subjekts auch Bhabhas Position nicht einzuordnen weiß und damit der eigenen westlichen theoretischen wie historiographischen Sicherheit beraubt wird (vgl. Young 2004, S. 197). Huddart beschreibt Bhabhas Stil gar als poetisches Positivum: „Bhabha's work does not pretend to be poetry as such, but it shows poetic qualities. […] Bhabha's writing is profitably understood as working in this exploratory manner. Indeed, many of the writers by whom Bhabha is influenced also write this way […]." (Huddart 2006, S. 15) Zwischen Theorie und Untersuchungsgegenstand, zwischen wissenschaftlicher und poetischer Sprache ist demnach der innovative Gehalt von Bhabhas Artikeln anzusiedeln.

Was den einen als Schreibprojekt der Theorie angemessen bzw. unbedingt erforderlich erscheint, kritisieren nun andere auf deutliche und zum Teil recht polemische Weise. Nicht umsonst stellen Childs und Williams ihren Ausführungen zu Bhabhas Arbeiten ein „word of caution" voran (vgl. Childs und Williams 1997); Sumit Chakrabarti bezeichnet Bhabha gar als den esoterischsten der postkolonialen ‚holy trinity', dessen Texte zu einer extremen „sophistication" und Entpolitisierung geführt haben (Chakrabarti 2010, S. 21). Bhabha bekommt 1998 (hinter Judith Butler) etwa den „second prize in bad writing" der neuseeländischen Zeitschrift *Philosophy and literature* verliehen (Dutton 2012). Der hohe Abstraktionsgrad (vgl. etwa die Kritik von Bachmann-Medick 1998, S. 22), die Komplexität und mangelnde Explikation der wissenschaftlichen Positionierung, die fehlende methodologische Reflektion und die argumentative Freizügigkeit sind Kritikpunkte, die in der Rezeption immer wieder auftauchen „To mean what you say is not the same as to say what you mean", spitzt Parry ihre Kritik an Bhabhas Schreibstil zu, dessen „enchantment with troping, punning and riddling all too often sets the signifier into free-fall" (Parry 2002, S. 245). Sie zeigt sich erstaunt darüber, dass Bhabhas Arbeiten trotz seines übertheoretisierten und terminologischen Vokabulars, seiner Allusionen und unüberschaubaren theoretischen wie künstlerischen Referenzen eine derartige Resonanz erfahren haben (vgl. Parry 2002, S. 245). Bhabhas Schreiben wirkt ausweichend und ärgerlich, es mystifiziert Theoretiker, Theorie und Analyseergebnisse gleichermaßen; Moore-Gilbert bemängelt Bhabhas „dense (or clotted) style [...], „his characteristically teasing, evasive, even quasi mystical (or mystificatory) mode of expression" (Moore-Gilbert 1997, S. 115).

Eng verzahnt mit der Bewertung dieses Schreibverfahrens ist auch die Einschätzung des wissenschaftlichen, epistemologischen Werts von Bhabhas Konzepten. Oder aber sie mündet in eine Art Generalkritik an Bhabhas Konzepten und an ihrer theoretischen wie aus der Analyse wachsenden Genese, wie Young sie als statische Festschreibungen und als dekontextualisierte und dekontextualisierende Kategorien verurteilt: „– ‚mimicry is ...', ‚hybridity is ...' – seem always offered as static concepts, curiously anthropomorphized so that they possess their own desire, with no reference to the historical provenance of the theoretical material from which such concepts are drawn, or to the theoretical narrative of Bhabha's own work, or to that of the cultures to which they are adressed." (Young 2004, S. 186)

Aber wie steht es nun um die Plausibilität der Konzepte für die Rezeption?

3.2 Bhabhas Konzepte in der Rezeption

Im Folgenden soll die Rezeption der im zweiten Teil dieses Bandes vorgestellten Schlüsselkonzepte Bhabhas nachgezeichnet werden. Dabei werden nicht alle gleichermaßen berücksichtigt werden können, da Bhabhas Konzeptmetaphern wie Hybridität, Dritter Raum oder Mimikry eine weitaus größere Beachtung und Anwendung gefunden haben als etwa explizit die grundlegenden Konzeptionen von Kultur oder kultureller Differenz, deren Würdigung bzw. Kritik bereits in die oben ausgeführten Kommentare zur Theoriebildung eingeflossen sind.

Hybridität

„Kaum ein Begriff", so beschreibt Ha die Rezeption des wohl schillerndsten Begriffs der Bhabha'schen Theoriebildung, „hat in jüngster Zeit in der intellektuell-akademischen Öffentlichkeit wie in der Tagespresse für so viel Furore gesorgt und dabei so viel Unklarheit hinterlassen." (Ha 2005, S. 12)[23] Die Gründe für diese Unklarheiten in der (besonders deutschsprachigen) Rezeption des Hybriditätskon-

---

23 Im Folgenden wird nur die Rezeption der Bhabha'schen Terminologie nachgezeichnet. Die weitergehende Rezeption zum Hybriditäts- oder Übersetzungsbegriff im Allgemeinen, die die Ar-

zepts sind auf unterschiedlichen Ebenen anzusiedeln. Zum ersten legt Bhabha diese Unsicherheit selbst an, da er sich klaren Definitionen verwehrt (vgl. zu Bhabhas Gebrauch des Terminus Hybridität oder hybrid Fludernik 1998b, S. 22–25 bzw. 29, bes. S. 24). Zum Zweiten ist die Melioration des Begriffs für viele nicht hinzunehmen. Die problematische, weil mit pejorativen Konnotationen einhergehende Etymologie aus der Biologie ist nicht so einfach abzuschütteln (vgl. dazu bspw. Young 1995, S. 27 und besonders die Kritik am Hybriditätsbegriff aus der Perspektive kritischer „Whiteness"-Forschung vgl. Broeck 2007). Für Fludernik resultiert u. a. auch aus dieser Begriffsgeschichte die Frage: „What is Hybridity? (And why Are They Saying Such Terrible Things About It?)" (vgl. Fludernik 1998a, S. 9). Florian Sedlmeier vertritt in diesem Zusammenhang noch eine weitere These: Er geht davon aus, dass gerade die biologistische und rassistische Konnotation des Hybriditätskonzepts von der kritischen Rezeption nur allzugern aufgegriffen und kritisiert wird, um sich damit eher rückwärtsgewandt mit der protestierenden Absetzung vom Konzept zu beschäftigen als mit seinen prospektiven Potenzialen (vgl. Sedlmeier 2011, S. 47). Diese selbstgenügsame Beschäftigung mit der Kritik des biologistischen Konzepts erklärt Sedlmeier zufolge auch die Konjunktur des Begriffs Hybridität im Vergleich etwa zum weniger rezipierten, weil mit weniger „begriffsgenealogische[m] Gepäck" behafteten „Dritten Raum" (Sedlmeier 2011, S. 47). Zum Dritten liegt die Skepsis auch darin begründet, so führt Antje Kley aus, dass Bhabhas Konzept der kulturellen Differenz nicht richtig erfasst wird, da noch ausgehend von einem statischen und homogenen Kulturkonzept aus argumentiert und Bhabha gelesen wird (vgl. Kley 2002, S. 53; 58 f. sowie Strecker 2002, S. 96). „Noch die avanciertesten postmodernen Konzeptionen von ‚Transkultur' arbeiten sich an der hergebrachten Vorstellung ab, Kulturen seien unabhängige Gebilde mit festen Grenzen und gleich bleibendem Kern", tadelt Mark Terkessidis etwa die deutschen Kulturdiskurse in seiner Rezension von Bhabhas *Verortung der Kultur* (Terkessidis 2001). Bhabhas Insistieren auf dem Moment der Ambivalenz und auf dessen Potenzialen zur Subversion wird in der Rezeption oftmals vereinfacht, romantisiert oder für einen hegemonialen Multikulturalismusdiskurs vereinnahmt. Eine solche multikulturelle Synthese wird von der Bhabha'schen Rezeption oftmals gemeint, wenn das Hybriditätskonzept kritisiert wird. Huddart führt gegen diese Einwände aus: „Hybridity is for Bhabha not something simply to be celebrated, in a magical multiculturalist re-invention of ti-

---

beiten Bhabhas nicht oder nur am Rande erwähnt, ist zwar Legion, kann aber in diesem Band nicht berücksichtigt werden.

red national traditions, but is a difficult, agonistic process of negotiation" (Huddart 2006, S. 113).

Dieser Verhandlungsraum, den Bhabha aus den Bachtin'schen Arbeiten weiterentwickelt, wird in der Rezeption u. a. deshalb als so fruchtbar erkannt, weil er den Gedanken der Hybridisierung gerade innerhalb des Hegemonialdiskurses verortet (vgl. zur Verlagerung des Bachtin'schen Hybriditätsbegriffs durch Bhabha auf die ‚Innenseite des Kolonialdiskurses' bspw. Zapf 2002, bes. S. 58) und damit über einen eurozentristischen Modernebegriff hinausgeht (vgl. Mizutani 2009, S. 2). Zudem unterstreicht Bhabha damit die politische Relevanz seiner Konzepte und akzentuiert nach Hárs die Verhandlung, ähnlich wie Übersetzung, als eine Art Strategie der Hybridität: „Im Zusammenhang mit dem Begriff der Verhandlung wird auch deutlich", führt Hárs daher aus, „dass Hybridität – und Verhandlung als eine Art praktische Aushandlung oder Strategie derselben – keineswegs ein rein ästhetisches (wenn auch vielleicht ein eher theoretisches) Konzept für Bhabha ist: Wir brauchen etwas weniger frommes Beharren auf um Klasse und Nation herum artikulierte Prinzipien und etwas mehr vom Prinzip der politischen Verhandlung" (Hárs 2002, S. 43).

Auch die affektive Dimension des Hybriditätsbegriffs findet in der Rezeption durchaus positive Resonanz: „Fremdheit und Diversität", so beschreibt Sieber treffend und nimmt eine Metapher von Clifford Geertz wieder auf, beginnt „nicht erst am Ufer zu anderen Kulturen [...] und auch nicht einmal erst an der Haut [...], sondern unter der Haut" (Sieber 2002, S. 81). Und Byrne betont schon zu Beginn ihrer Einführung in Bhabhas Werk den Aspekt der Angst inmitten hybrider Prozesse (vgl. Byrne 2009, S. 14).

Für die Anwendbarkeit des Hybriditätsbegriffs in der literaturwissenschaftlichen Analyse seien beispielhaft die Aufsätze von Hárs genannt, in denen er nicht nur das Potenzial des Bhabha'schen Hybriditätsbegriffs nochmals auslotet, sondern diesen auch an literarischen Texten der k. u. k. Monarchie fruchtbar macht (vgl. Hárs 2002 und 2004) sowie Catherine Ramsdells Analysen der postkolonialen „Short Story" (vgl. Ramsdell 2003).

Während Fludernik Bhabhas Konzept der Ambivalenz als Spiegelbild des Hybriditätsparadigmas begreift und in ihren detaillierten Analysen der Ambivalenz den Begriff der Hybridität expliziert (vgl. Fludernik 1998b, S. 38–46), erscheint gerade die Konnotation von Ambivalenz anderen Kritikern hochgradig problematisch. Young etwa greift Bhabhas Ambivalenzkonzept grundlegend an, indem er die Frage der Anwend- und Generalisierbarkeit aufwirft, d. h. ob dieses tatsächlich als generelle Theorie über den Kolonialdiskurs gelten kann oder vielmehr nur ausgesuchte und damit vereinzelte Momente beleuchtet (vgl. Young

2004, S. 192 f.). Die positive Aufnahme des Hybriditätsbegriffs betont in erster Linie Bhabhas Perspektive auf strukturelle Oppositionen innerhalb (post-)kolonialer Diskurslogiken begründet. Mit Bhabhas Hybriditätsbegriff kann man die Idee von kultureller Vermischung hinter sich lassen und mit Fludernik die Produktivität einer „mutual contamination of imaginary purity both in the colonial and in the postcolonial scenario" in den Blick nehmen (Fludernik 1998a, S. 13).

Die Kritik an Bhabhas spezifischem Hybriditätsbegriff entzündet sich an (mindestens) zwei zentralen Punkten: einerseits an der politischen Relevanz bzw. Konnotation des Konzepts und andererseits an seinem universalistischen Unterton und den Homogenisierungen (vgl. Moore-Gilbert 1997, S. 151 sowie Loomba 1998, S. 178).

Exemplarisch sind für den ersten Punkt die kritischen Ausführungen von Ha aus der Warte der deutschsprachigen postkolonialen Soziologie zu nennen, der die Apolitisierung und Entökonomisierung der Debatten um Multikulturalismus oder Integration durch die Verwendung eines sich auf Bhabha berufenden Hybriditätskonzepts anprangert. In seiner Anklage eines „Hype um Hybridität" verurteilt er die Analysen, die „das Zauberwort ‚Hybridität'" (Ha 2005, S. 8) dazu nutzen, den Umgang mit kultureller Differenz zu einem multikulturellen, friedlichen Miteinander zu verklären, zu diskursiven Strategien zu verkürzen und damit zu entpolitisieren bzw. sogar neokoloniale Machtmechanismen zu verschleiern (vgl. besonders Ha 2005).[24] Der hegemoniale Diskurs, oder schlicht die machtvolle, kapitalistische Mehrheitsgesellschaft, ist damit in der Lage, Hybridität als eine spielerische Form der Mehrfachzugehörigkeit zu inszenieren und damit kontrollierbar zu machen und in die eigenen politischen, ökonomischen Logiken einzubauen. Hybridität lässt sich folglich, so führt auch Katharyne Mitchell aus, problemlos einpassen in ein kapitalistisches System, das damit nur bestärkt, keineswegs aber in Frage gestellt wird (vgl. dazu etwa Mitchell nach Papoulias 2011, S. 74). Hybridität wird folglich als eine Form der fröhlichen Selbstbedienung aus dem vielfältigen, kulturellen Angebot begriffen; eine Konsumhaltung, die wiederum nicht allen möglich ist und damit der Seite der privilegierten Mehrheit vorbehalten bleibt. Damit stellt Ha Hybridität in ein politisches Licht: Er untersucht Hybridität „in ihren kulturindustriellen Versionen" (Ha 2005, S. 56) und stellt die Frage danach, „inwieweit Hybridität als Zeichen einer postmodernen Ästhetik und Konzeptionen von Kultur und Gesellschaft mit einer spätkapitalistischen Verwertungs-

---

24 Dies ist zwar in erster Linie eine Kritik an der Rezeption des Hybriditätskonzeptes und nicht an Bhabhas Arbeiten selbst, allerdings ist diese Rezeptionsweise durchaus in der Offenheit des Bhabha'schen Konzeptes und seiner Argumentationsweise angelegt.

logik verbunden ist". (Ha 2005, S. 57) Das Subversionspotenzial, das im Hybriditätsgedanken Bhabhas fest verankert ist, wird damit abgeschwächt, wenn auch nach Ha nicht vollkommen nivelliert (vgl. Ha 2005, S. 61 ff.).

An diese freundliche Jonglage mit kulturellen Differenzen knüpfen auch die Argumentationen von Sieber und Marchart an. Bhabha legt nach Sieber die Assoziation zu romantisierenden Diversitätsdiskursen nahe (vgl. Sieber 2002, S. 84 f.). Die Rezeption wirft Bhabha demgemäß (und für Marchart nicht immer gerechtfertigterweise), „eine sophistizierende Form des Multikulturalismus" vor (Marchart 2007, S. 83). (Selbst) die Bhabha zugewandte Rezeption vereinfacht Marchart zufolge Hybridität zu harmonischer Multikulturalität (vgl. Marchart 2007, S. 84). Überdies wird Hybridität essenzialisiert bzw. die vorangegangenen kulturellen Mischkomponenten, aus denen sich Hybridität dann herstellt (vgl. Marchart 2007, S. 84). Marchart hält dieses multikulturalistische Missverständnis für in der Theorie Bhabhas angelegt: Bhabha spricht sich zwar dezidiert dagegen aus, doch gelingt ihm die Abgrenzung seines Hybriditätsbegriffs vom „Imaginäre[n] des Multikulturellen, also jene[r] ‚Benettonisierung' von Kultur" nicht überzeugend (Marchart 2007, S. 85).

Wie oben bereits erläutert muss sich Bhabhas Theoriebildung den Vorwurf des Universalismus gefallen lassen, untersucht er doch sehr unterschiedliche Texte mithilfe seiner Konzepte. Bei einer solchen Universalisierung des Begriffs verliert „das Postkoloniale logischerweise seine spezifische Handlungsmacht" (Castro Varela und Dhawan 2005, S. 101) und seine spezifische Aussagekraft (vgl. dazu Antony Easthopes Hybriditätskritik 1998, S. 343–346). An dieser Stelle weisen Castro Varela und Dhawan auf die analoge Bhabha-Kritik von Michael Hardt und Antonio Negri hin, wie sie in ihrem berühmten Buch *Empire* (Original: 2000) formuliert wird. Diese richtet sich aber – zumindest in meiner Lektüre – weniger an den Hybriditätsbegriff als vielmehr an einen fehlerhaften Kurzschluss Bhabhas. Bhabha (und mit ihm das Gros der postkolonialen Theorie) kann seine Argumentation nur auf der Gleichsetzung von Binaritäten bzw. dem Denken der Dialektik und Hierarchie aufbauen. Hardt und Negri können Bhabhas Dekonstruktion kolonialer Diskurse mittels eines Hybriditätsbegriffs, der gegen die binären Strukturen von Hierarchie arbeitet ohne selbst in dichotomen Strukturen zu münden, durchaus nachvollziehen. Ihre fundamentale Kritik aber gilt der Frage danach, ob Hierarchie zwangsläufig dialektisch organisiert sein muss – und ihre These ist ja bekanntlich, dass sich das dräuende Empire auf eine wesentlich komplexere Weise organisiert (vgl. Hardt und Negri 2002, S. 156–158).

An den Vorwurf des Universalismus schließt Moore-Gilbert etwa für das Hybriditätskonzept den des Essenzialismus an. Während Fludernik in ihren intensiven Lektüren der Bhabha'schen „Grammatik des Hybriden" zu dem Schluss kommt, dass Hybridität bei ihm keine Referenz besitzt, d. h. weder eine Essenz behauptet noch auf einen konkreten Referenten verweist (vgl. Fludernik 1998b, S. 27), nimmt die kritische Rezeption die Betonung des Hybriden gerade als dessen Essenzialisierung wahr. Demnach operiert Bhabha nicht nur weiterhin mit binären Oppositionsstrukturen, sondern läuft Gefahr, das Hybride selbst zu essenzialisieren (vgl. bspw. Moore-Gilbert 1997, S. 129 f.). In diese Richtung geht auch Marcharts Argumentation. Die Problematik des Hybriditätskonzepts liegt für ihn in dessen postkolonialer Verankerung bzw. Rezeption: Hybridität ist für Marchart kein Konzept, das sich einem historischen oder geographischen Rahmen verschreibt (auch wenn es sich postkolonialer Gegenstände und Perspektiven verdankt), sondern „Hybridität [...] ist eben kein bloß *historisches,* sondern ein *quasi-transzendentales* Konzept"; es ist „vom Anspruch *transzendental*" (Marchart 2007, S. 86). Wenn nun Bhabha dieses transzendentale oder universalistische Konzept immer wieder auf postkoloniale und damit sehr spezifische Gegenstände anwendet in einer Art „postkoloniale[n] Engführung" (Marchart 2007, S. 87),[25] so verhüllt er den transzendentalen Anspruch und degradiert es zur bloßen Metapher (vgl. Marchart 2007, S. 86 f.). Für Marchart ist „‚Hybridität' als verfehlter Leitbegriff postkolonialer Theorie" (Marchart 2007, S. 80) zu betrachten, denn nicht nur seine biologi(sti)sche Etymologie ist problematisch, sondern es entbehrt auch als subversionstheoretisches Konzept einer überzeugenden Beweislage (vgl. Marchart 2007, S. 82).

Dritter Raum

Eine der frühe(re)n intensiven Auseinandersetzungen mit dem Konzept des Dritten Raums hat Bachmann-Medick vorgelegt, die sich 1998 mit dessen Grenzen und Potenzialen auseinandersetzt. Sie beschreibt den dekonstruktivistischen Ansatz des Konzepts und würdigt ihn als „gravierenden Gegenentwurf gegen alle Versuche einer Identitätspolitik, die auf ein Festschreiben von ethnischen Identitäten" hinauslaufen (Bachmann-Medick 1998, S. 23). Auch Karin Rosa Ikas und Gerhard Wagner betonen in ihrem Sammelband zur theoretischen Fundierung

---

25 Mizutani kritisiert in diesem Zusammenhang weniger einer Engführung auf postkoloniale Gegenstände, sondern einerseits die Fokussierung auf Phänomene der Moderne und andererseits weitet sie Bhabhas Analysen auf die Betrachtung von „Eurasiern" in Indien unter britischer Kolonialherrschaft aus (vgl. Mizutani 2009).

und methodischen Operationalisierung des Dritten Raums die Fruchtbarkeit des Bhabha'schen Ansatzes, wenn Machtverhältnisse und Identifikationsmechanismen aus ihrer starren Dialektik herausgelöst und in andere (Denk-)Formen überführt werden sollen (vgl. Ikas und Wagner 2009, S. 2).

Constantina Papoulias diskutiert das Konzept des Dritten Raums aus der Perspektive geographischer bzw. raumaffiner Theoriebildung und weist auf die innovativen Erkenntnispotenziale wie auch auf die kritische Rezeption hin. Papoulias sieht dabei den Denkrahmen des Raumes, am deutlichsten manifestiert in Bhabhas Konzept des Dritten Raums, als Grundlage von Bhabhas Theorie und seinem Kulturkonzept. Diese Spatialisierung hat, so die Autorin, Bhabha anschlussfähig an vielfältige theoretische, besonders aber an geographische und soziologische Diskurse gemacht (vgl. Papoulias 2011, S. 72 f.).

Indessen erläutert Bachmann-Medick auch die Problematik des Konzepts, das sowohl semiotisch als auch politisch angelegt ist. Als kulturwissenschaftliches Konzept leiden „[s]olche Leitvorstellungen eines ‚Dritten Raums' […] freilich unter einem zu hohen Abstraktionsgrad, selbst wenn sie sich aus den Grenz- und Überlappungszonen postkolonialer Erfahrungen heraus begründen." (Bachmann-Medick 1998, S. 23) Als „Medium sozialer Interaktion" (Bachmann-Medick 1998, S. 23) hingegen sind Anhaltspunkte für eine (durchaus auch politische) Konkretisierung zu finden, da hier minoritäre Diskurse aufgespürt werden können, die ohne diese Perspektive des Dritten Raums als unterdrückt und ausgelöscht, als ohnmächtig und inexistent gelten würden. Bachmann-Medick führt die geradezu existenzielle Problematik von Hybriditäts- und Dritter Raum-Medien vor Augen, wenn sie etwa an die Lebensgefahr von Rushdie erinnert (vgl. Bachmann-Medick 1998, S. 23). Dennoch betont sie bei der notwendigen kulturpolitischen Umgangsweise mit Vorstellungen des Dritten Raums die Rolle der Literatur, in der sich solche Vorstellungen konkretisieren und ausbauen lassen (vgl. Bachmann-Medick 1998, S. 23.). Anders als die Kritik an der vermeintlich apolitischen Ästhetisierung bzw. Textualisierung, die ja dem Hybriditätsparadigma wiederholt widerfahren ist, geht Bachmann-Medick davon aus, dass das Konzept des Dritten Raums „besonders deshalb von erheblicher kulturpragmatischer Reichweite [ist], weil es sich nicht in einer Verständigung über Inhalte erschöpft, sondern auf eine Verhandlung und Ausarbeitung interkultureller Strategie zielt" (vgl. Bachmann-Medick 1998, S. 25) – und dies nicht in einer Sprache von Sprachphilosophie und Semiotik, sondern explizit in einer Sprache von Handlungsspielräumen und Konfliktsituationen (Bachmann-Medick 1998, S. 2). Byrne betont in diesem Zusammenhang Bhabhas Begriff der Katachrese, denn für Byrne ist das katachretische Schreiben die Schreibstrategie für eine Logik des Dritten Raums, in der Differenz (als Ergänzung und als Überschuss) artikuliert werden kann (vgl. Byrne 2009, S. 43). Bachmann-Medick fordert eine stärkere Ausarbeitung des Dritten Raums für die Ebene des sozialen, pragmatischen Handelns, für „die Ebene der Verhaltensregulierungen und -überzeugungen." (Bachmann-Medick 1998, S. 26). Und neben dieser Mikroebene nimmt Bachmann-Medick auch die Makroebene globaler Aushandlungen in den Blick, auf der sie – wieder im literarischen Text – eine explizite Neukartierung transnationaler Prozesse anvisiert (vgl. Bachmann-Medick 1998, S. 27 f.). Hier hebt sie die „Fruchtbarkeit des Dritten Raums der Simultaneität unterschiedlichster, ja ungleicher Lebenssphären und Erfahrung asymmetrischer Machtverteilung" als Potenzial des Konzeptes hervor (Bachmann-Medick 1998, S. 29).

Problematisch ist der Terminus des Dritten Raums und der Hybridität für Bachmann-Medick also, da er zum einen zu abstrakt, diskursiv, mental erscheint und zum anderen, weil er synthetisierend und essenzialisierend wirkt. Er suggeriert – und dies ist ja wie erläutert besonders in der Rezeption zur Hybridität geschehen –, dass eine neue „Einheitsidee einer Mischkultur" entsteht, die kulturelle Differenzen auflöst (Bachmann-Medick 1998, S. 26).

Auch Claudia Breger und Tobias Döring artikulieren diese Skepsis, indem sie feststellen, dass Bhabhas Begriff des Dritten Raums „eher als prospektive[r] ‚Ausblick' denn als theoretische Intervention" formuliert ist (Breger und Döring 1998, S. 13).

Übersetzung

Das Konzept der kulturellen Übersetzung erfreut sich – nicht erst seit, aber sicherlich befeuert durch Bhabha – derzeit großer Popularität. Bachmann-Medick begründet in ihrer Bhabha-Lektüre nicht nur einen postkolonialen Kulturbegriff, der auf Übersetzung beruht („Kultur als Übersetzung", Bachmann-Medick 2006, S. 212), sondern sieht Übersetzung gar als eine omnipräsente Strategie in Theorie und sozialer Praxis (vgl. Bachmann-Medick 1998, S. 249 sowie die Kapitel zum „translational turn", S. 238–283, und zur Wende in den Kulturwissenschaften in Form einer „Übersetzungsbereitschaft der Kulturwissenschaften", vgl. S. 384–389).

Doch die Rezeption betont auch, dass es Bhabha um mehr geht als um die Idee eines Transfers, wenn er von Übersetzung spricht. Es ist gerade der Gedanke der Unübersetzbarkeit, welcher sich bei Bhabha jeder Feststellung des Sinns verwehrt oder eher einen „Nicht-Sinn", wie Marchart ausführt, im kolonialen Signifikanten beschreibt. Damit können die konventionellen Binarismen transzendiert werden; der widerständige Rest ist ein wesentliches Element der Übersetzung (vgl. Marchart 2007, S. 94f.). Auch Wagner geht der „Begriffskarriere[]" (Wagner 2009, S. 1) des Übersetzungsparadigmas nach und weist ebenfalls auf diesen „unübersetzbaren Rest der kulturellen Differenz" hin, wenn sie detailliert Bhabhas Übersetzungsbegriff und seine Deutungen bzw. Missverständnisse etwa des Benjamin'schen Übersetzungskonzept beleuchtet (vgl. Wagner 2009, S. 6).

Aus dieser Verweigerung des Sinns generiert Marchart zudem eine politische Dimension. Er erläutert, dass für Bhabha im Moment der kulturellen Differenz, die – wie bereits ausgeführt – kulturelle Essenzialismen ad absurdum führt und dekonstruiert, eine Ambivalenz auszumachen ist, die verstörend und zerstörend zugleich ist. Dabei ist allerdings entscheidend, dass in diesem Moment weder eine „Fülle von Bedeutungen kultureller Diversität oder kulturellen Sinns" (Marchart 2007, S. 95) entsteht – also keine multikulturelle Synthese, keine kulturelle Mehrfachzugehörigkeit, die das Subjekt souverän ausfüllen kann –, noch „eine simplifizierende Darstellung des Kolonisierten" (Marchart 2007, S. 95), noch eine Auslöschung von Sinn. In der Ambivalenz, oder im Unübersetzbaren der Übersetzung, beleuchtet die Hybridität ihre eigenen Grenzen; es entsteht kein „Sinnzusammenbruch [...], sondern vielmehr [...] die *Signifikation des Sinnzusammenbruchs*" (Marchart 2007, S. 95). Hier liegt die politische Dimension oder die Subversionsmöglichkeit für den kolonialen Signifikanten: Er kennzeichnet gleichzeitig die Autorität und die Unmöglichkeit der Autorität des hegemonialen Diskurses, die simultane Faszination und Abscheu, kurz: das Ambivalente, wenn sich Hybridität artikuliert. Im Gegensatz zu Marchart, der ja in Bhabhas Arbeiten den Anspruch einer weitreichenden, transzendentalen Theoriebildung sieht, betont Wagner in ihrer Auseinandersetzung mit Bhabhas Übersetzungsbegriff, dass dieser gerade nicht „als *theory of everything* zu lesen [ist], sondern als Studie, die aus einem – berechtigten – partialen Standpunkt heraus geschrieben ist" (Wagner 2009, S. 6).

Byrne betont die subvertierende und hybridisierende Kraft der Übersetzung, die Störungen und Brüche sichtbar macht und alle beteiligten Seiten affiziert. Die Veränderung des „Originals" als einen Verlust oder eine Verfälschung zu sehen, ist nach Byrne in einem Denken verhaftet, das immer noch von einem authentischen, autoritären Original ausgeht (vgl. Byrne 2009, S. 31f.).

Mimikry

Mimikry als Strategie der Ambivalenz innerhalb eines kolonialen Machtdiskurses, der versucht, den kolonisierten Anderen zur Angleichung aber eben nicht zur

Deckungsgleiche zu bringen, wird als anregungsreiche Metapher für Minoritätendiskurse und für die Rückgewinnung der Handlungsmacht aufseiten der ohnmächtigen Kolonisierten durchaus begrüßt. Huddart beschreibt sie als wirkungsvolle Strategie der Übertreibung und der Verspottung, als eine komische Art auf das Zirkulieren von Stereotypen zu antworten (vgl. Huddart 2006, S. 57f.). Auch Moore-Gilbert kann die von Bhabha beschriebene Mimikry als fruchtbare Metapher durchaus nachvollziehen – allerdings in literarischen und weniger in offiziellen Dokumenten (vgl. Moore-Gilbert 1997, S. 135). Und was bei Moore-Gilbert eher als Kritik formuliert ist, nämlich die Beschränkung der Wirkmacht von Mimikry auf den Bereich der Literatur, sieht Huddart wiederum als positiven Aspekt und geradezu als Aufwertung der Literatur (vgl. Huddart 2006, S. 8).

Gleichwohl steht die Strategie der Mimikry und des unartikulierten Widerstands immer wieder in der Kritik – nicht zuletzt, weil hier eine spezifische Handlungsweise oder gar Macht von Bhabha gedeutet wird.

Moore-Gilbert mahnt an, dass es wenig überzeugende Beispiele für die Durchschlagkraft des Bhabha'schen Widerstandskonzepts gibt. Einerseits sind, so Moore-Gilbert, Imperialismus, Faschismus und Homophobie nicht weniger effektiv trotz der inhärenten Brüche und Widersprüche (vgl. Moore-Gilbert 1997, S. 133f.). Andererseits steht er der positiven bzw. produktiven Rolle des „mimic man" sehr skeptisch gegenüber. Für ihn hat jener „mimic man" in evidenter Weise im britischen Kolonialreich in Indien eher für Hohn und Spott als für Angst und Verwirrung gesorgt (vgl. Moore-Gilbert 1997, S. 134).

Ein weiterer Kritikpunkt ist das Moment der Aktivität innerhalb der Mimikry, man könnte auch sagen: das Verhältnis zwischen Subversion und Handlungsmöglichkeiten („agency"). Young findet das Mimikry-Konzept an dem Punkt problematisch, an dem Bhabha expliziten, aktiven Widerstand in seine Konzeption der Mimikry eingliedern müsste, wenn sich also keine subversive, fast unmerkliche Strategie ausbildet sondern offener Widerstand (vgl. Young 2004, S. 190). Für Moore-Gilbert stellt sich die Frage nach der (politischen) Aktivität noch grundsätzlicher: Wie kann Widerstand unbewusst funktionieren? „[I]t cannot function for the colonized as the grounds on which to construct a considered counterdiscourse" (Moore-Gilbert 1997, S. 133), lehnt Moore-Gilbert diese Argumentationsfigur ab. Handlungsmacht ist für ihn die Folge von Diskursen und kann nicht aus ihnen heraus quasi als treibende Kraft erwachsen: Denn Handlungsspielräume eröffnen sich als Effekt des Diskurses und nicht in der Logik eines Autors (vgl. Moore-Gilbert 1997, S. 136).

Auch Huddart stellt die Frage, ob es sich bei Bhabhas Mimikrykonzept um eine bewusste, vorsätzliche Strategie der Kolonisierten handelt, die dieser frei annehmen oder auswählen kann und äußert sich zwar skeptisch zu der Vokabel „aussuchen", beschreibt Mimikry aber als sehr effektvoll (vgl. Huddart 2006, S. 61). Schließlich entscheidet er sich für den Ausdruck implizit: „Mimicry impicitly offers an opening for agency, and even a model for agency." (Huddart 2006, S. 76)

3.3 Ausblicke

„Ist das Ganze vielleicht nicht mehr als eine theoretische Phantasie, die jede Form politischer Theorie auf einen Tagtraum reduziert?" (Bhabha 2000, S. 272). Diese selbstkritische Frage, die ja bereits Bhabhas Überlegungen zum Verhältnis von Politik und Theorie in den postkolonialen, poststrukturalistischen Studien leitete, scheint auch seine aktuellen Arbeiten anzutreiben.

Die Relevanz der postkolonialen Perspektive sieht Bhabha nach wie vor gegeben für die dringenden Fragen unserer Zeit wie Globalisierung, Migration und die ungelösten Fragen menschlichen Zusammenlebens. Denn einerseits bestimmen koloniale Diskursformationen und Narrationen (manchmal auch unmerklich) immer noch die Gegenwart: „Meine wiederholten Hinweise auf die koloniale Szene", betont Bhabha in diesem Sinne, „sind keine Rückkehr zur Vergangenheit; vielmehr geht es um die Konfrontation mit etwas oft nicht Wahrnehmbaren in der Art und Weise, wie wir den Alltag und jene ‚Zeit' durchleben, die in der Gegenwart in iterativer Form vergeht." (Bhabha 1999a, S. 96) Andererseits beschreibt Bhabha sein Denken eines dezentrierten, zwischenräumlichen Subjekts nicht als bloßes theoretisches Konstrukt, sondern als alltägliche Erfahrung und Lebensweise (vgl. Comaroff und Bhabha 2002, S. 21). Bhabhas Interesse gilt den Möglichkeiten der Artikulation von Migranten; Byrne beschreibt Bhabha gar als einen „theorist of migrancy and diaspora [...] trying to think into existence alternative ways of ‚dwelling' in migrancy and exile, different kinds of belonging, gathering and regrouping in diasporic formations" (Byrne 2009, S. 19).

Aufbauend auf seine grundlegenden Vorstellungen vom neuartigen Denken von Kulturkontakten richten sich Bhabhas Überlegungen auf die Potenziale von Minderheitendiskursen, auf die „Minoritarisierung" („minoritization"), und damit darauf, eine spezifische Art „Minderheitendifferenz" (vgl. dazu auch Sieber 2012, S. 106 ff.) zu denken und vor allem zu formulieren.

Im Folgenden möchte ich zwei Themenkomplexe herausgreifen, die Bhabha in neueren Interviews immer wieder zur Sprache bringt und die auch in den Titeln der angekündigten Monographien *A Global Measure* und *Right to Narrate* zum Ausdruck kommen: zum ersten jene Minoritarisierung als Handlungs- und Artikulationsmöglichkeiten von Minoritäten, die als Fremde nun zu Hause sind, und zum Zweiten das sich daran anschließende Konzept von globaler Staatsbürgerschaft und einem „vernacular cosmopolitanism".[26]

Bhabhas Ausgangspunkt ist mehrfach angesprochen worden: Minderheiten lassen sich nicht als Fremde in einem klar abgegrenzten Diskurs, einem lokalen Raum, in einer historischen Epoche oder Zeitlichkeit einsperren. „Die Staatenlosen", so führt Bhabha beispielhaft aus, befinden sich ‚mitten unter uns', diese „Kronzeugen der Ethik und Politik eines neuen Internationalismus, stehen weder im Zentrum noch am Rande der Gesellschaft. Sie kommen *direkt* aus dem Inneren der ambivalenten Dialektik des Globalen" (Bhabha 2012, S. 61). Bhabha wendet sich immer wieder gegen multikulturalistische politische Praxen, die kulturelle Differenz einzudämmen und damit den Anderen in seiner minoritären oder marginalisierten Position nur festzuschreiben versuchen – und zwar sowohl in Form von Abwertung wie von Aufwertung der Minderheiten. Bhabha stemmt sich gegen diese Versuche der Eindämmung, indem er bspw. die affektive Besetztheit der kulturellen Differenz betont. Besonders in seinem Aufsatz „‚Angst' in kultureller Übersetzung" zeigt er auf, dass in den Diskursen etwa um den Umgang mit der Sklavereigeschichte oder im postkolonial-feministischen Kampf gegen patriarchale, religiös legitimierte Kolonialstrukturen Begehren und Angst eine zentrale Rolle spielen, und dass damit umgehen muss, wer sich mit „kulturelle[r] und soziale[r] Staatsbürgerschaft" auseinandersetzen will (Bhabha 1998, S. 84). Damit weist er auf die imaginative Kraft, aber auch auf die psychoanalytische Tiefe der Ambivalenz von Begehren und Abscheu hin, die – allen (materialistischen, politischen) Ansätzen zum Trotz – prägend sind. Diese Position Bhabhas ergibt sich aus einer Debatte heraus, die zwei Jahre zuvor begonnen hatte. In einem Aufsatz hatte Susan Okin nämlich postuliert, dass die Verhandlung multikultureller Fragen auf Kosten feministischer Interessen gehen; während Bhabha ihren essenzialisierenden Ansatz (Multikulturalismus vs. Geschlechterrollen) dezidiert zurückweist (vgl. Bhabha 1997b sowie 2001b). Ausgehend von dieser Debatte stellt sich Bhabha dem Problem, wie Minderheiten mit Mehrfachzugehörigkeiten umgehen können oder anders formuliert: wie genau sie kulturelle Differenz lebenspraktisch umzusetzen vermögen. Dazu knüpft er an seinen Gedanken des Zwischenraums zwischen dem Sprechen in der ersten

---

26 Im Folgenden behalte ich den Ausdruck in englischer Sprache bei, da es keinen adäquaten theoretischen Begriff im Deutschen gibt. Gemeint ist hier generell eine alltägliche Erfahrung von Kosmopolitismus; der Begriff aber ist bereits seit Langem in den angloamerikanischen *Postcolonial* und *Black Studies* virulent und daher im Englischen eher auf einen Diskussionszusammenhang verweist.

Person und der dritten Person, über die gesprochen wird, an (vgl. dazu die Ausführungen zur Handlungsfähigkeit von Minderheiten im Kapitel zum Kultur-Begriff in diesem Band). Konkret widmet er sich ausgehend von den Arbeiten des indischen Philosophen Akeel Bilgrami der Frage, ob eine solche Zwischenräumlichkeit wohl darin liegen könnte, bspw. als moderater Moslem zu agieren. Dieser moderate Moslem verbindet säkulare und religiöse Subjektpositionen und kann in einem „doppelten Bewußtsein[]" zu einer selbstbewussten Sprecherposition (in der ersten Person) wechseln (Bhabha 1999a, S. 85). Für Bhabha ist diese Differenzposition nur dann interessant, wenn sie ambivalent ist, sich das Moderate also in einer „*borderline*-Position" (Bhabha 1999a, S. 85) zwischen erster Person und dritter Person artikuliert und nicht schlicht vermeintliche Diskursmacht erlangt. An diesem Ort findet eine Infragestellung von Positionen statt – der Andere kann nicht in seiner Alterität eingeschlossen werden, damit kann das Selbst sich aber auch nicht mehr stabilisieren –, die affektiv bedrohlich und politisch relevant wird. Diese Art der Formulierung wandelt „das Zeichen ‚kulturelle Differenz' oder ‚ethnische Verortung' zu einer Bezeichnung für soziale und psychische Angst" (Bhabha 1999a, S. 89).

Diese Angst spielt eine große Rolle in der Gegenwart, in der sich herkömmliche Konstrukte von Nation, Kultur, Heimat, Geschichte etc. durch die globale Migration herausgefordert, wenn nicht sogar unterwandert sehen (vgl. Comaroff und Bhabha 2002, S. 27). Sie ist aber auch essenzieller Bestandteil der Debatten über den Umgang mit dem Anderen insbesondere im Nachgang des 11. Septembers. In einem Interview führt Bhabha 2005 aus, dass sich zwar schon immer Gefühle von Sicherheit bzw. Unsicherheit in der Wahrnehmung des Anderen artikuliert haben, diese Wahrnehmung aber nach dem 11. September nochmals eine Veränderung erfahren hat. Der Hintergrund von globaler Migration und den Anschlägen vom 11. September führt im Hinblick auf den Umgang mit dem Anderen nicht mehr zu der Frage, wer der Andere ist, sondern vielmehr zu der existenziellen, fast panischen Frage, ob der Andere eine Bedrohung darstellt: „Is your other ‚capable' of killing me?" (Höller und Bhabha 2005, S. 274). Die Figur des Anderen wird dabei noch radikaler mit Gefühlen von Angst, Bedrohung, Unsicherheit besetzt. Der Andere ist damit ein problematisches Gegenüber. Er ist Verkörperung der Ambivalenz und der produktiven wie destruktiven Potenziale dieser Grundfigur Bhabha'schen Denkens: „Ambivalenz fördert ein gesundes und produktives ‚Zweifeln'" (Bhabha 2012, S. 57), führt Bhabha einerseits aus, andererseits zeigt die omnipräsente Angst, dass das „strukturierende Prinzip unserer affektiven und politischen Existenz die Ambivalenz ist – Ambivalenz als zentraler ‚Wert' der privaten wie der öffentlichen Erfahrung im Leben der Staatsbürger."

(Bhabha 2012, S. 56) Der Andere wirkt als Paradoxon der globalisierten Gegenwart: Im Zuge globaler Massenkommunikation scheint das Anderssein zwar vollkommen transparent und durchschaubar, allerdings ist der Andere aber gleichzeitig radikal unverständlich (vgl. Bhabha 2012, S. 56). Diese affektive Kippfigur von Kontrollierbarkeit und Unkontrollierbarkeit, von Intelligibilität und radikalem Entzug, resultiert unter anderem in dem von Bhabha immer wieder betonten Umstand, dass der Andere direkt nebenan zu Hause ist: „those cultural ‚others' who are already our neigbors […]. Globalization begins at home" (Höller und Bhabha 2005, S. 276). Die Welt und die Lebenswelten der Gegenwart lassen sich nicht weder mit (ver)einfachen(den) Termini beschreiben wie Fundamentalismus, Kapitalismus, Globalismus, noch ordnen sie sich binären, homogenisierenden Schemata unter. Die Anderen sind zu Nachbarn geworden, die Nation ist von „internal ‚sub'-national histories" geprägt (Höller und Bhabha 2005, S. 276). Die Anderen sind nicht mehr externalisierbar sondern in die eigene Gesellschaft und Kultur eingebettet: „‚Foreign' populations are deeply embedded in the political construction and consciousness of the modern nation whether they are slaves, refugees, migrants or national minorities." (Höller und Bhabha 2005, S. 276) Das Moment des Eingebettet-Seins spielt dabei die zentrale Rolle in Bhabhas Denken. Hieran verdeutlicht er, dass ein Denken von kultureller Diversität, die Idee von Multikulturalismus und Toleranz nicht erstrebenswert sind. Hinter diesen Konzepten stehen für Bhabha weiterhin Vorstellungen von Universalismus und Partikularismus, die der komplexen Lebenssituation in der Gegenwart nicht gerecht werden. Universalismus wird von einem Multikulturalismus unterstellt, der davon ausgeht, dass es „‚out there' a common ground and a consensus" kultureller Werte gibt (Höller und Bhabha 2005, S. 276), auf den alle Menschen sich einigen können; Partikularismus entsteht in dem Sinne, als in multikulturellen Situationen der Andere als Individuum und in seiner Community abgegrenzt und homogenisiert werden kann. Tatsächlich aber, so Bhabha, stehen Minderheiten und Mehrheiten in der Gesellschaft sich in uneindeutigen, komplexen Beziehungen von Anerkennung, Ablehnung, Partizipation und Abkehr gegenüber (vgl. Höller und Bhabha 2005, S. 276). Und in dieser permanenten Situation der Aushandlung sieht Bhabha das Potenzial für die Artikulation kultureller Differenz. In einem früheren Interview wird die Auseinandersetzung mit dem Anderen – ob Freund oder Feind – sogar zur Grundfigur des Universalismus (von Menschenrechten) und zum ethischen Imperativ für das Überleben und für Handlungsfähigkeit: „Universality comes with our growing awareness that to fulfill our ends – of equality, freedom, well-being –, or to find a means to survive our fates – of pain, oppression, humiliation, failure – we need to belong to the solidarity and the community of Others, be they Neighbours or Strangers, and through their alterity derive a sense of agency." (Bhabha 2003c)

In diesem Zusammenhang ist auch Bhabhas Denken einer minoritären Identifikation angesiedelt. Zum einen möchte Bhabha mit diesem Begriff jenseits der Binaritäten von Minderheit und Mehrheit argumentieren und damit auch jenseits von gesellschaftlichen und politischen Prozessen, die in dieser Logik eine Minderheitenposition beschreiben, in der die Minderheit nur das Streben hat, die hegemoniale Mehrheitsposition zu erreichen (vgl. Comaroff und Bhabha 2002, S. 17). Bhabha zielt auf die Beschreibung jener Dynamiken, in denen es Minderheiten nicht um eine Art Seitenwechsel auf die majoritäre Seite geht, sondern sie sich daran metonymisch anlehnen, sie in einem steten Aushandlungsprozess stehen und dadurch Handlungsräume öffnen. Damit zielen sie nicht auf eine Identität, die auf Konstanten wie *race, class* oder *gender* setzt, sondern die sich prozessual, projektiv, kontingent und offen gegenüber antagonistischen und agonistischen Dynamiken verhält (vgl. Comaroff und Bhabha 2002, S. 17).

Festzuhalten bleibt, dass Minoritarisierung homogenisierende und machtvolle Konzepte von Kultur oder Nation unterläuft und aus den Zwischenräumen heraus sehr ambivalent kulturelle oder nationale Zugehörigkeiten oder Identifikationen formuliert (vgl. Anfeng und Bhabha 2009). Und diese Konzeption von Minoritarisierung ist eine kritische Revision der Globalisierung: „For me, minoritization is not merely something to be juxtaposed with globalization, but rather a way of trying to think of different – not necessarily transcendent – but different interventionist measures. [...] For me to talk about minoritization is in some ways to measure the global in terms of, say, rethinking something like citizenship." (Anfeng und Bhabha 2009).

Aus der Idee der ‚Globalisierung nebenan' erwachsen für Bhabha zwei Konsequenzen: die Revisionen der Begriffe Globalisierung und Staatsbürgerschaft. Globalisierung ist dabei für Bhabha zunächst einmal nicht als Bewegung und Kommunikation über weite Strecken hinweg und innerhalb globaler Räume zu verstehen. In der Perspektive der ‚Minoritarsierung' ergibt sich „a way of taking another measure of the global, a measure of the global that does not deal with largely spatial movements. It deals with questions of temporality"; kurz gesagt: „another kind of temporary mapping of what the global looks like". (Anfeng und Bhabha 2009) Diese „global measure", in der sich gleichzeitig ihre Neuvermessung wie ihre Lebbarkeit und globale Handlungsmöglichkeiten artikulieren, ist unmittelbar an den Gedanken der globalen Staatsbürgerschaft geknüpft. Bhabha beschäftigt sich mit Fragen nach Staatsbürgerschaft oder der öffentlichen und politischen Teilhabe jener Minderheiten an politischen Entscheidungsprozessen und nach Zusammenhängen von Globalisierung und Kosmopolitismus vor dem Hintergrund von Kolonialismus, Sklaverei und der Entwicklung verschiedener Kommunikationsmittel in Vergangenheit und Gegenwart (vgl. Anfeng und Bhabha 2009). Wenn Menschen sich Minderheiten oder Mehrheiten zurechnen, wirkt sich das immanent auf den Anspruch auf politische Debatten aus: Das Selbstverständnis von politischer Handlungsfähigkeit oder von Staatsbürgerschaft hängt davon ab, ob Menschen sich zugehörig und gleichberechtigt fühlen oder nicht. Globalisierung und die Möglichkeit, sich mit allen Menschen zu vernetzen, auszutauschen und mit ihnen zu kommunizieren, bedeutet noch lange nicht, dass Gleichberechtigung und Gleichheit erlangt ist. Vielmehr ist heutzutage eine politische Auseinandersetzung und damit ein Verständnis von Staatsbürgerschaft gefragt, die das Zusammenleben mit dem anderen denkbar macht: „Citizenship is a form of agency that allows us to coexist with each other in different forms of community" (Anfeng und Bhabha 2009). Der Ausgangspunkt ist dabei ein verändertes Fundament für den Begriff der Staatsbürgerschaft: „Staatsbürgerschaft nimmt zunehmend eine Komplexität an, die sich nicht mehr auf rechtliche, soziale und politische Ideale beschränkt, die aus Territorialstaaten und deren Solidaritäten erwachsen. Staatsbürgerschaft ist heute eine von gesellschaftlichen Gruppen erhobene Forderung nach Formen von politischer und kultureller Anerkennung, die über nationale Grenzen und rechtliche Identitäten hinausgeht." (Bhabha 2012, S. 55). Dabei sind auch hier kulturelle Repräsentationsformen Schauplätze dieser Thematiken: „I believe cultural works ignite the issue of the cultural citizen." (Mohanty und Bhabha 2005)

Die Konzeption einer eigenen Form der ‚minoritären Repräsentation' spielt nämlich eine zentrale Rolle in Bhabhas neueren Überlegungen zu einem „vernacular cosmopolitanism", der mit einer diskursiven Handlungsmacht, einem „right to narrate", einhergeht.

Zunächst zu Bhabhas Konzept des „vernacular cosmopolitanism". Diesen Begriff entwickelt Bhabha ausgehend von seinen Lektüren Naipauls und nutzt ihn, um zwei unterschiedliche Formen kosmopolitischen Denkens in den zeitgenössischen Globalisierungsdiskursen zu unterscheiden. Dies ist als begriffliche Annäherung zu verstehen, betont Bhabha doch noch 2002 in dem von ihm mitherausgegebenen Band *Cosmopolitanism,* dass der Begriff theoretisch wie lebenspraktisch noch zu konkretisieren ist (vgl. Pollock et al. 2002, S. 1; Vorüberlegungen dazu finden sich in Bhabha 2001c). Zum einen macht Bhabha einen globalen Kosmopolitismus aus, bei dem sich relativ wohlsituierte nationalstaatliche Gesellschaften in konzentrischen Kreisen ausbreiten und die Welt in ein „global village" verwandeln. Diese Vorstellung geht einher mit optimistischen Ideen von

Fortschritt und technischer Innovation, von globalen Kommunikationsmöglichkeiten und einer weltweiten Feier multikultureller Einflüsse (vgl. Bhabha 2004a, S. xiv). Zum anderen entwickelt Bhabha das Konzept eines Kosmopolitismus, der ‚zu Hause beginnt', der durch die Präsenz von Migranten neu formuliert werden muss (vgl. Wright und Bhabha 1999, S. 40) mittels Bhabhas Idee kultureller Differenz, die Gesellschaften und Kulturen inhärent ist (vgl. Bhabha 2004a, S. xv, vgl. dazu auch Bhabha 1999b, S. 39). Hier stehen die inneren Bruchlinien und das Hinterfragen nationalstaatlicher Machtbereiche und Territorien im Vordergrund, die unter dem Namen des „vernacular cosmopolitanism" neue Handlungsmöglichkeiten und Strategien in Richtung einer gemeinsamen demokratischen Ordnung ermöglichen. In einem früheren Interview betont Bhabha diesen Handlungsraum aufseiten der Minoritäten und Migranten, der durch eine Art kreatives und positives Überleben gekennzeichnet ist. Mit diesem Aspekt des Überlebens will Bhabha entgegen der gängigen Diskurse von Widerstand, Unterdrückung oder Revolution einen Akzent setzen, der die alltäglichen („vernacular") Überlebens-Strategien der Menschen sichtbar und für die Theoriebildung fruchtbar macht (vgl. Wright und Bhabha 1999, S. 42). Bhabha macht sogar noch eine dritte Form des Kosmopolitismus aus, die stärker die Handlungsmacht und den Ausgangspunkt von Minderheiten (in der Peripherie) betont, nämlich einen „vernacular cosmopolitanism which measures global process from the minoritarian perspective" (Bhabha 2004a, S. xvi). Damit verschiebt er den Fokus von der Nation als Ausgangspunkt hin zu den politischen und ethischen Handlungsstrategien von Minderheiten, die – und hier entlehnt er eine Formel von Etienne Balibar – ein Recht auf „difference-in-equality" haben und aus der kulturellen Differenz heraus agieren können (Bhabha 2004a, S. xvii).

Bhabha führt in einem Aufsatz zur „de-realisierten Demokratie" aus, dass der Ausgangspunkt seiner Überlegungen zu Fragen von Gleichheit und Gerechtigkeit – besonders in Krisenzeiten wie denen nach dem 11. September – diese Randpositionen sein müssen: „I have long argued that, when faced with the crises of progress or the perils of democracy, our lessons of equality and justice are best learned from those marginalized, peripheralized peoples who have harvested the bitter fruits of liberalism in its project of colonization and slavery, rather than those imperial nations and sovereign states that claim to be the seed-beds of Democracy." (Bhabha 2003a, S. 28) Aus dieser Idee entwickelt Bhabha die Vorstellung einer de-realisierten Demokratie: „I use ‚de-realization' in the sense of Bertolt Brecht's concept of distantiation – a critical ‚distance' or alienation disclosed in the very naming of the formation of the democratic experience and its expressions of equality. I also use ‚derealization' in the surrealist sense of placing an object, idea, image or gesture in a context not of its making, in order to defamiliarize it, to frustrate its naturalistic and normative ‚reference' and see what potential that idea or insight has for ‚translation', in the sense both of genre and geopolitics, territory and temporality. If we attempt to de-realize democracy, by defamiliarizing its history and its political project, we recognize not its failure but its frailty, its fraying edges or limits that impose their will of inclusion and exclusion on those who are considered – on the grounds of their race, culture, gender or class – unworthy of the democratic process." (Bhabha 2003a, S. 29)

Auf der Hand liegt dabei für Bhabha die immanente Verbindung von Liberalismus, Demokratie und Kolonialismus. Anhand von Mill erläutert er, dass dieser durchaus gleichzeitig in seinem Heimatland ein Demokrat und in Indien ein Despot sein konnte; die Widersprüchlichkeiten und vor allem die Selbstwidersprüche liberaler Demokratie sind Bhabha zufolge nicht zu übersehen. Bhabha geht sogar so weit zu behaupten, dass „liberal democracy as an ideology of conquest" zu verstehen sein muss (Bhabha 2003a, S. 29).

Bhabha zeigt also auf, dass das Projekt des Kolonialismus mit seinen nachhaltigen Auswirkungen direkt in die gegenwärtigen politischen Projekte von Demokratie und Liberalismus eingeschrieben sind und sich damit unmittelbar an Fragen der politischen Teilhabe, also der Staatsbürgerschaft, anschließen. In diesem Zusammenhang kommt er auf die Arbeiten von Gramsci zu sprechen und dessen Konzept der Subalterne, den schon die *Subaltern Studies Group* und besonders Spivak fruchtbar für koloniale Zusammenhänge gemacht hatten.[27] „Subalternity represents a form of contestation or challenge to the status quo that does not homogenize or demonize the state in formulating an opposition to it. The subaltern strategy intervenes in state practices from a position that is ‚contiguous' or tangential to the ‚authoritarian' institutions of the state – flying just below the level of the state" (Bhabha 2003a, S. 32).

In diesem Zusammenhang macht Bhabha erneut sein Denken des Dritten Raums fruchtbar, und betont hier – überraschenderweise –, dass der Ausgangspunkt seiner Theoriebildung gar nicht Kunst oder Literatur gewesen ist, sondern ökonomische wie juristische Debatten. „My interest in the ‚intermediate life' of the global experience – that ‚third' space somewhere between the old and the new – did not start with art or literature or even philosophy. It was through my

---

27 Parry kontrastiert Spivaks und Bhabhas Denken der Subalterne und stellt fest, dass während bei Spivak die Subalterne nicht sprechen kann, weil sie kein Gehör im hegemonialen Kolonialdiskurs findet, in Bhabhas Denken „the subaltern has spoken, and his readings of the colonialist text recover a native voice. ..." (Parry 1995, S. 41). Vgl. weiterhin Bhabhas (freundschaftliches) Vorwort zu Dipesh Chakrabartys von den *Subaltern Studies* inspirierten Essays, Bhabha 2002, S. ix–xiii.

reading of economic and legal debates about ‚global citizenship' and ‚cultural rights' that I became aware of a kind of contiguous, double horizon that hovered over the global discourse" (Bhabha 2003a, S. 32). Trotz dieses Insistierens auf diese faktualen Texte führt Bhabha im Folgenden wiederum einen literarischen Text zur Beweisführung an: nicht ganz zufällig, möchte man meinen.

Unmittelbar verbunden damit ist Bhabhas Argument des „right to narrate", das die diskursive Handlungsmacht im Diskurs jenes „vernacular cosmopolitanism" darstellt. Ausgangspunkt ist die Idee, dass Kulturen und Konzepte wie die Nation narrativ hergestellte Konstruktionen sind, und die Frage danach, in welcher Form Minoritäten diese Erzählungen beeinflussen, an ihnen partizipieren können (vgl. Huddart 2006, S. 137–140). Dabei geht es Bhabha nicht darum, Minderheiten eine Art Recht auf freie Meinungsäußerung zuzugestehen. Vielmehr zielt Bhabha mit diesem Begriff auf ein generelles Äußerungsrecht im Diskurs und nicht auf ein individuelles: „So what I'm interested in", führt Bhabha schon 2001 aus, „is the right to narrate as enunciatory right, not just a expressive right. Therefore, my notion of who is the subject of the right to narrate is not the individual who is narrating but a whole network of discursive, cultural, political, institutional, a network of events and enunciations and constructions and writings that construct the possibility of narration. It's an enunciatory right" (Chance und Bhabha 2001). Bhabha verknüpft dabei die Möglichkeit des Aussagens mit einer Form symbolischer, globaler Staatsbürgerschaft, die politische Handlungsräume mit diskursiven verbindet und durch welche die Gründungsmythen nationaler wie internationaler Gemeinschaften revidiert werden (vgl. Bhabha 2004a, S. xx). Durch die narrative Revision von „themes, histories and records" verändert sich auch die Handlungsmacht (Bhabha 2003a, S. 34). „Such a ‚right' is not merely a legal, procedural matter; it is also a matter of aesthetic and ethical form. [...]. And that social ‚relation' – to relate, to narrate, to connect – becomes our *juris-diction* and our *juris-dictio*, quite literally, the place from where we speak. [...] Neither destruction nor deconstruction, the unbuilt is the creation of a form whose virtual absence raises the question of what it would mean to start again, in the same place, as if it were elsewhere, adjacent to the site of a historic disaster or a personal trauma." (Bhabha 2003a, S. 34)

In einem späteren Interview betont Bhabha nochmals die Relevanz ästhetischer Repräsentationsformen: „I am interested in the global context of the issue of global citizenship. Citizenship has largely been seen in its social, political and legal aspects. How does aesthetic and ethical experience form part of cultural citizenship? Sociologists and policy thinkers think of culture in the context of global governance and of culture as institutions" (Mohanty und Bhabha 2005).

Die diskursiven Strategien aus der Perspektive der Minoritäten im Sinne ‚minoritärer' Diskurse erlauben ein notwendiges Rekonzeptualisieren von politischer Partizipation jenseits von Diskriminierung unter dem Deckmantel von Gleichheit und jenseits von Minderheitenschutz, der nur weiterhin Ausschlüsse unter dem Vorwand multikultureller Verfasstheit der Gesellschaft produziert (vgl. Bhabha 2004a, S. xxi f.).

Wiederum betont Bhabha, dass sich die Artikulationen der Minderheiten nicht in einem lautstarken Protest äußern, sondern dass sie im Zwischenraum stattfinden und konkreter noch: in der Langsamkeit des Erzählens. In seiner liebevollen Hommage an den verstorbenen Freund Said entwickelt Bhabha in Auseinandersetzung mit dessen Texten die Idee der Langsamkeit der Widerstandserzählung. In literarischen Texten, in der Arbeit des (humanistischen) Literaturkritikers, aber auch – und dies ist ja Bhabhas Argument in der politischen wie ethischen Position der Minderheiten in ihrem „right to narrate" – in alltäglichen Praktiken ermöglicht es ein langsames Erzählen, Widersprüche und Spannungen weniger aufzulösen, denn in der Schwebe zu halten (vgl. Bhabha 2005a, S. 11), es ermöglicht eine Bewegung „*between* the space of words and the social world" zu beschreiben; es bietet Platz für „oppositional writing" (Bhabha 2005a, S. 12), da es sich Totalisierungen widersetzt und damit die Nation transzendiert und in Frage stellt (Bhabha 2005a, S. 13). Bhabha geht dabei davon aus, dass im Gegensatz zur vom ‚nation-building' geprägten Phase der Nachkriegszeit spätestens seit Ende der 1980er Jahre und damit seit dem Ende des Kalten Krieges das Konzept der Nation zugunsten transnationaler bzw. internationaler Perspektiven zurückgetreten ist (vgl. Comaroff und Bhabha 2002, S. 16).

Dieses „right to narrate" ist für Bhabha zwar auf abstrakter Ebene „the right to represent, the right to demand to be heard", aber auf realpolitischer und ganz konkreter Ebene an Bildung und Alphabetisierung geknüpft: „these democratic rights do not entirely depend on literacy and education, but they do substantially depend on it. The reason I say they do not entirely depend on them is because I do not believe that literacy is a necessary condition or indeed a sufficient condition for democratic action. [...] I would not say that unless you have literacy you cannot have democracy, but I do think that the whole set of rights, the rights of citizenship, depend on education and literacy. And in my view, not enough is done internationally, nor is enough done nationally for that matter. I think it is a substantial issue" (Anfeng und Bhabha 2009).

In seinem Aufsatz „On Writing Rights" betont Bhabha bereits 2003 die Relevanz von Kunst und Geisteswissenschaften („humanities") für Fragen der Menschenrechte. Entgegen der konventionellen Verortung von Menschenrechtsproblematiken in der Geschichte, in der Rechtssprechung oder der Politik fragt Bhabha ganz gezielt: „In what way do the arts and humanities enhance policy-oriented legal and political perspectives on human rights?" (Bhabha 2003c). In diesem Text betont Bhabha das Potenzial von künstlerischen Artefakten[28] und im Besonderen von Literatur für Fragen von kulturellem Kontakt, von Menschenrechten und politischen Handlungsspielräumen. Literatur ist demnach kein schlichtes Abbild oder ein Speicher der Realität, sondern in ihrer imaginativen Kraft bezeugend und projektiv zugleich: „Important as the act of testimony surely is, it is the aspirational role and the interpretational power of the arts and the humanities that have the creative potential to transform human relations and historical disasters" (Bhabha 2003c). Am Beispiel der Photographie von Michal Ronnen Safdie führt Bhabha diesen Gedanken einige Jahre später noch weiter aus. Ihre Photographien von Kriegsgerichten oder Gefangenen in Ruanda stellen für Bhabha keine „Stillleben" dar, die Momente der Geschichte einfrieren und dokumentieren können. Vielmehr zeigen sie ein *„movement* of time and history", in dem Vergangenheit und Gegenwart ineinandergreifen, und eine *„transition* between times and places", in der Blicke zwischen abgelichteten Personen und BetrachterInnen sich kreuzen und Prozesse in Gang setzen (Bhabha 2005b, S. 982).

Während politische Maßnahmen nur auf einer Ebene von Widerstand oder Herausforderung, also im Sinne gegendiskursiven Agierens arbeiten können, kann sich in Kunst, Musik oder Literatur folglich eine andere Art des Imaginierens entfalten, in dem es um Überleben (auch im Sinne eines Weiterentwickelns und damit Überlebens von Ideen und Konzepten, vgl. Seshadri-Crooks und Bhabha 2000, S. 373), Bewältigen, Versöhnung und Entschuldigungen gehen kann. Es ist das Moment der affektiven Auflading und der imaginativen Ausweitung bei der Formulierung von Menschenrechten, das die Sphäre der Kunst ausgestalten kann – und zwar nicht nur, indem sie die juristischen und politischen Debatten um Menschenrechte abbildet oder fiktionalisiert, sondern indem sie explizit auch projektive („aspirational"), also in die Zukunft gerichtete Entwürfe anbietet. Bhabha betont folglich „empathetic acts of making – poesis – that transform the material elements of a known and shared world into an instructive aesthetic experience" (Bhabha 2003c). Mit dieser Idee des in die Zukunft gerichteten, offenen Prozesses in der Formulierung von Menschenrechten erweitert Bhabha auch den Gesetzesbegriff. Das Gesetz ist dann adäquat, wenn es in spezifische kulturelle und historische Kontexte eingebettet ist und gleichzeitig offen kon-

---

28 In jüngster Zeit beschäftigt sich Bhabha wieder intensiver mit dem Werk des Architekten und Künstlers Anish Kapoor, vgl. dazu Bhabha 1998c sowie Bhabha 2011a.

zipiert wird. Wenn es in einem dialogischen, demokratischen Prozess immer wieder reformuliert werden kann, dann, so Bhabha, kann es keine gesetzlichen wie kulturellen Endzustände mehr geben und damit keinen westlichen Triumph über den Anderen (bspw. „Asian Values" und *vice versa* auch keinen „a grotesque clash of civilizations", Bhabha 2003c). Und mehr noch: Literatur und Kunst haben eine ergänzende, wenn nicht sogar korrektive oder protektive Funktion. Das Anliegen von Sprache und Literatur ist „to protect the ethical and aesthetic place of individuation in the midst of instrumentality and institutionalisation" (Bhabha 2003c).

Stellt sich für Bhabha noch die Frage, wie ein solches Konzept von Ästhetik der harten Realität und im Besonderen der Gewalt standhalten kann. Bhabha erläutert dies anhand der GeisteswissenschaftlerInnen und der Intellektuellen in Ruanda, für die die rhetorische Sprache durchaus einen „Agenten" inmitten von Grausamkeit und Gewalt darstellt (vgl. dazu auch seine Ausführungen in Byrne 2009, S. 150–153).

Das Zusammenleben mit Minderheiten ist auch in einem aktuellen Aufsatz von Bhabha Thema, in dem er sein Differenz-Denken auf Aspekte von Gastfreundschaft und Anerkennung („recognition") appliziert. Grundfragen sind dabei die Nähe von Fremden, eine „ethical proximity" (Bhabha 2011b, S. 8, vgl. dazu auch Bhabhas Analysen der „ethical proximiy" in Conrads *Herz der Finsternis*, Bhabha 2009, S. xii). Hier sind „[i]deologische ‚Extreme' [...] keine Polaritäten, sondern stehen in einem antagonistischen – und agonistischen – Naheverhältnis" (Bhabha 2012, S. 57). Diese ethischen Näheverhältnisse drücken sich für Bhabha in einer besonderen Ethik von Nachbarschaft und Gastfreundschaft (vgl. Bhabha 2011b, S. 3) aus und in der Entwicklung einer Idee von Anerkennung, die nicht in der Machthierarchie derer, die als Minderheit verzweifelt anerkannt werden wollen, und derer, die gönnerhaft diese Anerkennung gewähren oder eben verweigern, stehen bleibt. Bhabha nähert sich dabei dem Problem des Zusammenlebens über Metaphern, die wie Illustrationen seines Konzepts der Mimikry anmuten: Er untersucht den „stranger-as-neighbour" (Bhabha 2011b, S. 7), der Tür an Tür wohnt und „at once ‚same and other'; at once indigenous and foreign; at once citizen and alien; at once *jus sanguinis* and *jus soli*" ist (Bhabha 2011b, S. 2). An diese ambivalente Figur schließt Bhabha Fragen nach dem Verhältnis zum Anderen an. Wie soll man nun diesen Fremden, der wie wir und doch anders ist, anerkennen? Wenn Anerkennung das Erkennen von Gemeinsamkeiten ist – ganz basal: Der Fremde ist wie wir ein Mensch –, wie kommt man dann mit dem Anteil des Fremden zurecht? Bhabha führt zur Beantwortung dieser Frage sein Denken der Differenz ins Feld, um die Ideen von Subjektivität durch Alterität und von Handlungsmacht („agency") abermals zu erläutern. Denn für Bhabha findet die Anerkennung des Anderen nicht auf der Ebene der Gemeinsamkeit sondern auf der Ebene der Artikulation von Differenz statt. Wie Kristeva schlägt Bhabha eine Politik der Anerkennung vor, die nicht in erster Linie basiert „on our dignity as human beings – the assumption of the Universal Declaration of Human Rights – but on our psychic alienations, moral ambivalences and personal agonisms as ‚speaking subjects.'" (Bhabha 2011b, S. 3) Differenz in Form von innerer Brüchigkeit, von Unheimlichkeit und inhärenten Ambivalenzen sind die Basis für Subjektdenken und, wie wir bereits gesehen haben, Identifikationen. Das Subjekt als Agent entsteht folglich nicht auf der Basis von ‚Selbstidentität', von positiven Aussagen und Inhalten und von klaren Abgrenzungsbewegungen, sondern es entsteht in der Praxis der Anerkennung als diskursives, kontingentes Aussagesubjekt (vgl. Bhabha 2011b, S. 10 f.).[29] Damit ist Anerkennung keine interpersonale oder interkulturelle Praxis, sondern eine diskursive Bewegung, die alle Beteiligten affiziert. Hier nennt Bhabha dieses Verfahren nicht hybrid, sondern „relational", und definiert Anerkennung als eine Art Zwischenraum zwischen sozialer Rolle und privater Individualität: „Recognition discloses the contingent and conflictual relationship between the ‚what' and the ‚who' of agency: *what* a person is in the context of shared social and historical norms; and *who* he is in a more private, particularistic sense. It is the shifting ratios of ‚what' and ‚who' – determined by social differences, psychic dispositions, moral and political discriminations – that makes the agent's disclosure deeply problematic" (Bhabha 2011b, S. 12, vgl. dazu auch die Ausführungen zum Alteritätsbegriff auf S. 18). Und dieses problematische Moment betont Bhabha, wenn er sich für das Denken kultureller Differenz bzw. hier von Alterität einsetzt, um das Missverständnis zu vermeiden, für ihn führe gegenseitige Anerkennung in einen gesellschaftlichen Modus kultureller Diversität und Multikulturalität: „Recognition [...] is a problem of negotiating Alterity, not a matter of accommodating diverse cultures or multiple identities" (Bhabha 2011b, S. 7).

---

29 In einem Interview mit Höller betont Bhabha: „Aus diesem Grund bevorzuge ich den Begriff der Identifikation in seiner psychoanalytischen Bedeutung: Identität ist demzufolge ein kontinuierlicher Verhandlungsprozess zwischen einer phantasmatischen Affekt- beziehungsweise Begehrensstruktur und den ‚realistischen' Ansprüchen an das Ich, die sich aus der sozialen und relationalen Einbettung ergeben. Man wird nicht zu einem politischen Handelnden aufgrund einer Identität, die bereits abgeschlossen und konstituiert ist. Erst durch den Strukturierungsprozeß der Identifikation geht ein Subjekt als Handelnder hervor – und dieser hängt vom Gesetzesapparat der Zeit, der ökononomischen Situation und den kulturellen Dispositionen genauso ab wie von den psychischen Bedingungen und den ethischen Implikationen subjektiver Interessen." (Höller und Bhabha 1998b).

Ausblicke

Bhabhas Forderung lautet also, sich nicht bequem einzurichten mit den pluralen multikulturellen Möglichkeiten, sondern sich auch in der Sprache der Beschreibung auf die Suche nach den unbequemen und darin produktiven Momenten kulturellen Kontakts. Die Sprache der Politik und der Rechtsprechung muss den Zweifeln, der Unsicherheit und der Angst, kurz: der Ambivalenz im Kontakt mit dem Anderen, Rechnung tragen (vgl. Bhabha 2012, S. 62). „Es muss eine Sprache sein, die reich an metaphorischer und imaginativer Kraft ist, eine Sprache, die über Zweifel und Deliberation zu einem Konsens- oder einem Gemeinschaftsgefühl *führt*, weil sie imstande ist, die öffentliche Repräsentation sozialer Konflikte und politischer Widersprüche auszuhalten; es muss aber auch eine Sprache sein, die die dunkleren Seiten der individuellen psychologischen Angst vor Ausschluss und die emotionalen Ambivalenzen gegenüber der Integration auszudrücken [...] vermag" (Bhabha 2012, S. 63). Und eine Möglichkeit, eine solche Sprache zu sprechen und schreiben, schlägt Bhabha in seinen Arbeiten vor.

Damit sind weder die Arbeiten Bhabhas noch die Möglichkeiten, über seine Texte nachzudenken und zu schreiben, an ihr Ende gekommen. Und auch dieser Einführungsband kann schlicht nur einen vorläufigen Endpunkt setzen. Die Aktualität der Arbeiten Bhabhas liegt auf der theoretischen Ebene heute vielleicht nicht mehr unbedingt in seinem dekonstruktivistischen Ansatz oder in der Betonung des Differenz-Konzeptes begründet. Gleichwohl liefern sie immer noch eine herausfordernde Perspektive auf Phänomene des Kulturkontakts und der kulturellen Verflechtungen, die sich in Zeiten beschleunigter Globalisierung nur noch mehr auszudifferenzieren scheinen. Bhabhas Arbeiten richten ihren Blick dabei nicht auf das Offensichtliche, die Fülle, auf die Konflikte oder die in Texten scheinbar verfügbare, eindeutige Kolonialgeschichte, sondern er lenkt die Aufmerksamkeit immer auf die Lücken, die Leerstellen und das Störmoment im Bild. In dieser Perspektive werden Dynamiken und Denkweisen sichtbar, in der Handeln, Fühlen, Mensch sein möglich sind – ein Raum der *Poiesis* und Poetik (vgl. Bhabha 2011a, S. 17), der Poetik und Ethik.

Literaturverzeichnis

Primärliteratur

Bhabha, Homi K. (1983). Difference, Discrimination and the Discourse of Colonialism. In: Francis Barker (Hrsg.), *The politics of theory: Proceedings of the Essex Conference on the Sociology of Literature, July 1982* (S. 194–211). Colchester: University of Essex.
Bhabha, Homi K. (Hrsg.). (1990). *Nation and narration*. London/New York: Routledge.
Bhabha, Homi K. (1992a). Postcolonial Criticism. In: Stephen Greenblatt, & Giles Gunn (Hrsg.), *Redrawing the boundaries. The transformation of English and American literary studies* (S. 437–465). New York: Modern Language Association of America.
Bhabha, Homi K. (1992b). The World and the Home. *Social Text, 31/32,* 141–153.
Bhabha, Homi K. (1994). *The location of culture*. London/New York: Routledge.
Bhabha, Homi K. (1995). The Postcolonial Critic: Homi Bhabha. Interview mit David Bennet und Terry Collits. In: Patrick Colm Hogan, & Lalita Pandit (Hrsg.), *Literary India. Comparative studies in aesthetics, colonialism, and culture* (S. 237–254). Albany: State Univ. of New York Press.
Bhabha, Homi K. (1996a). Culture's In-Between. In: Stuart Hall, & Paul du Gay (Hrsg.), *Questions of cultural identity* (S. 53–60). London: Sage.
Bhabha, Homi K. (1996b). Postkoloniale Kritik. Vom Überleben der Kultur. *Das Argument 3 (38),* 345–359.
Bhabha, Homi K. (1996c). Unpacking my library…again. In: Iain Chambers, & Lidia Curti (Hrsg.), *The post-colonial question. Common skies, divided horizons* (199–211). London: Routledge.
Bhabha, Homi K. (1997a). Editor's Introduction: Minority Maneuvers and Unsettled Negotiations. *Critical Inquiry (23),* 431–459.
Bhabha, Homi K. (1997b). Liberalism's Sacred Cow. *Boston Review.* http://www.bostonreview.net/BR22.5/bhabha.html. Zugegriffen: 16.08.2011
Bhabha, Homi K. (1998a). On the irremovable strangeness of being different. *PMLA 113 (1),* 34–39.
Bhabha, Homi K. (1998b). The White Stuff. *ArtForum,* 36, Nr. 9, 21–23.
Bhabha, Homi K. (1998c). Making emptiness. http://www.anishkapoor.com/185/Making-Emptiness-by-Homi-K.-Bhabha.html. Zugegriffen: 06.06.2012
Bhabha, Homi K. (1999a). ‚Angst' in kultureller Übersetzung. (The Anxiety of Cultural Translation). In: Hermann Herlinghaus, & Utz Riese (Hrsg.), *Heterotopien der Identität. Literatur in interamerikanischen Kontaktzonen* (S. 83–97). Heidelberg: Winter.
Bhabha, Homi K. (1999b). The manifesto. *Wasafiri 14 (29),* 38–39.
Bhabha, Homi K. (2000). *Die Verortung der Kultur*. Tübingen: Stauffenburg.

Bhabha, Homi K. (2001a). A Narrative of Divided Civilizations. *The Chronicle of Higher Education*, 28 September 2001, B12.
Bhabha, Homi K. (2001b). Cultural Choice and the Revision of Freedom. In: Austin Sarat, & Thomas R. Kearns (Hrsg.), *Human rights. Concepts, contests, contingencies* (S. 45–62). Ann Arbor: Univ. of Michigan Press.
Bhabha, Homi K. (2001c). Unsatisfied: Notes on Vernacular Cosmopolitanism. In: Gregory Castle (Hrsg.), *Postcolonial Discourses. An Anthology* (S. 38–52). Oxford et al.: Blackwell Publisher.
Bhabha, Homi K. (2002). Foreword. In: Dipesh Chakrabarty, *Habitations of modernity. Essays in the wake of subaltern studies* (S. ix–xiii). Chicago: Univ. of Chicago Press.
Bhabha, Homi K. (2003a). Democracy de-realized. *Diogenes 50 (1)*, 27–35.
Bhabha, Homi K. (2003b). Making difference: Homi K. Bhabha on the legacy of culture wars – Writing the '80s. *ArtForum*. http://findarticles.com/p/articles/mi_m0268/is_8_41/ai_101938552. Stand: 19.02.2009.
Bhabha, Homi K. (2003c). On Writing Rights. In: Matthew J. Gibney (Hrsg.), *Globalizing rights. The Oxford Amnesty lectures 1999* (S. 162–183). Oxford: Oxford University Press. www.ourcommonfuture.de/fileadmin/user_upload/dateien/Reden/Bhabha_keynote_final.pdf. Zugegriffen: 02.03.2012
Bhabha, Homi K. (2004a). Preface to the Routledge Classics Edition. Looking Back, Moving Forward: Notes on Vernacular Cosmopolitanism. In: Ders., *The Location of Culture* (S. ix–xxxi). London/New York: Routledge.
Bhabha, Homi K. (2004b). Foreword: Framing Fanon. In: Fanon, Frantz, *The Wretched of the Earth* (S. vii–xIii). New York: Grove/Atlantic.
Bhabha, Homi K. (2005a). Adagio. In: Homi K. Bhabha, & W. J. Thomas Mitchell (Hrsg.), *Edward Said. Continuing the conversation* (S. 7–16). Chicago: Univ. of Chicago Press.
Bhabha, Homi K. (2005b). Still Life. In: Bruno Latour, &Peter Weibel (Hrsg.). *Making things public* (S. 982–987). Cambridge/Karlsruhe: MIT Press/ZKM Center for Art and Media Karlsruhe.
Bhabha, Homi K. (2006). Boundaries. Differences. Passages. www.volkswagenstiftung.de/fileadmin/downloads/Bhabha_Homi.pdf. Zugegriffen: 11.10.2011. Zugegriffen: 11.11.2010.
Bhabha, Homi K. (2009). In the Cave of Making. Thoughts on Third Space. In: Karin Ikas, & Gerhard Wagner (Hrsg.). *Communicating in the third space* (S. ix–xiv). New York et al. Routledge.
Bhabha, Homi K. (2011a). *Anish Kapoor*. Paris: Flammarion.
Bhabha, Homi K. (2011b). *Our Neighbours, Ourselves: Contemporary Reflections on Survival*. Berlin/New York: Walter De Gruyter Incorporated. (eBook).
Bhabha, Homi K. (2012). Globalisierung und Ambivalenz. In: Charim, Isolde, & Gertraud Auer Borea (Hrsg.). *Lebensmodell Diaspora. Über moderne Nomaden* (S. 53–64), Bielefeld: transcript.
Pollock, Sheldon, & Bhabha, Homi K., & Carol A. Breckenridge et al. (2002). Cosmopolitanisms. In: Carol A. Breckenridge, & Sheldon Pollock, & Homi K. Bhabha et al. (Hrsg.). *Cosmopolitanism* (S. 1–14). Durham: Duke Univ. Press.

Interviews

Anfeng, Sheng, & Bhabha, Homi K. (2009). Minoritization as a global measure in the age of global postcoloniality: an interview with Homi K. Bhabha. *The Free Library (1) 40*. 01 January 2009. http://www.thefreelibrary.com/Minoritization as a global measure in the age of global...-a0210585177. Zugegriffen: 10. 05. 2012.

Byrne, Eleanor, & Bhabha, Homi K. (2009). Interview between Eleonor Byrne and Homi K. Bhabha, 31 July 2008. Highbury Terrace, London. In: Eleanor Byrne, *Homi K. Bhabha* (S. 139–153). Basingstoke. Palgrave.

Çakmak, E. Efe, & Bhabha, Homi K. (2008). Forget Europe! An interview with Homi Bhabha. *Eurozine*. 30. 12. 2008. http: www.eurozine.com/pdf/2008-12-30-bhabha-en.pdf. Zugegriffen: 06. 02. 2009

Charim, Isolde, & Bhabha, Homi K. (2007). Interview mit Homi K. Bhabha: „Die Leute wollen teilnehmen". *taz*. http://www.taz.de/1/archiv/print-archiv/printressorts/digi-artikel/?ressort=ku&dig=2007%2F11%2F20%2Fa0015&cHash=66d53433af. Zugegriffen: 19. 11. 2007.

Comaroff, John, & Bhabha, Homi K. (2002). Speaking of Postcoloniality, in the Continuous Present: A Conversation. In: David Theo Goldberg, & Ato Quayson (Hrsg.), *Relocating Postcolonialism* (S. 15–46). Oxford et al.: Blackwell Publishers.

Höller, Christian, & Bhabha, Homi K. (1998a): Don't mess with Mister In-Between. *www.filmportal.de*. Zugegriffen: 18. 08. 2005.

Höller, Christian, & Bhabha, Homi K. (1998b). Dazwischen, daneben, danach. *Springerin – Hefte für Gegenwartskunst*. http://www.springerin.at/dyn/heft_text.php?textid=338&lang=de. Zugegriffen: 29. 05. 2012

Höller, Christian, & Bhabha, Homi K. (2005). Is your „other" capable of killing me? Homi K. Bhabha talks to Christian Höller. In: Kölnischer Kunstverein (Hrsg.), *Projekt Migration* (S. 274–277). Köln: dumont.

Kerry, Chance, & Bhabha, Homi K. (2001). The right to narrate. Interview with Homi K. Bhabha. http://hrp.bard.edu/resource_pdfs/chance.hbhabha.pdf. Stand: 08. 02. 2009.

Mitchell, W. J. Thomas, & Bhabha, Homi K. (1995). Translator translated. Interview with cultural theorist Homi Bhabha. http://prelectur.stanford.edu/lecturers/bhabha/interview.html. Zugegriffen: 03. 02. 2009.

Mohanty, Sachidananda, & Bhabha, Homi K. (2005). Interview mit Homi. K. Bhabha: Towards a global cultural citizenship. *The Hindu*, 03. 07. 2005. www.thehindu.com/thehindu/lr/2005/07/03/stories/2005070300020100.htm. Zugegriffen: 20. 08. 2009.

Parekh, Bikhu, & Bhabha, Homi (1989). Identities on parade. A Conversation. *Marxism Today*. June, 24–29.

Rutherford, Jonathan, & Bhabha, Homi K. (1990). The Third Space – Interview with Homi Bhabha. In: Jonathan Rutherford (Hrsg.), *Identity. Community, culture, difference* (S. 207–221). London: Lawrence & Wishart.

Seshadri-Crooks, Kaplana, & Bhabha, Homi K. (2000). Surviving theory: A Conversation with Homi K. Bhabha. In: Fawzia Afzal-Khan, & Kaplana Seshadri-Crooks (Hrsg.), *The pre-occupation of postcolonial studies* (S. 369–379). Durham: Duke University Press.

Wright, Patrick, & Bhabha, Homi K., & Nasta, Susheila, & Araeen, Rasheed (1999). Radio 3 ,night waves' discussion: Homi Bhabha, Susheila Nasta and Rasheed Araeen. *Wasafiri 14 (29)*, 39-43.

Sekundärliteratur

Ahmad, Aijaz (1992). *In theory. Classes, nations, literatures.* London: Verso.
Ahmad, Aijaz (1995). The politics of literary postcoloniality. *Race & Class. Jg. 36, Nr. 3*, 1-20.
Antor, Heinz (2002). Postkoloniale Studien. Entwicklungen, Positionen, Perspektiven. *Sprachkunst. Beiträge zur Literaturwissenschaft, 33,* 115-130.
Ashcroft, Bill, & Gareth Griffiths, & Helen Tiffin (2007). Liminality. In: Dies. (Hrsg), *Post-Colonial Studies: The Key Concepts, Second Edition* (S. 117-118). New York: Routledge.
Bachmann-Medick, Doris (1998). Dritter Raum. Annäherung an ein Medium kultureller Übersetzung und Kartierung. In: Claudia Breger, & Tobias Döring (Hrsg.), *Figuren der/des Dritten* (S. 19-36). Amsterdam: Rodopi.
Bachmann-Medick, Doris (2003). Kulturanthropologie. In: Ansgar Nünning, & Vera Nünning (Hrsg). *Konzepte der Kulturwissenschaften. Theoretische Grundlagen - Ansätze - Perspektiven* (S. 86-107). Stuttgart: Metzler.
Bachmann-Medick, Doris. (2006). Postcolonial turn. In: Dies. *Cultural turns. Neuorientierungen in den Kulturwissenschaften* (S. 184-237). Reinbek/Hamburg: rowohlt.
Bachtin, Michail M. (1979). *Die Ästhetik des Wortes.* Hg. von Rainer Grübel. Frankfurt a.M.: Suhrkamp.
Bonz, Jochen, & Struve, Karen (2006). Homi K. Bhabha. Auf der Innenseite kultureller Differenz: „In the middle of differences". In: Stephan Moebius, & Dirk Quadflieg (Hrsg.), *Kultur: Theorien der Gegenwart* (S. 140-156). Wiesbaden: VS Verlag für Sozialwissenschaften.
Breger, Claudia, & Döring, Tobias (Hrsg.) (1998). Einleitung: Figuren der/des Dritten. In: Dies. (Hrsg) *Figuren der/des Dritten. Erkundungen kultureller Zwischenräume* (S. 1-18), Amsterdam: Rodopi.
Broeck, Sabine (2007). White Fatigue, or, Supplement Notes on Hybridity. In: Joel Kuortti, & Jopi Nyman (Hrsg.). *Reconstructing Hybridity. Post-Colonial Studies in Transition* (S. 43-58), Amsterdam: Rodopi.
Bronfen, Elisabeth, & Marius, Steffen (1997). Hybride Kulturen. Einleitung zur anglo-amerikanischen Multikulturalismusdebatte. In: Dies, & Therese Steffen (Hrsg.). *Hybride Kulturen. Beiträge zur anglo-amerikanischen Multikulturalismusdebatte* (S. 1-29), Tübingen: Stauffenburg Verlag.
Bronfen, Elisabeth (2000). Vorwort. In: Bhabha, Homi K., *Die Verortung der Kultur* (S. IX-XIV). Tübingen: Stauffenburg.
Byrne, Eleanor (2009). *Homi K. Bhabha.* Basingstoke: Palgrave.
Castro Varela, María do Mar, & Dhawan, Nikita (2005). *Postkoloniale Theorie. Eine kritische Einführung.* Bielefeld: Transcript.

Chakrabarti, Sumit (2010). *The impact of the postcolonial theories of Edward Said, Gayatri Spivak, and Homi Bhabha on western thought. The third-world intellectual in the first-world academy.* Lewiston, New York: Edwin Mellen Press.
Childs, Peter, & R. J. Patrick Williams (1997). Bhabha's hybridity. In: Dies. (Hg.). *An introduction to post-colonial theory* (S. 122–156). London: Prentice Hall,
Dallmann, Kirsten (2011). Kampf oder Kooperation? Ein Einblick in die systemischen Möglichkeiten kulturellen Miteinanders. In: Lothar Knatz, Norbert Caspar, & Tanehisa Otabe (Hrsg.), *Kulturelle Identität und Selbstbild* (S. 31–50). Münster: Lit.
Derrida, Jacques (2004). *Die différance. Ausgewählte Texte.* Hg. von Peter Engelmann. Stuttgart: Reclam.
Dietze, Gaby (2005). Postcolonial Theory. In: Christina von Braun, & Inge Stephan (Hrsg.), *Gender@Wissen. Ein Handbuch der Gender-Theorien* (S. 304–324). Köln: Böhlau.
Dirlik, Arif (1994). The Postcolonial Aura: Third World Criticism in the Age of Global Capitalism. *Critical Inquiry, Jg. 20, Nr. 2*, 328–356.
Dutton, Dennis (1998). *The Bad Writing Contest. Press Releases, 1996–1998.* http://denisdutton.com/bad_writing.htm. Stand: 03.03.12.
Eakin, Emily (2001). Homi Bhabha: Harvard's Prize Catch. *New York Times*, 17.11.2001.
Easthope, Antony (1998). Bhabha, hybridity and identity. *Textual Practice, Jg. 12, Nr. 2*, 341–348.
Englert, Klaus (2009). *Jacques Derrida.* Stuttgart: UTB.
Evans, Dylan (2002). *Wörterbuch der Lacanschen Psychoanalyse.* Wien: Turia + Kant.
Fanon, Frantz (1981). *Die Verdammten dieser Erde.* Frankfurt a. M.: Suhrkamp.
Fanon, Frantz (1985). *Schwarze Haut, weiße Masken.* Frankfurt a. M.: Suhrkamp.
Fauser, Markus (2008). *Einführung in die Kulturwissenschaft.* Darmstadt: Wissenschaftliche Buchgesellschaft.
Fink-Eitel, Hinrich (1992). *Foucault zur Einführung.* Hamburg: Junius.
Fludernik, Monika (1998a). Introduction. In: Dies. (Hrsg.), *Hybridity and postcolonialism* (S. 9–18). Tübingen: Stauffenburg Verlag.
Fludernik, Monika (1998b). The Constitution of Hybridity. Postcolonial Interventions. In: Dies (Hrsg.). *Hybridity and postcolonialism* (S. 19–51). Tübingen: Stauffenburg Verlag.
Foucault, Michel (1988). Was ist ein Autor. In: Ders., *Schriften zur Literatur* (S. 7–31). Frankfurt a. M.: Fischer.
Foucault, Michel (2003). *Die Ordnung der Dinge.* Frankfurt a. M.: Suhrkamp.
Foucault, Michel (2011). *Die Ordnung des Diskurses.* Frankfurt a. M.: Fischer.
Gates, Henry Louis Jr. (1991). Critical Fanonism. *Critical Inquiry, Nr. 17*, 457–470.
Göhlich, Michael (2010). Homi K. Bhabha: Die Verortung der Kultur. Kontexte und Spuren einer postkolonialen Identitätstheorie. In: Benjamin Jörissen, & Jörg Zirfas (Hrsg.), *Schlüsselwerke der Identitätsforschung* (S. 315–330). Wiesbaden: VS Verlag für Sozialwissenschaften.
Griem, Julika (2001): Hybridität. In: Ansgar Nünning (Hrsg.), *Metzler Lexikon Literatur- und Kulturtheorie. Ansätze – Personen – Grundbegriffe* (S. 260–261). Stuttgart/Weimar: Metzler.
Ha, Kien Nghi (2004). *Ethnizität und Migration reloaded. Kulturelle Identität, Differenz und Hybridität im postkolonialen Diskurs.* Berlin: Wissenschaftlicher Verlag.

Ha, Kien Nghi (2005). *Hype um Hybridität. Kultureller Differenzkonsum und postmoderne Verwertungstechniken im Spätkapitalismus*. Bielefeld: Transcript.

Hall, Stuart (1997). Wann war der „Postkolonialismus"? Denken an der Grenze. In: Elisabeth Bronfen, Benjamin Marius, & Therese Steffen (Hrsg.), *Hybride Kulturen* (S. 219–246). Tübingen: Stauffenburg.

Hardt, Michael, & Negri, Antonio (2002). *Empire. Die neue Weltordnung*. Frankfurt a. M./New York: Campus Verlag.

Hárs, Endre (2002). Hybridität als Denk- und Auslegungsfigur. *kakanien revisited*. http://www.kakanien.ac.at/beitr/theorie/Ehars1.pdf. Zugegriffen: 30. 05. 2012

Hárs, Endre (2004). Postkolonialismus – nur Arbeit am Text? *Arcadia, Zeitschrift für Allgemeine und Vergleichende Literaturwissenschaft*, Jg. 39, Nr. 1, 121–135.

Hernández, Felipe (2010). *Bhabha for architects*. London/New York: Routledge.

Hohnsträter, Dirk (1996). Homi K. Bhabhas Semiotik der Zwischenräume. *Arcadia, Zeitschrift für Allgemeine und Vergleichende Literaturwissenschaft*, Nr. 31, Nr. 1/2, 62–68.

Hofmann, Michael (2006). *Interkulturelle Literaturwissenschaft. Eine Einführung*. Paderborn: Wilhelm Fink Verlag.

Holmlund, Christine Anne (1991). Displacing Limits of Difference. *Quarterly Review of Film and Video*, Jg. 13, 1-3, 1–22.

Huddart, David Paul (2006). *Homi K. Bhabha*. London: Routledge.

Huntington, Samuel P. (2002). *Kampf der Kulturen: Die Neugestaltung der Weltpolitik im 21. Jahrhundert*. München: Goldmann.

Ikas, Karin Rosa, & Gerhard Wagner (2009). Introduction. In: Dies (Hrsg.), *Communicating in the third space* (S. 1–7), New York: Routledge.

Jameson, Fredric (1988). *Das politische Unbewußte. Literatur als Symbol sozialen Handelns*. Reinbek/Hamburg: Rowohlt.

Jameson, Fredric (1992). *Spätmarxismus. Adorno oder Die Beharrlichkeit der Dialektik*. Hamburg: Argument.

Jameson, Fredric (2007). *Mythen der Moderne*. Berlin: Kadmos

Kley, Antje (2002). „Beyond control, but not beyond accomodation". Anmerkungen zu Homi K. Bhabhas Unterscheidung zwischen cultural diversity und cultural difference. In: Christof Hamann, & Cornelia Sieber (Hrsg.), *Räume der Hybridität* (S. 53–66). Hildesheim: Olms.

Kuenzle, Dominique, & Michael Schefczyk (2009). *John Stuart Mill zur Einführung*. Hamburg: Junius.

Lacan, Jacques (1975). Das Spiegelstadium als Bildner der Ich-Funktion. In: Ders., *Schriften I* (S. 61–70). Frankfurt a. M.: Suhrkamp.

Lacan, Jacques (1987). *Das Seminar, Buch XI. Die vier Grundbegriffe der Psychoanalyse*. Berlin: Quadriga.

Loomba, Ania (1998). *Colonialism/Postcolonialism*. London/New York: Routledge.

Mackenthun, Gesa (2010). Von Hybriden und Geisterschiffen. Metaphern im postkolonialen Wissenschaftsdiskurs. In: Matthias Junge (Hg.). *Metaphern in Wissenskulturen* (S. 126–139). Wiesbaden: VS-Verlag.

Marchart, Oliver (2007). Der koloniale Signifikant. Kulturelle ‚Hybridität' und das Politische, oder: Homi Bhabha wiedergelesen. In: Meike Kröncke, Kerstin Mey, & Yvonne Spielmann (Hrsg.), *Kultureller Umbau* (S. 77–98). Bielefeld: Transcript.

McCarthy, Conor (2010). *The Cambridge Introduction to Edward Said*. New York: Cambridge University Press.
McClintock, Anne (1995). *Imperial leather. Race, gender and sexuality in the colonial contest*. New York: Routledge.
Mill, John Stuart (1986). *Über die Freiheit*. Stuttgart: Reclam.
Mill, John Stuart (2006). *Utilitarism/Utilitarismus. Englisch/Deutsch*. Stuttgart: Reclam.
Mitchell, Katharyne (1997). Different Diasporas and the Hype of Hybridity. *Environment and Planning D: Society and Space*, Nr. 15, 533–553.
Mizutani, Satoshi (2009). Hybridity and history: a critical reflection on Homi K. Bhabha's post historical thought. *ZINBUN, Memoirs of the Research Institute for Humanistic Studies*. Kyoto University, 1–19.
Moore-Gilbert, Bart (1996). ‚The Bhabhal of Tongues': reading Kipling, reading Bhabha. In: Ders. (Hrsg.), *Writing India, 1757–1990. The literature of British India* (S. 111–138). Manchester. Manchester Univ. Press.
Moore-Gilbert, Bart (1997). *Postcolonial theory. Contexts, practices, politics*. London: Verso.
Moore, Gilbert, Bart, & Stanton, Garth, & Maley, Willy (1997). Introduction. In: Dies. (Hrsg.), *Postcolonial Criticism* (S. 1–72). New York: Addison Wesley Longman.
Moore-Gilbert, Bart (2000). Spivak and Bhabha. In: Henry Schwartz, & Sangeeta Ray (Hrsg.). *A companion to postcolonial studies* (S. 451–466). Malden, Massachusetts: Blackwell.
Olson, Gary A., & Worsham, Lynn (1998). Staging the Politics of Difference: Homi Bhabha's Critical Literacy. *JAC. A Journal of Rhetoric, Culture & Politics*, 18, 361–391. http://www.jaconlinejournal.com/archives/vol18.3/olson-staging.pdf. Zugegriffen: 29.05.2012
Papastergiadis, Nicos (1996). Ambivalence in Cultural Theory. Reading Homi Bhabha's Dissemi-Nation. In: J. C. Hawley (Hrsg.), *Writing the nation: self and country in the post-colonial imagination* (S. 176–193). Amsterdam: Rodopi.
Papoulias, Constantina (2011). Homi K. Bhabha. In: Phil Hubbard, & Rob Kitchin (Hrsg.), *Key thinkers on space and place* (S. 69–75). Los Angeles: Sage.
Parry, Benita (1995). Problems in Current Theories of Colonial Discourse. In: Bill Ashcroft, Gareth Griffiths, & Helen Tiffin (Hrsg.), *The post-colonial studies reader* (S. 36–44). London: Routledge.
Parry, Benita (2002). Signs of Our Times: Discussion of Homi Bhabha's Location of Culture. In: Rasheed Araeen, Sean Cubitt, & Ziauddin Sardar (Hrsg.), *The Third text reader: on art, culture, and theory*. London/New York: Continuum.
Parry, Benita (2004). *Postcolonial studies. A materialist critique*. London: Routledge.
Perloff, Marjorie (1998). Cultural Liminality/Aesthetic closure? http://epc.buffalo.edu/authors/perloff/bhabha.html. Zugegriffen: 30.05.2012
Pisters, Patricia (2009). Homi K. Bhabha. In: Felicity Colman (Hrsg.), *Film, Thoery and Philosophy. The Key Thinkers* (S. 296–307). Durham: Acumen.
Pordzik, Ralph (2005). Kulturwissenschaft und Postcolonial Studies. In: Klaus Stierstorfer, & Laurenz Volkmann (Hrsg.), *Kulturwissenschaft interdisziplinär* (S. 225–243). Tübingen: Gunter Narr Verlag.
Ramsdell, Catherine (2003). Homi K. Bhabha and the Postcolonial Short Story. *Contributions to the Study of World Literature*, Jg. 118, 97–106.

Ruoff, Michael (2007). *Foucault-Lexikon. Entwicklung – Kernbegriffe – Zusammenhänge.* Paderborn: W. Fink.
Said, Edward W. (1994). *Kultur und Imperialismus. Einbildungskraft und Politik im Zeitalter der Macht.* Frankfurt a. M.: Fischer
Said, Edward W. (2000). *Am falschen Ort. Autobiografie.* Berlin: Berlin Verlag.
Said, Edward W. (2002). *Das Ende des Friedensprozesses. Oslo und danach.* Berlin: Berlin Verlag.
Said, Edward W. (2010). *Orientalismus.* Frankfurt a. M.: Fischer
Sarasin, Philipp (2010). *Michel Foucault zur Einführung.* Hamburg: Junius.
Sasse, Sylvia (2010). *Michail Bachtin zur Einführung.* Hamburg: Junius.
Schwarz, Henry (2000). Mission Impossible: Introducing Postcolonial Studies in the US Academy. In: Ders., & Sangeeta Ray (Hrsg.), *A companion to postcolonial studies* (S. 1–20). Malden, Massachusetts: Blackwell.
Sedlmeier, Florian (2011). Hybridität und Dritter Raum im Kontext von InterDisziplinarität und postkolonialer Theoriebildung. *PHiN, Nr. 55*, 40–51. http://web.fu-berlin.de/phin/phin55/p55t2.htm. Zugegriffen: 12.04.2012
Sieber, Cornelia (2002). Wonderful diversity? Postkoloniale Einwände zur Debatte zwischen Multikulturalismus und Liberalismus. In: Christof Hamann, & Cornelia Sieber (Hrsg.), *Räume der Hybridität* (S. 67–88). Hildesheim: Olms.
Sieber, Cornelia (2012). Der ‚dritte Raum des Aussprechens' – Hybridität – Minderheitendifferenz. Homi K. Bhabha: „The Location of Culture". In: Julia Reuter, & Alexandra Karentzos (Hrsg.), *Schlüsselwerke der Postcolonial Studies* (S. 97–108). Wiesbaden: VS Verlag für Sozialwissenschaften.
Spivak, Gayatri Chakravorty (2000). Foreword. Upon reading the Companion to ‚Postcolonial Studies'. In: Henry Schwartz, & Sangeeta Ray (Hrsg.), *A Companion to Postcolonial Studies* (S. XV–XXII). Malden, Massachusetts: Blackwell Publications.
Strecker, David (2002). Multikulturalismus und Hybridität. Minderheitenrechte im Spiegel differenztheoretischer Ansätze. In: Christof Hamann, & Cornelia Sieber (Hrsg.), *Räume der Hybridität* (S. 89–108). Hildesheim: Olms.
Struve, Karen (2012, i. E.). Postcolonial Studies. In: Stephan Moebius (Hrsg.), *Kultur. Von den Cultural Studies bis zu den Visual Studies.* Bielefeld: transcript.
Terkessidis, Mark (2001). Nur meine Augen bleiben. *Die ZEIT, 7, 2001.* http://www.zeit.de/2001/07/Nur_meine_Augen_bleiben/. Stand: 29.03.2012
Wagner, Birgit (2009 [2008]). Kulturelle Übersetzung. In: *kakanien revisited.* www.kakanien.ac.at/beitr/postcol/Bwagner2.pdf. Zugegriffen: 24.01.2012
Young, Robert J. C. (1995). *Colonial desire. Hybridity in theory, culture, and race.* London/New York: Routledge.
Young, Robert J. C. (2001). *Postcolonialism. An historical introduction.* Oxford: Blackwell.
Young, Robert J. C. (2004). *White Mythologies. Writing History and the West.* New York et al.: Routledge.
Zapf, Harald (2002). *Dekonstruktion des Reinen. Hybridität und ihre Manifestationen im Werk von Ishmael Reed.* Würzburg: Königshausen & Neumann.
Žižek, Slavoj (2011). *Lacan. Eine Einführung.* Frankfurt a. M.: Fischer.

Sachregister

A
agency 47, 160, 179, 181, 187
Agency 47
Ambivalenz 37, 42, 46, 50, 55, 60, 63, 66–69, 71, 73–76, 78, 81, 83, 85 f., 88 f., 91–94, 100, 104, 106 f., 110, 117, 144 f., 147 f., 160, 177 f., 189, 192
Assimilation 57, 64, 113, 133, 145, 148
Autorität 16, 30 f., 39, 47, 49 f., 61, 67, 81 f., 84, 86–88, 90–93, 95, 99, 100, 103 f., 107, 109, 111 f., 115, 119, 123, 128 f., 131, 141, 144–147, 149

D
da-zwischen 47, 94, 101, 121, 127, 132
Dekonstruktion 8, 21, 45, 50, 72, 93, 100, 102, 107, 128, 159, 160, 198
Differenz 20 f., 29, 32, 34, 42, 50, 63 f., 78, 83, 88, 93, 98, 100, 113, 124, 163, 167, 169, 170, 173
Differenz, interne Dimension 75
Differenz, Politik der 65
Differenz semiotisch-diskursiv 103
Differenz, ‚semiotisch-diskursive' Fundierung der Differenz 66
Differenz, interne Dimension 81 f., 86, 124 f., 149
Diskurs 18, 34
Diskursanalyse 19, 70, 152, 158 f.
Diversität, kulturelle 65
Dritter Raum 37, 97, 121, 131, 194, 198

E
Engagement 32

F
Fetisch/Fetischismus 69, 73–75, 83
Frauenrollen, Gender-Fragen 138

G
Gegen-Diskurs 58, 85, 135, 137, 143, 155
Gemeinschaft 11, 49, 51, 106, 109 f., 126, 127, 136, 138
Gemeinschaft, imagined community nach B. Anderson 106
Gender-Fragen 163 f.
Globalisierung 122, 176, 180, 192

H
Hybridität 97–100, 102, 131, 133, 143, 145, 167–171, 173 f.
Hybridität als Affekt-Raum 112 f.
Hybridität als Diskurs-Raum 103 f.
Hybridität als Handlungs-Raum 109
Hybridität als Misch-Raum 100 f.
Hybriditäts-Formen 114

I
Identität 11, 15, 17, 24 f., 27, 34, 41, 48, 58, 63 f., 74–76, 79 f., 83, 85, 87 f., 90, 93, 108, 110 f., 113, 117, 122, 124, 127, 131, 146–149, 180, 191, 195
Ironie 146

J
Jetztzeit nach W. Benjamin 52

K

Kampf der Kulturen 113
Kosmopolitismus 177, 181
Kosmopolitismus – vernacular cosmopolitanism 177, 181 f., 184
Kultur als historiographische und chronologische Konzeption 52
Kultur als semiotisch-diskursive Konzeption 13
kulturelle Differenz 20, 23, 49 f., 54, 63–66, 70, 80, 85–87, 89, 93, 102 f., 105, 108, 110, 121, 128, 132, 134, 143 f., 147, 156, 177, 179, 182, 188
Kultursemiotik 42, 59

L

Lektüre 37, 69, 89, 92, 97–99, 114, 134
Lektüre – Bhabhas Vorgehen 18, 34 f.

M

Menschenrechte 94, 185 f.
Metapher 74, 98, 147
Metonymie 66, 98, 146–148
Migration 8, 30, 41, 46, 52, 63 f., 80, 105, 135, 137, 151, 176, 178, 193, 195
Mimikry 10, 37, 50, 85, 98, 102, 114, 128, 131, 133, 139, 143–149, 155, 187
Minoritization 15, 182
Multikulturalismus 42, 54, 64 f., 101, 127, 177, 179, 198

N

Nation 9, 41 f., 52, 55, 59, 92, 100, 103, 105–107, 109, 126, 178, 180, 182, 184 f., 191, 197

O

Orientalismus 68, 70–73, 198

P

Pädagogik 107 f., 146
Pädagogik, nationalistisch(e) 107
Parsen 10, 160
Performativität 108 f.
Postcolonial Studies 37, 41, 151, 153 f., 197 f.
Postcolonial Studies/Postkoloniale Theorien 12
Postkolonialismus 23, 156, 196
Postmoderne 7, 23, 47, 49, 122
Poststrukturalismus 18, 21
Präfixdebatte 14
Psychoanalyse 7, 8, 22 f., 57, 73, 75, 86, 90, 98, 117, 133, 195 f.

R

Raum 166, 171 f.
Right to narrate 126

S

Staatsbürgerschaft 180 f., 184
Staatsbürgerschaft, globale 177
Stereotyp 57, 68–70, 73–76, 83
Studies 12 f., 15, 20, 26, 31, 33

T

Theoretisches Engagement 31, 155

U

Übersetzbarkeit 173 f.
Übersetzung 34, 79, 131–135, 137 f., 173 f.
Unheimlich 86, 98, 111
Unübersetzbarkeit 131, 136 f.

V

Verhandlung 45–47, 49, 56, 90, 94, 97, 101, 103, 110, 125, 138, 177
vernacular cosmopolitanism 181 f., 184

W

Widerstand 11, 30, 42, 49, 52, 54, 68, 72, 78, 80, 85, 89, 94, 100, 111, 115, 149, 158 f., 182, 186

Wiederholung 46, 56, 59, 73, 82 f., 89, 93, 98, 106, 110, 112, 114, 116, 137, 144, 146

Wissen 19, 66, 68, 70 f., 73, 88, 104, 107, 114, 124, 134, 145

Personenregister

A
Ahmad, Aijaz 161
Anderson, Benedict 55, 106, 109, 146
Appadurai, Arjun 52
Arendt, Hannah 48 f., 111

B
Bachmann-Medick, Doris 153, 165, 171–173
Bachtin, Michail M. 48, 98 f., 102, 168
Barthes, Roland 33, 35, 45–47, 77
Benjamin, Walter 34, 52, 109, 131–134, 137
Byrne, Eleanor 152, 158, 161

C
Chakrabarti, Sumit 165
Conrad, Joseph 28, 87, 134, 146

D
Dallmann, Kirsten 155
Deleuze, Gilles 28
Derrida, Jacques 19–21, 33, 46, 58, 67, 77, 79, 80, 83, 105, 124, 158
Dirlik, Arif 157 f.

E
Eagleton, Terry 80, 156
Easthope, Antony 170

F
Fanon, Frantz 17, 19, 24 f., 34 f., 56, 58, 68, 75 f., 86, 89, 93, 109, 111, 143, 146, 148, 158, 160, 162 f.
Fludernik, Monika 163, 167
Forster, E. M. 87
Foucault, Michel 19 f., 34, 49, 54 f., 67, 72, 89, 158, 163
Freud, Sigmund 19, 45, 50, 73, 84, 93, 98, 147, 158, 163

G
Gates, Henry Louis 162
Geertz, Clifford 168
Gellner, Ernest 107
Gilroy, Paul 45, 52
Gomez-Peña, Guillermo 125, 127
Gordimer, Nadine 28, 105
Gramsci, Antonio 80, 183
Grant, Charles 82
Green, Renée 28, 123
Guattari, Félix 28
Guha, Ranajit 53

H
Ha, Kien Nghi 158, 166, 169
Hall, Stuart 14, 32, 44, 55
Hardt, Michael 170
Hárs, Endre 155, 168
Hastings, Warren 82
Hegel, Georg Wilhelm Friedrich 72, 126
Hobsbawm, Eric 106
Hohnsträter, Dirk 155
Huddart, David 27, 59, 152, 165, 167, 175

J
Jakobson, Roman 147
Jameson, Fredric 19, 121 f., 134, 161
Jin, Meiling 76

K
Kant, Immanuel 28
Kristeva, Julia 33 f., 109, 127, 188

L
Lacan, Jacques 19, 24, 34, 47, 79, 88, 116, 133, 143 f., 148, 158, 163
Lazarus, Neil 162
Lyotard, François 14, 33, 51

M
Macauly, Thomas B. 92, 139, 146
Marchart, Oliver 155, 157, 171, 173
McClintock, Anne 159
Memmi, Albert 78
Mill, John Stuart 91, 138, 183
Mitchell, Katharyne 156
Moore-Gilbert, Bart 16, 152, 156, 160, 162 f., 165, 170, 175
Morrison, Toni 28 f., 33, 105, 110, 113 f., 116, 134 f.

N
Naipaul, V. S. 11, 28, 35, 87, 143, 146, 181
Negri, Antonio 170

O
Okin, Susan 177

P
Papoulias, Constantina 172
Parry, Benita 159, 165
Perloff, Marjorie 151, 157, 159

R
Rich, Adrienne 28
Rushdie, Salman 28, 131, 135–137, 147, 172

S
Said, Edward W. 9, 19 f., 25 f., 68, 70–72, 134, 160 f., 185
Sedlmeier, Florian 167
Sieber, Cornelia 153, 168, 170
Spiller, Hortense 45
Spivak, Gayatri Chakravorty 9, 31, 51, 101, 183

V
Veena, Rudra 53

W
Walcott, Derek 126
Wittgenstein, Ludwig 78

Y
Young, Robert J. C. 156, 164–166, 175

Zeittafel
Homi K. Bhabha

Wissenschaftlicher Werdegang

Dr. phil. in Englischer Literatur, Christ Church, Oxford
M.phil. und M. A. in Englischer und Amerikanischer Literatur, Christ Church, Oxford
B. A. mit Auszeichnung am Elphinstone College, University of Bombay

Akademische Stationen (Auswahl)

seit 2006 Anne F. Rothenberg Professur für Humanities, Department of English, und Direktor des Humanities Center an der Harvard University
1994 Professor für Englische Literatur, University of Chicago
1978–94 Reader für Englische Literatur, Sussex University
1977–78 Teilzeit-Lecturer für Colonial Literature, University of Warwick
1976–78 Tutor für Literaturtheorie und Moderne Literatur, Wadham and St. Anne's Colleges, Oxford

Gastprofessuren, Vorträge und Auszeichnungen (Auswahl)

2012 Padma Bhushan-Preis der indischen Regierung
2012 Ehrendoktorwürde der Freien Universität Berlin
2010 Hegel-Lecture an der Freien Universität Berlin und Gastvorträge an der Universität Peking
2007/4/3 Faculty Advisor des World Economic Forum (DAVOS)
2006 Presidential Lecture an der Freien Universität Berlin
2006 Keynote Lecture im Rahmen der Konferenz der Gulbenkian Stiftung, Lissabon
2006 Keynote Lecture im Rahmen der Volkswagen Stiftung (Dresden)

2006	Keynote im Rahmen des internationalen Direktorentreffens der Goethe-Institute
2004	Keynote beim UNESCO-Kolloquium für Forschung und Hochschulbildung
2004	Ralph Miliband-Lecture an der London School of Economics
2003	Honorar-Professur an der Tsinghua University, Peking
2002	Featured Speaker auf der Frankfurter und Göteburger Buchmesse
2001–2	Fellowship am Wissenschaftskolleg zu Berlin
2001	Mitglied des UNESCO-Kommitees „Kultur im Dritten Jahrtausend"
2001	10-Jahre-Jubiläumsvortrag am Haus der Kulturen der Welt, Berlin
2000	Koehn Visiting Scholar, Universität Oregon
2000	Presidential Lectures in den Humanities and Arts, Universität Stanford
2000	Milestone Award des Asian American Institute der Universität Chicago
1999	Amnesty Human Rights Lecture an der Universität Oxford
1999	W.E.B. Du Bois Lectures an der Harvard Universität
1999	Außerordentliche Gastprofessur an der Ben Gurion Universität in Israel
1995	Teilnahme an der FITAC (International Forum for Contemporary Art and Theory) in Mexico
1994	Mellon Professur der Tulane Universität New Orleans
1993	Gastprofessor im Bereich Humanities und Faculty Fellow an der School of Criticism and Theory am Dartmouth College
1992	Außerordentliche Gastprofessur an der Universität Edmonton, Alberta, Kanada
1991	Burrowes Gastprofessur im English Department an der Universität von Queensland, Australien

Das Grundlagenwerk für alle Soziologie-Interessierten

> in überarbeiteter Neuauflage

Werner Fuchs-Heinritz /
Daniela Klimke /
Rüdiger Lautmann /
Otthein Rammstedt /
Urs Stäheli / Christoph Weischer /
Hanns Wienold (Hrsg.)
Lexikon zur Soziologie
5., grundl. überarb. Aufl. 2010.
776 S. Geb. EUR 49,95
ISBN 978-3-531-16602-5

Das *Lexikon zur Soziologie* ist das umfassendste Nachschlagewerk für die sozialwissenschaftliche Fachsprache. Für die 5. Auflage wurde das Werk neu bearbeitet und durch Aufnahme neuer Stichwortartikel erweitert.

Das *Lexikon zur Soziologie* bietet aktuelle, zuverlässige Erklärungen von Begriffen aus der Soziologie sowie aus Sozialphilosophie, Politikwissenschaft und Politischer Ökonomie, Sozialpsychologie, Psychoanalyse und allgemeiner Psychologie, Anthropologie und Verhaltensforschung, Wissenschaftstheorie und Statistik.

„[...] das schnelle Nachschlagen prägnanter Fachbegriffe hilft dem erfahrenen Sozialwissenschaftler ebenso weiter wie dem Neuling, der hier eine Kurzbeschreibung eines Begriffs findet, für den er sich sonst mühsam in Primär- und Sekundärliteratur einlesen müsste."
www.radioq.de, 13.12.2007

Erhältlich im Buchhandel oder beim Verlag.
Änderungen vorbehalten. Stand: Januar 2012.

Einfach bestellen:
SpringerDE-service@springer.com
tel +49(0)6221/345–4301
springer-vs.de

The manufacturer's authorised representative in the EU is Springer Nature Customer Service Centre GmbH, Europaplatz 3, 69115 Heidelberg, Germany. If you have any concerns regarding our products, please contact ProductSafety@springernature.com

Printed and bound by CPI Group (UK) Ltd, Croydon, CR0 4YY
26/03/2026
02078859-0002